Kurt Singer
Kränkung und Kranksein

Serie Piper
Band 1681

Zu diesem Buch

»Da bleibt einem die Spucke weg. – Mir bricht das Herz. – Ich ärgere mich krank. – Vor Wut läuft mir die Galle über. – Das geht in die Hose. – Ich zerbreche mir den Kopf. – Das frißt mir noch ein Loch in den Bauch.« In solchen Sprachwendungen kommt ein tiefverwurzeltes Wissen über den Zusammenhang von Körper und Seele zum Ausdruck, das die Psychosomatik für Diagnose und Therapie nutzbar macht.

Dieses Buch will anhand von Fallbeispielen aus dem Alltag, der psychotherapeutischen Praxis und der Literatur in psychosomatisches Denken einführen. Es will helfen, den verborgenen Sinn von Kranksein »leib-haftig« verstehen zu lernen. Krankheit wird dabei nicht als Feind verstanden, sondern als unbequemer Freund, der einen auffordert, seine Lebensweise zu überdenken, um die darin verborgenen krankmachenden Einflüsse zu erkennen und zu verändern. Krankheiten können Signale dafür sein, daß Menschen in kränkenden Umständen leben.

Kurt Singer, geboren 1929 in München. Dr. phil., Professor für Pädagogische Psychologie an der Universität München; Psychotherapeut; Dozent und Lehranalytiker an der Akademie für Psychoanalyse und Psychotherapie in München.

Kurt Singer

Kränkung und Kranksein

Psychosomatik als Weg zur Selbstwahrnehmung

Piper
München Zürich

ISBN 3-492-11681-7
Neuausgabe 1993
3. Auflage, 12.–17. Tausend Januar 1993
(1. Auflage, 1.–6. Tausend dieser Ausgabe)

Umschlag: Federico Luci,
unter Verwendung des Gemäldes »2. Februar 1960« (1960)
von Julius Bissier

Photo Umschlagrückseite: © Ortrud Stegner, Grünwald
Gesamtherstellung: Clausen & Bosse, Leck
Printed in Germany

Für Ulla,
Ursel, Lisa, Nicola

Inhalt

Vorwort 13

EINFÜHRUNG IN PSYCHOSOMATISCHES DENKEN

1. Seelisch-leibliche Grunderfahrungen 17

Kann ein Mensch an gebrochenem Herzen sterben? 17
Bazillen allein machen keine Krankheit – Heitere Stimmung kann Krankwerden verhindern 20
Die heilende Kraft menschlicher Beziehung – Elias Canettis »Wunde verwandelte sich in ein Wunder« 24
Wenn Liebesentzug krank macht oder gar tötet 26
»Meine Krankheit war ›nazigen‹« – Greift unsere Gesellschaft die Gesundheit an? 29

GRUNDFORMEN PSYCHOSOMATISCHER ERKRANKUNGEN

2. Seelischer Schmerz verwandelt sich in körperliches Leiden – Konversion 33

»Das Erröten macht mein Leben zur Qual« – Der verlorene Sinnzusammenhang des Krankseins 33
Unbewußte Konflikte verursachen die Gehstörung der Elisabeth von R. 36

Wenn es einem die Sprache verschlägt – redet der Körper 39
Angstmachende Bewußtseinsinhalte versinken im Unbewußten – Verdrängung 41
»Ich leide unter nassen Augen« – Verborgene Bedeutung des Symptoms 43
Der »Sprung« vom Psychischen ins Körperliche – Grundeinsichten über die Konversion 46

3. Dauer-Erregung schädigt den Körper – Organ-Neurosen 51

Magen-Neurose oder Magengeschwür? – Der Magen reagiert in Neid-Ärger-Situationen 51
Unbewußtes Verlangen nach Geborgenheit – »Bei mir geht Liebe nicht durch den Magen – sondern durch Prüfungen« 55
Wünsche nach Gefüttertwerden steigern die Magensaftabsonderung – Erbliche Veranlagung 59
Umweltbelastungen schlagen sich auf den Magen – Psychosomatisches Risiko der Leistungsgesellschaft 64
Haut als Spiegel der Seele – Kontaktprobleme werden zu Haut-Problemen 68
Hautallergie einer Fünfjährigen – »Komm mir nicht zu nahe – ich reagiere allergisch!« 71

4. Konflikte stören körperliche Abläufe – Funktionsstörungen 77

Wenn aus Wut der Blutdruck steigt – Seelische Erregung und gestörte Organleistung 77
Die Neurose – Anfang psychosomatischen Krankseins 80
Gestörte Regelblutung – Von psychischer zu körperlicher Abwehr 83
»Nachverdrängung in hilfloser Lage« – Von der Neurose zur psychosomatischen Reaktion 86
Rückenschmerzen und rheumatische Erkrankungen – Seelische Anspannung wird schmerzhafte Muskelverspannung 89

WAHRNEHMUNG DES KRANKMACHENDEN

5. Gekränkt werden kann krank machen 99

Was ist Psychosomatik? 99
Bert Brechts »bester Lehrer« bekommt die Gelbsucht – Die Leber reagiert auf Kränkungen 101
»Ich suchte mir das Herz zum Krankwerden aus« – Eine Jugendliche wird herzkrank 105

6. Ursachen-Vielfalt psychosomatischer Symptome . . . 109

Innerseelische Konflikte zwischen Es, Ich und Über-Ich 109
Schreibkrampf und Lernstörung verhindern das Studium – In passiver Erwartung nicht handeln können 113
Nichts sehen und wissen dürfen – Sexuelle Hemmung und Strafbedürfnis 117
Krankheitsgewinn – Vermeiden, sich mit Konflikten auseinanderzusetzen 119
»Das macht mich noch krank!« – Hintergründe einer Magenschleimhautentzündung 121

7. Die in den Körper verschobene Angst 127

Es kann aus Angst in die Hose gehen – Weinen durch die Blase 127
»Ich hab' keine Angst – ich hab' Bauchweh« – Überfordernde Erwartungen 130
Das zurückgewiesene Gefühl – »Brauchst keine Angst haben« 133
Wenn einem vor Angst die Luft wegbleibt – Asthma bronchiale 136
Herzphobie – Trennungskonflikt und gestörte Selbstsicherheit 138

VOM SINN DES KRANKSEINS

8. Fragen nach dem Sinn 145

Fieber und steifes Genick durch unterdrückte Konflikte – Entscheidungsaufschub und Ich-Stärke 145
Kranksein als Versuch seelischer Selbstheilung 150
Psychosomatische Signale – Das produktive Prinzip der Ver-körperung 152
Dem Kranksein einen Sinn geben 154

9. Kopfschmerzen durch seelisch-leibliche Verspannungen 159

Migräne und Muskelspannungs-Kopfschmerz – Nur körperlich? 159
»Dieser pausenlose Druck« – Kopf-Schmerz einer Jugendlichen 163
In Gefäßverengung und Muskelkrampf verborgene Anspannung – Konflikte bei Kopfschmerzen 165
»Seinem Kopf zuliebe auch in seinem Geistesleben besser werden?« 169

DIE HELFENDE BEZIEHUNG

10. Schmerz und Lebensführung in Zusammenhang bringen – Ganzheitliche Therapie 175

Medikamente wirken nicht ursächlich – Medizinische Therapie 175
Nicht-medizinische Wege – Psychotherapie im Hier und Jetzt 179
Ein Verhalten lernen, das keine Schmerzen bereitet – Verhaltenstherapie 183
Das Zu-Kopf-Gestiegene rückverwandeln in den Konflikt 186
»Ich bin krank, weil der Staat nicht in Ordnung ist« – Ganzheitlicher Gesundheitsbegriff 190

11. Die Ver-körperung rückgängig machen – Psychoanalyse 193

Die psychosomatische Revolte verstehen – Rheumatisches Fieber durch Kränkung 193
Sagen, was einem einfällt – Grundregel der freien Assoziation 196
Übertragung und Gegenübertragung in der therapeutischen Beziehung 198
Deutung – Zusammenhänge aufdecken und Gefühle erleben 202
Analyse des Widerstands gegen die Wiederkehr des Verdrängten 205
Erinnern – Wiederholen – Durcharbeiten – Das gemeinsame Entdecken 206
Gruppenpsychotherapie – Bluthochdruck-Kranke erleben Aggressionen 209
Psychoanalytische Therapie als emanzipatorischer Prozeß 212
Ein Lehrer »heilt« ein bettnässendes Kind – Die helfende Beziehung 214

LEBENSWELT UND KRANKSEIN

12. Die Gesellschaft greift die Gesundheit an 223

Lebensstörendes in der Gesellschaft – Psychosoziales Denken 223
Männlichkeits-Ideal und Herzinfarkt – Leistungsgesellschaftliche Erziehungsideale schaden der Gesundheit 227
Psychosomatische »Spätfolgen des Zweiten Weltkriegs« 232

Anmerkungen 235
Literatur 237
Register 241

Vorwort

Seelische Konflikte können sich in körperlichem Kranksein ausdrücken. Nahezu jeder Mensch spürt das »am eigenen Leibe«: Dem einen läuft etwas über die Leber, dem anderen geht es an die Nieren, einem dritten lasten Sorgen schwer auf dem Herzen, während einem weiteren das Problem wie ein Stein im Magen liegt. Manche haben die Nase voll und sind verschnupft, oder eine Lebenskrise bereitet ihnen Kopfschmerzen.

Das Buch führt in den Zusammenhang zwischen seelischem Befinden und körperlichem Kranksein ein. Es wendet sich nicht nur an fachlich Interessierte, sondern an Menschen, die sich selbst und andere besser verstehen wollen. Dazu dient die Erkenntnis, daß Kranksein etwas mit dem Leben zu tun hat, so wie es geführt und erlebt wird. – Das schließt nicht aus, daß viele Krankheiten körperlichen Ursprungs sind. Kranksein nur psychisch zu erklären, ist so wenig ganzheitlich, wie wenn wir nur körperliche Ursachen gelten lassen. Im folgenden wird jedoch der Blick ausschließlich auf die oft unverstandenen *seelisch* verursachten Körperkrankheiten gelenkt und darauf, daß bei jedem Kranksein das Erleben bedeutsam ist.

Psychosomatisches Denken wird nur hilfreich, wenn wir es unmittelbar mit dem eigenen Erleben verbinden: mit dem, was wir »leib-haftig« an uns erfahren. Deshalb stehen in den einzelnen Kapiteln Vorschläge, sich zum Gelesenen das persönliche Erleben bewußt zu machen und darüber nachzudenken. Durch Selbstwahrnehmung kann Krankheit zur Kraft werden: Wir verharren nicht in der seelischen oder psychosomatischen Resignation, sondern entwickeln Selbstheilungskräfte. Mit ihrer Hilfe können wir versuchen, das Leben so zu verändern, daß es unseren Lebenswünschen entspricht und sinn-voll für uns ist.

EINFÜHRUNG IN PSYCHOSOMATISCHES DENKEN

1. Seelisch-leibliche Grunderfahrungen

Daß du nicht verstandest, was passierte, als der Herzrhythmus entgleiste, aber sofort begriffst, warum es passierte. Das Organ hatte die heikle, vielleicht gefährliche Aufgabe übernommen, den Zustand schweren inneren Gejagtseins zu vermelden, den du anders nicht zur Kenntnis nehmen wolltest. Die Sprache unserer Organe, die wir nicht entschlüsseln können, weil wir eisern entschlossen sind, Körper- und Seelengedächtnis voneinander zu trennen.

Christa Wolf

Kann ein Mensch an gebrochenem Herzen sterben?

Unsere Sprache drückt viele Einsichten über seelisch-leibliche Zusammenhänge aus. Allerdings begreifen wir die Aussprüche oft nicht mehr in ihrem ursprünglichen Wortsinn:
Manche Menschen ärgern sich krank,
andere platzen vor Wut,
während wieder andere kalte Füße bekommen.
Nicht wenige Menschen laden sich eine Bürde auf, die ihnen schier das Kreuz bricht,
manche schlucken zu viel Kummer hinunter,
der ihnen dann schwer im Magen liegt,
weil sie ihn nicht verdauen können.
Dem einen bleibt vor Aufregung die Spucke weg,
der andere zittert vor Angst,
und bei manchen geht es in die Hose,
während ein weiterer vor lauter Schrecken keinen Tropfen Blut mehr hergibt,
oder es ihm vor Angst die Kehle zuschnürt
und ihm die Luft wegbleibt.

Dies alles sind erlebnisbedingte Reaktionen im Körper, so wie sie der Volksmund beschreibt. Sie sagen gleichzeitig etwas über Körper *und* Seele aus. Sprechen wir in der medizinischen Sprache von einem Ulcus ventriculi, dann ist die Krankheit nicht mehr unmittelbar mit der erlebenden Person verknüpft. Spricht hingegen einer davon, daß er sich »ein Loch in den Bauch ärgert«, dann ist der inhaltliche *Zusammenhang zwischen seelischer Erregung und Körperreaktion* erkennbar, nämlich zwischen Ärger und Bauchschmerz. Und mancher Mensch hat sich das »Loch im Bauch« tatsächlich angeärgert, in Form eines Magengeschwürs. In der Redewendung wird der psychosomatische Zusammenhang offenkundig. Leiden wir an einem »Hexenschuß«, dann müssen wir mit allerlei doppeldeutigen Anspielungen unserer Mitmenschen rechnen; denn die plötzlich auftretenden, heftigen Kreuzschmerzen beruhen nach altem Volksglauben auf dem Schuß einer Unholdin. Die Diagnose »Lumbago« hingegen weckt keine Vorstellungen dergleichen.

Jemand, der sagt, daß er sich »innerlich verspannt« fühle, kommt seiner Person näher, als wenn er sich unter »vegetativer Dystonie« einordnen und medikamentös ruhigstellen läßt. Und ein »Spasmus der Nackenmuskulatur« läßt nicht mehr erkennen, daß dem Erkrankten womöglich »etwas im Nacken sitzt«.

Wenn wir in lateinischen Krankheitsnamen sprechen, geht der mögliche Zusammenhang zwischen Körper und Seele verloren. Zudem machen unverständliche medizinische Bezeichnungen den hilfesuchenden Kranken unmündig. Dieser versteht nicht, was er »hat« und kann nicht mitreden über das, was ihm schmerzlich »unter die Haut geht«.

Die Sprache weist die Richtung für das, was uns »fehlt« – und was uns helfen könnte. Medizinische Fachwörter hingegen wirken eher verschleiernd und zudeckend. Sie versachlichen etwas, was mit uns ganz persönlich zu tun hat. Wir nehmen dann nicht mehr so leicht wahr, was das Kranksein für uns *bedeuten* kann.

Es gibt Menschen, die sich zähneknirschend unterordnen
oder sich gar die Zähne ausbeißen.
Anderen steigt die Galle hoch,
oder es geht ihnen etwas unter die Haut;
sie möchten aus der Haut fahren,
oder sie würden sich am liebsten die Haare ausraufen.
Wir können aus lauter Kummer krank werden
oder gar an gebrochenem Herzen sterben.

Die Weisheit der Sprache drückt aus, was wissenschaftlich nachprüfbar ist. So kann der Verlust des Lebenspartners tatsächlich dazu führen, daß dem Zurückgebliebenen das »Herz bricht«. Man hat untersucht, wie sich der Partnertod auf den zurückbleibenden Eheteil auswirkt. »Zwar kann man durch solche statistischen Erhebungen keinen unmittelbaren Einblick in die inneren Erlebnisse der Betroffenen gewinnen. Aber man kann aus Veränderungen des Gesundheitszustandes Schlüsse auf das Ausmaß der Störungen ziehen, welche die Vereinsamung bewirken. So war man zum Beispiel in der Lage zu beweisen, daß der Verlust des Ehepartners die Sterblichkeitsrate – besonders bei Menschen mit Herzschäden – erhöht... Bei 4486 Witwern in England und Wales lag die Sterblichkeitsrate während der ersten sechs Monate nach dem Partnerverlust um 40% höher, als die zu erwartende Sterblichkeit verheirateter Männer des gleichen Alters. Besonders auffallend war bei diesen Witwern die Häufung von Todesfällen nach Herzerkrankungen«[1].

In einer anderen Untersuchung zeigte sich, daß Verwitwete, deren Partnerverlust 14 Monate zurücklag, häufiger in Krankenhäuser eingeliefert wurden, über Schlaf-, Appetit- und Gewichtsstörungen klagten und den Verbrauch von Alkohol, Tabak und Beruhigungsmitteln steigerten.

Gefühle und Körpergeschehen sind untrennbar verbunden. Die Wechselwirkung zwischen psychischem Konflikt und körperlicher Reaktion ist in der leib-seelischen Gleichzeitigkeit des Erlebens begründet. Wir weinen, weil wir traurig sind; wir erröten, weil wir uns schämen; wir zittern, weil wir Angst haben. Weinen, Erröten, Zittern: diese biophysikalischen Prozesse bestehen nicht für sich als Leistung des Organs. Sie werden ausgelöst und beeinflußt vom Erleben – zum Beispiel von Trauer, Scham oder Angst. »Viele Menschen, besonders Kinder, haben in ängstlicher Erregung Durchfall. Es ist aber nicht so, daß die Angst, die sie empfinden, eine vermehrte Wasserabsonderung im Dickdarm und eine Beschleunigung der Fortbewegung des Darminhalts bewirkte... Vielmehr ist Angst eine Erfahrung, die in einem körperlichen allgemeinen Mißbehagen und Erregungszustand erlebt wird, der sich im Durchfall besonders kundgibt. Es handelt sich um leiblich-seelische

Gleichzeitigkeiten. Das Erlebnis eines Gefühlsaffektes, einer Stimmung, ist gleichzeitig in untrennbarer Einheit Körpergeschehen«[2].

Trauer und psychischer Schmerz sind unverbrüchlich verbunden mit Tränen, die wir weinen, mit mimischer Veränderung des Gesichts und gedrückter Körperhaltung. – Scham, die uns überkommt, kann unmittelbar verknüpft sein mit dem Erröten der Gesichtshaut. Werden wir beim Lügen ertappt, oder während wir andere belauschen, oder in einer Blamagesituation, erröten wir. Rotwerden ist die körperliche Seite schamvoller Erregung. Allerdings kann der Sinnzusammenhang dieser leib-seelischen Gleichzeitigkeit unter Umständen nicht mehr bewußt erlebt werden, wie ich später an einem Beispiel aufzeige, in dem ein Jugendlicher unter krankhaftem Erröten litt.

Bazillen allein machen keine Krankheit – Heitere Stimmung kann Krankwerden verhindern

Eine weitere psychosomatische Grunderfahrung ist diese: Die Widerstandskraft gegen Krankheiten hängt mit der Gefühlslage zusammen. Furcht, Entmutigung, Verzweiflung machen anfällig für Ansteckung. *Der Mensch erkältet sich in gedrücktem Gemütszustand eher als in hoffnungsvoller Stimmung.* Diese alte ärztliche Erfahrung wurde kaum noch beachtet, seit sich die moderne Medizin entwikkelte, und dadurch das ganzheitliche Denken zurückgedrängt wurde.

Der Aufstieg der wissenschaftlichen Medizin begann im 19. Jahrhundert mit den großen biologischen Entdeckungen. Bis dahin wurde Krankheit ganzheitlich, als Verlust des inneren Gleichgewichts gesehen, bei dem eine Vielzahl von Ursachen zusammentreffen. Nun erkannte man einen Zusammenhang zwischen Bakterien und Krankheit, zum Beispiel durch Pasteurs Entdeckungen. Die Theorie von den Krankheitskeimen wurde rasch angenommen und verbreitet: Spezifische Krankheiten werden durch spezifische Mikroben verursacht.

Es galt damals als wissenschaftlich, das Denken auf immer kleinere Einheiten einzuengen. Die Idee, Krankheiten würden jeweils durch einen einzelnen Faktor verursacht, entsprach der seit Descartes verbreiteten Trennung von Körper und Geist. Diese besagte: Lebende Organismen verhalten sich wie Maschinen. Pannen sind darauf zurückzuführen, daß ein Teil in der »Maschine Mensch« nicht richtig funktioniert und deshalb repariert werden muß.

Uexküll[3] beschreibt diesen Vorgang so: »Unsere wissenschaftlichen Forschungsmethoden lassen sich mit Mikroskopen vergleichen: Je stärker die Vergrößerung der optischen Apparaturen, um so genauer wird zwar das Bild, um so enger aber auch der Ausschnitt und um so größer die Gefahr, Nachbargebiete zu übersehen und den Zusammenhang des Ganzen aus dem Auge zu verlieren.

Als man sich zu Beginn der bakteriologischen Ära darauf konzentrierte, immer neue Erreger zu entdecken, geriet die alte Erfahrung von den Widerstandskräften des Körpers in Vergessenheit. Man glaubte, das Problem der Infektionskrankheiten lösen zu können, wenn man den Erreger feststellte. Es bedurfte drastischer Hinweise, um die medizinische Wissenschaft daran zu erinnern, daß sie mit den neuen Entdeckungen nur einen Teilbezirk erfaßt hatte. Der erboste Hygieniker Pettenkofer trank damals eine Kultur lebender Cholerabazillen und bewies durch sein Überleben, daß der Erreger allein noch keine Cholera macht.«

Wir können beobachten, daß ein geschwächter psychischer Zustand die körperliche Widerstandskraft herabsetzt. Bei Kindern mit gehäuften Mandelentzündungen wird die »besondere Anfälligkeit« oft ausschließlich körperlich betrachtet: Einflüsse des Wetters, Ansteckung durch andere Kinder, Erkältungssituationen wie Zugluft, werden für die wiederkehrenden Anginen verantwortlich gemacht. Dabei vermag eine aufmerksame Mutter zu beobachten, *daß gehäufte Krankheitsanfälligkeit mit der psychischen Situation des Kindes, dem Familienklima, der Schulsituation, zusammenhängen kann.*

Ein sechsjähriger Schulanfänger reagierte auf eine Geschwistergeburt, die ihn in den Hintergrund drängte, mit wiederkehrenden Anginen. Die Eltern dachten weniger an die gefühlsmäßige Belastung, als an die erhöhte Ansteckungsgefahr durch den Schulbesuch. Dem kleinen Jungen brachte die Erkrankung erhöhte Zuwendung, und damit einen ersehnten »Krankheitsgewinn«: In der Situation des kranken Kindes war er gegenüber dem neugeborenen Geschwister nicht mehr so benachteiligt. Jetzt wurde er umsorgt, bekam feuchte Halswickel und heißes Zitronenwasser, wurde weich gebettet und nicht mit Schulaufgaben belastet.

Eine eingehende Betrachtung der Familiensituation ließ vermuten, daß der Junge – ohne daß die Eltern dies gemerkt oder gar gewollt hätten – in eine hilflose Lage gekommen war. Er fühlte sich durch die Ankunft der kleinen Schwester von den Eltern verlassen. Gegen das Baby hegte er Haßgefühle und Todeswünsche. Aber er mußte zu ihm besonders lieb sein, weil er sonst die Gunst der Eltern verloren hätte. Dieser *seelische Konflikt schwächte vermutlich die Abwehr* und ließ ihn so gehäuft anfällig für die Mandelentzündungen werden.

Erschwerend kann für Kinder in solchen Situationen hinzukommen, daß sich die von der schulmedizinischen Wissenschaft verunsicherten Eltern nicht mehr natürlich verhalten. Sie unterstützen zu wenig die Selbstheilung des Kindes durch einfache Heilmittel, durch fürsorgliche Pflege und Zuspruch. So wird das kranke Kind zum Patienten der modernen Medizin gemacht. Die Therapie besteht dann darin, daß chemische Mittel eingenommen werden. Dadurch schwindet die Fähigkeit der Kinder, mit ihren Krankheiten – zum Beispiel mit Hilfe des Fiebers – selbst fertig zu werden.

Vor allem wird der »Anruf« nach Beziehung, der in der Kinderkrankheit enthalten ist, zu wenig wahrgenommen. Durch feuchte Wickel, sanfte Einreibungen, eigens zubereitete Säfte, Tees und Speisen erlebt das Kind unmittelbare Zuwendung – anders als beim »kurzen Prozeß« der Tablette oder der Spritze.

Möglicherweise entfernt man dem unter Anginen leidenden Kind die Mandeln. Wenn ein Arzt dies tut, trennt er das Kind für einige Zeit von den Eltern, schreibt Illich[4], »gibt es in die Hände von Technikern, die eine fremde, technische Sprache sprechen, flößt ihm das Gefühl ein, daß sein Körper von Fremden verletzt werden kann, aus Gründen, die nur diese kennen ... 90–95% aller in den USA ausgeführten Mandeloperationen sind unnötig, und dennoch wird diese Operation an 20 bis 30% aller Kinder vorgenommen. Ein Kind unter tausend stirbt in unmittelbarer Folge dieser Operation, sechzehn pro Tausend erleiden auf Grund des Eingriffs ernsthafte Komplikationen. Alle büßen wertvolle Immunitätsmechanismen ein. Gegen alle wird eine emotionale Aggression dadurch verübt, daß sie in ein Krankenhaus gesperrt, von ihren Eltern getrennt und in Abhängigkeit von der unberechtigten und ungewohnt pompösen Grausamkeit des medizinischen Apparats gebracht werden.«

Zudem dürfen Kinder heute nicht unbeschwert von Leistung krank sein. Der durch den Unterrichtsausfall »versäumte Stoff«, so heißt es, müsse nachgeholt werden; das Kind dürfe in keinen »schulischen Rückstand« geraten. Schule ist nicht dazu da, einem erkrankten Kind besondere Fürsorge zukommen zu lassen. Vielmehr wird unerbittlich das Nachholen selbst des unbedeutendsten Lerninhalts gefordert – als hätte sich das Kind durch sein Kranksein etwas zuschulden kommen lassen. Es werden Umstände geschaffen, die die Abwehrkräfte nicht stärken, sondern schwächen.

Das psychische Befinden kann den Ausbruch einer Infektionskrankheit begünstigen oder zu deren Abwehr beitragen. An Versuchspersonen wurde gemessen, wie stark sich die körpereigene Immunabwehr erhöht, wenn sich die Person in einer heiteren Grundstimmung befindet[5]. Im Mundraum sind Eiweißkörper, die den eindringenden Viren und Bakterien Widerstand leisten, sogenannte Immunglobuline. Untersuchungen haben gezeigt, daß überfordernde Belastung und *alle Arten negativen seelischen Befindens diese Abwehrkörper vermindern.* Dadurch können Viren und Bakterien den Körper leichter befallen.

Eine andere Studie zeigte die entgegengesetzte Wirkung. Bei Heiterkeit befanden sich im Speichel der Versuchspersonen eine Menge an Immunglobulinen. Wenn die gute Laune verschwand, verminderten sich auch die Abwehrstoffe wieder. Die Untersuchung brachte weiter zutage, daß heitere Menschen von vornherein mehr Immunglobuline hatten. Es besteht also ein Zusammenhang zwischen Freude und körperlichen Abwehrstoffen. Positives Gestimmtsein stärkt die Abwehr gegen Krankheitserreger. Lachen wäre demnach tatsächlich eine gute Medizin.

Persönliche Überlegungen

Psychosomatisches Denken wird zur Selbstwahrnehmung, wenn wir es mit dem verknüpfen, was wir persönlich erleben. Deshalb ist es hilfreich, immer wieder selbst zu überlegen – zum Beispiel:

- Kann ich einige der Redewendungen über seelisch-leibliche Grunderfahrungen an mir selbst nachempfinden? Welcher der aufgeführten volkstümlichen Ausdrücke kommt mir am nächsten?
- Jeder Mensch erfährt an sich seelisch-leibliche (psycho-somatische) Reaktionen. Mit welcher Körperstelle oder mit welchem Organ reagiere ich besonders empfindlich auf etwas, was mich seelisch belastet?
- Gibt es bestimmte Situationen, in denen mein Körper auf seelische Anspannungen »antwortet«? Wie erfahre ich an mir die leibseelische Gleichzeitigkeit des Erlebens?
- Psychosomatische Erkrankungen verweisen auf Fragen, die zur Chance werden, das persönliche Leben zu verändern, zum Beispiel: Kann ich mit Freude arbeiten? Ist es mir möglich, dem Alltag einen Sinn zu geben? Fühle ich mich in meinen mitmenschlichen Beziehungen wohl? Kann ich eigene Lebenswünsche wahrnehmen und verwirklichen?
- Sehe ich an mir selbst Zusammenhänge zwischen gedrückter psychischer Situation und Krankheitsanfälligkeit? Oder umgekehrt: Gibt es äußere Bedingungen, unter denen »man eigentlich krank werden müßte« – aber die positive Gefühlslage verhindert es?

Die heilende Kraft menschlicher Beziehung – Elias Canettis »Wunde verwandelte sich in ein Wunder«

Wie eng Erleben und Körperbefinden zusammenhängen, wurde von vielen Dichtern beschrieben. Elias Canetti schildert in seinem Buch »Die gerettete Zunge – Geschichte einer Jugend«, wie heilend eine hoffnungsvolle Stimmung wirkt. Er erzählt von einer »Wunderheilung« bei sich selbst; sie war eine Heilung durch Beziehung. Der Junge war damals etwa fünf Jahre alt. Im Hof des Hauses standen große Kessel mit kochend heißem Wasser. Elias Canetti erzählt:

Laurica und ich vertrugen uns wieder wenigstens so gut, daß wir manchmal Fangen miteinander spielten. Einmal standen die Kessel mit dem heißen Wasser da, wir liefen zwischen ihnen hin und her, viel zu nahe dran, und als Laurica mich gleich neben einem von ihnen fing, gab sie mir einen Stoß, und ich fiel ins heiße Wasser. Ich war am ganzen Leib, nur am Kopf nicht, verbrüht. Tante Sophie, die das schreckliche Geschrei hörte, holte mich heraus und zog mir die Kleider herunter, die ganze Haut ging mit, man fürchtete für mein Leben, und ich lag unter argen Schmerzen viele Wochen lang zu Bett.

Der Vater war damals in England, und das war das Schlimmste für mich. Ich dachte, ich müsse sterben, und rief laut nach ihm, ich jammerte, daß ich ihn nicht wiedersehen würde, das war ärger als die Schmerzen. An diese habe ich keine Erinnerung, ich fühle sie nicht mehr, wohl aber fühle ich noch die verzweifelte Sehnsucht nach meinem Vater. Ich dachte, er wisse nicht, was mit mir geschehen war, und schrie, als man das Gegenteil beteuerte. »Warum kommt er nicht? Warum kommt er nicht? Ich will ihn sehen!«

Vielleicht zögerte man wirklich, vor wenigen Tagen erst war er in Manchester angekommen, wo er unsere Übersiedlung vorbereiten sollte, vielleicht dachte man, mein Zustand würde sich von selber bessern und er müsse nicht auf der Stelle zurück. Aber selbst wenn er es sofort erfahren und sich ohne zu zögern auf den Rückweg gemacht hatte – die Reise war weit, und er konnte nicht gleich da sein. Von einem Tag auf den anderen vertröstete man mich, und als mein Zustand sich verschlechterte, von Stunde zu Stunde. In einer Nacht, man meinte, ich sei endlich eingeschlafen, sprang ich vom Bett auf und riß mir alles herunter. Statt vor Schmerzen zu stöhnen, schrie ich nach ihm, »Cuando viene? Cuando viene?« – »Wann kommt er? Wann kommt er?« Die Mutter, der Arzt, alle anderen, die sich um mich bemühten, waren mir gleichgültig, ich sehe sie nicht, ich weiß nicht, was sie unternahmen, es muß in diesen Tagen viele und behutsame Verrichtungen an mir gegeben haben, ich faßte sie nicht auf, ich hatte einen einzigen Gedanken, es war mehr als ein Gedanke, es war die Wunde, in die alles einging: der Vater.

Dann hörte ich seine Stimme, er trat von hinten an mich heran, ich lag auf dem Bauch, er rief leise meinen Namen, er ging ums Bett herum, ich sah ihn, er legte mir leicht die Hand aufs Haar, er war es, und ich hatte keine Schmerzen.

Alles was von diesem Augenblick an geschah, ist mir nur aus Erzählungen bekannt. Die Wunde verwandelte sich in ein Wunder, die Heilung setzte ein, er versprach, nicht mehr fortzugehen, und blieb während der nächsten Wochen. Der Arzt war der Überzeugung, daß ich ohne sein Erscheinen und seine weitere Gegenwart gestorben wäre. Er hatte mich schon aufgegeben, aber doch auf der Rückkehr des Vaters bestanden, seine einzige, nicht sehr sichere Hoffnung. Es war der Arzt, der uns alle drei zur Welt gebracht hatte, und er pflegte später zu sagen, daß von allen Geburten, die er erlebt habe, diese Wiedergeburt die schwerste gewesen sei.

Viele Menschen haben – wenn auch weniger dramatisch – am eigenen Leib erfahren, wie heilend sich Beziehung auf Krankheit auswirken kann. – Aber so wie menschliche Beziehung heilen kann, vermag Beziehungslosigkeit krank zu machen.

Wenn Liebesentzug krank macht oder gar tötet

Erlebnisbedingte Krankheiten können tödlich sein. Dies zeigte der Arzt und Psychoanalytiker René Spitz in seinen Forschungen über das erste Lebensjahr. Neugeborene reagieren auf Mütter, die das Kind aus eigenen Schwierigkeiten heraus ablehnen müssen, mit lebensgefährdenden Zuständen. Besonders *bei Kindern, die unverhüllte, aktive Ablehnung erfahren, treten psychosomatische Folgen auf.* René Spitz berichtet von einem Fall von Säuglingserbrechen[6].

»Das Kind wurde zunächst von der Mutter gestillt. Später weigerte sich die Mutter, es weiter zu nähren und man ging zur Flaschenkost über. Sowohl beim Stillen als auch bei der Flaschenfütterung beklagte sich die Mutter ständig über das Kind. Sie sagte, das Stillen sei unbefriedigend, weil das Kind erbreche. Aber auch die Flasche war nicht das Richtige, weil das Kind weiter erbrach. Nach drei Wochen erkrankte die Mutter an Grippe, kam ins Krankenhaus und wurde von ihrem Kind getrennt. Sofort hörte das Erbrechen auf. Nach sechs Wochen kam die Mutter zurück; innerhalb von 48 Stunden danach fing das Kind wieder an zu erbrechen.«

Kann eine Mutter aufgrund ihres eigenen Lebensschicksals zum Kind keine beiderseitig befriedigende Beziehung aufnehmen, wirkt dies wie psychisches Gift. Spitz hat deshalb solche aus mütterlicher Ablehnung resultierende Störungen psychotoxische Erkrankungen genannt. Bei Müttern, die ihr Kind unverhüllt und total ablehnen müssen, richtete sich die Feindseligkeit meist nicht gegen das Kind als Individuum, sondern gegen die Tatsache, überhaupt ein Kind zu haben.

So war es bei einer sechzehnjährigen Jugendlichen. Sie arbeitete als Hausangestellte und hatte mit dem Sohn ihres Arbeitgebers ein einziges Mal sexuellen Verkehr, worauf sie schwanger wurde. Während der Schwangerschaft litt die Jugendliche unter quälenden Schuldgefühlen; denn als fromme praktizierende Katholikin hegte sie die Vorstellung, daß sie sich schwer versündigt hätte. Deshalb konnte sie sich selbst und das Kind nicht annehmen.

Ablehnung der Mutterschaft geht aber nicht nur aus psychisch belastenden Vorgängen um die Schwangerschaft hervor. Sie hat auch in der individuellen Lebensgeschichte ihren Ursprung: in der Beziehung zu den eigenen Eltern, in der Art, wie die Mutter selbst als Kind angenommen oder abgelehnt wurde. Jedenfalls handelt es sich bei den Müttern, die ihrem Kind gegenüber Feindseligkeit verspüren, nicht um Menschen, die es zu beschuldigen oder abzuurteilen gilt, sondern die dringend der Hilfe bedürfen. – Die eben erwähnte Mutter benahm sich während des Stillens so, als sei ihr das Kind vollkommen fremd und überhaupt kein lebendes Wesen. Ihr Verhalten bestand darin, daß sie sich von dem Kind zurückzog, wobei ihr Körper, ihre Hände und ihr Gesicht starr und gespannt waren.

Daß sich Körpersymptome eines in dieser Weise abgelehnten Kindes in Erbrechen äußern können, ist folgerichtig. Denn die Kontaktaufnahme des Säuglings geschieht in der oralen Entwicklungsphase vor allem durch den Mund. Deshalb *kann sich gestörter Kontakt in Nahrungsverweigerung oder Erbrechen ausdrücken.* Auch andere Untersuchungen legen überzeugend dar, wie die leib-seelische Entwicklung von der Geburt an durch die Art mitmenschlicher Zuwendung bestimmt wird.

Bei den berichteten Fällen mußten die Kinder in extrem belastenden Situationen leben. Dadurch wird der seelisch-leibliche Zusammenhang ihrer Erkrankung besonders deutlich. Die daran sichtbar werdenden Erkenntnisse schärfen die Wahrnehmung für alltägliche Krankheitserscheinungen, bei denen leicht die Frage nach dem Erlebenszusammenhang übergangen wird. Kinder können erbrechen, weil sie sich den Magen verdorben, weil sie übermäßig viel gegessen oder entzündliche Vorgänge im Bauchraum haben und dergleichen mehr. Aber es ist auch danach zu fragen, ob ihnen vielleicht wegen einer aktuellen oder andauernden Belastungssituation »zum Kotzen« ist, was ihnen wohl »aufstoßen« oder »hochkommen«, welch innere Abwehrhaltung dem »nervösen« Erbrechen zugrunde liegen könnte.

In einer anderen Untersuchung konnte Spitz zwei Gruppen von Säuglingen vergleichen, die unter gleich guten Ernährungsbedingungen und hygienischen Umständen aufwuchsen. Bei der einen Gruppe erschöpfte sich allerdings die menschliche Zuwendung im regelmäßigen Füttern und Trockenlegen, also in der hygienischen Versorgung des Säuglings. In der anderen Gruppe hatten darüber hinaus die Mütter Gelegenheit, sich während einiger Stunden mit den Kindern abzugeben. Hier handelte es sich um Mütter in einem Gefängnis, die am Abend mit ihren Kindern zusammensein konnten. Bei diesen Kindern lag die Sterblichkeit bei etwa 3 %, was damals im Land dieser Untersuchung als normal galt. In der anderen Gruppe, in der die Säuglinge keinen hinreichenden Kontakt zu einer Bezugsperson hatten, lag die Sterblichkeit im ersten Lebensjahr bei über 50 %.

Die körperliche Fürsorge war auch in den Heimen mit hoher Sterblichkeitsrate und schweren Erkrankungen vortrefflich. Aber einer Schwester waren oft zehn und mehr Kinder anvertraut. Das bedeutete, daß die Säuglinge nur den zehnten Teil an mütterlicher Zuwendung erhielten, was als totaler Mangel an Gefühlszuwendung angesehen werden kann. Es zeigt sich eindrucksvoll, »*daß die normalen Mutter-Kind-Beziehungen weit über das Körperliche hinaus eine lebenserhaltende, vor Krankheit schützende Wirkung haben*, indes der völlige Liebesentzug zu einem fortschreitenden Verfall führt. Der Verfall der Kinder steht in direktem Verhältnis zur Dauer des Liebesentzugs, dem der Säugling ausgesetzt ist«[7].

»Meine Krankheit war ›nazigen‹« – Greift unsere Gesellschaft die Gesundheit an?

Es ist eine seelisch-leibliche Grunderfahrung des Menschen, daß gestörte Beziehungen krank machen, ja sogar töten können. Besonders die frühkindliche Isolation und damit verbundene Trennungsängste wirken sich durch die leib-seelische Gleichzeitigkeit des Erlebens in gestörten Körperreaktionen aus. Dies verweist uns über unsere innere Realität und unser Selbstverständnis hinaus. *Krankheit ist nicht nur individuelles Schicksal, sondern auch durch gesellschaftliche Bedingungen erzeugtes Leid* – zum Beispiel durch die eben beschriebenen Bedingungen der Heimsituation und alle sozialen Hintergründe, die mit ihr zusammenhängen.

Psychosomatische Therapie befaßt sich deshalb nicht nur mit dem »gelungenen Umgang des Menschen mit sich selbst und seiner Welt«. Sie »treibt nicht nur Individualtherapie«, sondern »wird am Einzelfall, wie bruchstückhaft auch immer, die krankheitserregenden Lebensbedingungen der Gesellschaft zu erkennen versuchen. Ein solch neuer sozialmedizinischer Aspekt bedeutet aber, daß die Gesellschaft hier in die Lage versetzt wird, etwas über sich selbst zu erfahren, und zwar gerade das, wofür sie sonst kein Wahrnehmungsorgan besitzt, was sie aus ihrer gegenwärtigen Bewußtseinslage noch nicht zu überschauen und also auch nicht zu korrigieren vermag« (Mitscherlich[8]).

Heinrich Böll äußerte den Gedanken, daß sich *politische Verhältnisse in psychosomatischer Krankheit niederschlagen* können. Er meinte, seine eigenen Erkrankungen während der Nazizeit könnten »nazigen« gewesen sein. So schreibt er von sich:

»Der Fünfzehnjährige liegt am 30. Januar 1933 an einer schweren Grippe erkrankt zu Bett, Opfer einer Epidemie, die meines Erachtens bei Analysen der Machtergreifung zu wenig berücksichtigt wird. Immerhin war das öffentliche Leben partiell gelähmt, waren viele Schulen und Behörden geschlossen... Ein Mitschüler brachte mir die Nachricht ans Krankenbett...«

An anderer Stelle erzählt er im Zusammenhang mit der Schule:

»Wenn ich es zu arg trieb, rief der Direktor meine Mutter an, fragte, ob ich denn wirklich so krank sei. Ich hatte ein unerschütterliches Daueralibi: man nannte es damals chronische Stirnhöhlenvereiterung, die mich jahrelang wirklich quälte, bei der geringsten Bückbewegung Kopfschmerzen, Übelkeit verursachte. Manchmal denke ich heute, daß diese Krankheit nazigen war. Mögen Ärzte und Psychologen darüber grübeln, gewiß gibt es politisch- oder systembedingte Krankheiten. Einen Vorteil hatte diese Krankheit: sie befreite mich vom verhaßten Turnen, ja, ich gebe es zu: Turnen mochte ich nicht; da roch es immer so nach Männerschweiß und Vater Jahn, nach harter Leistung, und da war die Krankheit, auch wenn ich monatelang von Anfällen verschont blieb, gerade recht«[9].

Es ist naheliegend, daß sich unsere gegenwärtige Lebenssituation ökologischer Bedrohung ebenfalls psychisch und psychosomatisch auswirkt. Wir können jetzt schon beobachten, wie sich das Denken und Fühlen von Menschen verändert, wenn sie die in der Geschichte noch nie dagewesene Gefahr der Selbstauslöschung wahrnehmen – oder auch verleugnen. Die Bedrohung ist gestiegen, seit wir unabweislich wissen, daß wir Atomwaffen und Atomkraftwerke in ihrer gefährlichen Auswirkung gleichsetzen müssen.

Verpestete Luft und verunreinigtes Wasser, die beschädigte Erdatmosphäre, die bedrohte Tier- und Pflanzenwelt: Sollte die Bedrohung durch all das nicht auch krankmachen können? – Wenn dem so ist, wäre das psychische und körperliche Kranksein ein dringender Anruf für jeden einzelnen, dabei mitzuhelfen, die Lebensumwelt menschlicher zu gestalten.

GRUNDFORMEN PSYCHOSOMATISCHER ERKRANKUNGEN

2. Seelischer Schmerz verwandelt sich in körperliches Leiden – Konversion

Viel Kummer, viel Angst und Mißgunst, viel Erniedrigung, die andere uns und wir selbst uns und anderen zufügen, wären zu vermeiden, wenn wir eine bessere, eine spezifisch auf den Menschen zugeschnittene Krankheits- und Heilungslehre besäßen. Krankheit bei uns allen ist nicht anonym wirkender Zufall, sondern Krankheit ist Reaktionsmöglichkeit des erlebenden Individuums in hilfloser Lage.
Alexander Mitscherlich

»Das Erröten macht mein Leben zur Qual« – Der verlorene Sinnzusammenhang des Krankseins

Menschen, die an einer seelisch bedingten Krankheit leiden, haben oft keine oder nur eine geringe Einsicht in den Zusammenhang zwischen ihren persönlichen Problemen und dem Symptom. Häufig betonen sie nachdrücklich, es handele sich ausschließlich um Körperliches; es habe nichts mit ihrem Leben zu tun. Sie bestehen starr darauf, ihre Erkrankung sei nur körperlich bedingt. Das läßt allerdings vermuten, es könne sich gerade wegen dieser ablehnenden Haltung um einen seelischen Ursprung handeln. Denn wer so fest auf »nur körperlichen« Ursachen beharrt, muß vielleicht seelische Konflikte besonders heftig abwehren.

Die *Abwehr seelischer Inhalte und die Umwandlung des peinlichen Konflikts in eine körperliche Störung* möchte ich an einem Beispiel darstellen. – Ein Jugendlicher litt unter krankhaftem Erröten. Im Kontakt mit anderen wurde er wegen Kleinigkeiten rot, ohne einsichtigen Grund, sich schämen zu müssen. Dies machte dem Neunzehnjährigen alle Kontakte zur Qual. Er vermied wegen dieser Errötungsfurcht (Erytrophobie) zunehmend, mit anderen zusammenzutreffen. In der Schule passierte es öfter, daß er verlegen wurde, wenn Lehrer danach fahndeten, wer etwas Bestimmtes gemacht oder nicht gemacht habe. War etwas abhanden gekommen, lief er rot an und zog den Verdacht auf sich. An der Zollgrenze fragten ihn die Beamten, ob er etwas zu verzollen hätte. Er sagte nein – aber errötete über und über. Das bewog die Zöllner, sein Auto und das Reisegepäck sorgfältig zu durchsuchen. Zudem mußte er den Ärger der Polizisten über sich ergehen lassen: Weshalb er sich so komisch benähme, wenn er nichts im Auto habe. Besonders schlimm plagte ihn das Symptom Erröten, wenn seine Mitschüler sexuelle Themen anschnitten oder er mit Mädchen zusammentraf. In Gesellschaft konnte er bei harmlosen Redewendungen die Gesichtsfarbe wechseln; ein Lokal zu betreten, erlebte er als Pein. Ständig überfiel ihn die Angst, ertappt zu werden, obwohl er nichts angestellt hatte. Schließlich wurde die Angst vor dem Erröten so umfassend, daß es den Jugendlichen nicht mehr freute, mit anderen zusammenzusein.

Der Sinnzusammenhang zwischen Erröten und Erleben war für den Erkrankten nicht zu verstehen. Diesen Sinnzusammenhang galt es aufzusuchen, um ihm helfen zu können. Was ging in ihm vor? Wo lagen konfliktschaffende Probleme? Weshalb war dem jungen Mann das psychisch-körperliche Geschehen selbst so fremd? Weshalb war er so empfindlich im Kontakt mit anderen Menschen? – Solche Fragen werden nicht an den Erkrankten gestellt. Sie dienen dem Psychotherapeuten dazu, anteilnehmend zu beobachten, die Gedankenwelt des Jugendlichen kennenzulernen, sich in seine psychische Wirklichkeit einzufühlen.

Das krankhafte Erröten hatte zahlreiche Erlebnishintergründe, wie sich in den psychotherapeutischen Gesprächen zeigte. So *verbargen sich in der Errötungsangst verbotene zärtliche und sexuelle Impulse*. Diese galten in seiner Familie als verpönt. Da er sich aber nicht von den verbotenen Vorstellungen freimachen konnte, mußte er ein schlechtes Gewissen wegen seiner »unkeuschen« Wünsche haben. Zumal, da ihm als Kind seine Mutter glaubhaft gemacht hatte, ihr kleiner Finger sehe alles, wie der liebe Gott. Obwohl er solche Drohungen längst als Lüge entlarvt hatte, wirkten die damit verbundenen Ängste immer noch in ihm. Die ursprüngliche Scham aus Kindheit und Jugendzeit bezog sich auf sein Gefühl, »schlecht«, »unrein« zu sein, von der Mutter beim Onanieren ertappt zu werden und dann deren Zuneigung zu verlieren.

Ein anderer Erlebnishintergrund war, daß seine Eltern der Meinung waren, Blamieren sei ein hilfreiches »Erziehungsmittel«. Der Jugendliche schilderte Situationen, in denen er bloßgestellt worden war und sich hilflos gefühlt hatte, zum Beispiel wenn er von der Schule mit einer schlechten Note nach Hause gekommen war. Die *Blamageangst* begleitete ihn auf Schritt und Tritt. Der von Mitschülern oder von der Mutter ausgesprochene Satz: »Jetzt wird er rot« oder »Ich seh's dir ja an« ließ ihn verzweifeln.

Die Scham bezog sich in dieser Zeit auch darauf, daß er als »Muttersöhnchen« bei gleichaltrigen Jungen wegen mancher Ungeschicklichkeit als »Schlappschwanz« angesehen und verlacht wurde. Er konnte bei vielem nicht mitreden und mitmachen. Oft verstand er nicht, was die Mitschüler wußten und taten; so wurde er immer unsicherer.

Das Wiederbeleben dieser lebensgeschichtlichen Ereignisse in den psychotherapeutischen Gesprächen, brachte dem Jugendlichen seine Ängste und Wünsche erneut ins Bewußtsein. Dadurch konnte er die *leib-seelische Gleichzeitigkeit zwischen der ursprünglichen Scham und dem dazugehörigen Erröten* wieder wahrnehmen. Er wurde ermutigt, die peinigenden Lebenssituationen so deutlich wie möglich zu erinnern. Über »freie Einfälle«, über Träume und Phantasien wurden in den therapeutischen Stunden die lebensgeschichtlichen Hintergründe greifbarer und in einen Zusammenhang mit dem jetzigen Erleben gebracht. – Die schamauslösenden Inhalte, die zum Erröten gehörten, wurden aus der Verdrängung geholt, bewußt nacherlebt und bearbeitet. Er konnte das vom Bewußtsein Abgespaltene wieder in seine Person einbeziehen. Das ermöglichte ihm nach und nach, seine Ängste zu überwinden. Diese mußten nun nicht mehr in der Körpersprache ausgedrückt werden. Er konnte sie aussprechen und sich mit ihnen bewußt auseinandersetzen.

Von der Psychoanalyse wurden wichtige Grundlagen dafür erarbeitet, psychosomatische Erkrankungen zu erkennen und zu verstehen. Zu Beginn des Jahrhunderts befaßten sich psychosomatische Forscher mit der damals häufigen Krankheitserscheinung der Hysterie. Diese ist heute nicht mehr so weit verbreitet. Das folgende historische Beispiel soll jedoch darauf verweisen, daß die Psychosomatik zwar auf uralte medizinische Überlieferungen zurückgeht, aber durch die Tiefenpsychologie wichtige Anregungen zu ihrer wissenschaftlichen Begründung erhielt.

Die hysterische Erkrankung drückt sich darin aus, daß sich die Person auffällig verhält, sehr geltungssüchtig ist, sich dramatisierend benimmt, unechte Gefühle demonstriert, stark ichbezogen handelt, übertriebenen Erlebnishunger zeigt und sich zur Schau stellt. Im Körperlichen äußert sich Hysterie zum Beispiel durch Bewegungshemmungen, Lähmungen, Sinnesstörungen wie Blindheit und Taubheit, Ohnmachten, Anfälle. Für diese Erscheinungen ist keine körperliche Ursache nachweisbar. Die Organe selbst sind nicht geschädigt oder krankhaft verändert.

Hysterische Erkrankungen wurzeln in unbewußten seelischen Konflikten, die mit dem Verdrängen sexueller Inhalte zusammenhängen. Entwicklungsgeschichtlich haben sie ihren Ansatz oft in der ödipalen Phase zwischen dem vierten und sechsten Lebensjahr. In dieser Entwicklungsphase gehören zu den Hauptthemen das Interesse für die Geschlechterbeziehung, die Sexualneugier bezogen auf Zeugung, Schwangerschaft, Geburt, das Entdecken der eigenen Geschlechterrolle als Mädchen oder Junge, die Dreiersituation »Vater–Mutter–Kind«, vor allem die Vater–Tochter- und Mutter–Sohn–Beziehung und die Gruppensituation mit den Geschwistern.

Durch die zu Sigmund Freuds Zeiten prüde und leibfeindliche Erziehereinstellung, kam es häufig zu hysterischen Störungen mit körperlichen Symptomen. Die sexuellen Impulse mußten verdrängt werden und kehrten in entstellter Form als psychosomatische Erkrankung wieder. Das Studium der Hysterie ermöglichte es, bestimmte Symptome als »Ausdrucksleiden« zu verstehen: *Das körperliche Krankheitsbild drückt sinnenfällig etwas aus, was gleichzeitig verborgen bleiben soll.* Zu diesem körperlichen Ausdruck kommt es durch Konversion.

Der *Begriff Konversion* bedeutet Umwandlung, Umkehrung, Übertritt; aus psychologischer Sicht ist das die Umsetzung seelischer Erregung in körperliche Symptome. Der Freudsche Konversionsbegriff faßt das Geschehen so: Unerträgliche seelische Vorstellungen gehen in körperliche Krankheit über. Es handelt sich um unbewußte psychische Inhalte, die in Körpersymptome umgewandelt werden. Was *seelischer* Schmerz hätte werden sollen, wird aus dem Bewußtsein verdrängt und verwandelt sich in *körper*lichen Schmerz. Aufgabe der psychosomatischen Therapie ist es, den verborgenen Bedeutungsinhalt der Symptome aufzuspüren, den Konflikt wieder erlebnisfähig zu machen und unter psychischen Schmerzen – anstatt unter körperlichen – zu bearbeiten.

Sigmund Freud beobachtete, daß hysterische Blindheit, Taubheit oder Lähmung körperliche Entsprechungen für psychische Konflikte sind. Teile des Organismus, die willkürlich beherrschbar sind, werden durch unbewußte Gegenkräfte gestört. – Ein Beispiel dafür ist die 24jährige Elisabeth von R.[10] Diese Patientin Freuds litt seit zwei Jahren an einer Gehstörung, die allen Behandlungsversuchen getrotzt hatte. Bei der psychologischen Suche nach den Anfängen der Schmerzen war zunächst das Fehlschlagen einer ersten Liebe zutage getreten. Die Ursache für die Gehstörung schien ein Konflikt zu sein, der mit diesem Thema zusammenhing. Die Patientin hatte das aber aus ihrem Bewußtsein verdrängt.

Um den nachfolgend beschriebenen Konflikt zu verstehen, muß man die Situation der Beziehung zwischen Mann und Frau Ende des 19. Jahrhunderts bedenken und die prüde Einstellung der damaligen Gesellschaft. Die Patientin war dem Mann ihrer kranken Schwester innerlich nahe gekommen; sie verspürte den Wunsch, einen Ehepartner wie ihn zu haben. Am Abend, nach einem Spaziergang mit dem insgeheim geliebten Schwager, war die schmerzhafte Gehstörung aufgetreten. Sie verschlimmerte sich angesichts der für die Patientin immer deutlicher spürbaren Sympathie für diesen

Schwager. Als ihre Schwester einer Krankheit erlag, hatte sie im Schmerz darüber der Gedanke beschäftigt: »Jetzt ist er wieder frei, und ich kann seine Frau werden.« – Diese Erinnerungen berichtete sie in den psychotherapeutischen Stunden.

Freud schreibt dazu: »Die Mühe des Analytikers war reichlich belohnt worden... Dieses Mädchen hatte ihrem Schwager eine zärtliche Zuneigung geschenkt, gegen deren Aufnahme in ihr Bewußtsein sich ihr ganzes moralisches Wesen sträubte. Es war ihr gelungen, sich die schmerzliche Gewißheit, daß sie den Mann ihrer Schwester liebte, zu ersparen, indem sie dafür körperliche Schmerzen schuf, und in Momenten, wo sich ihr diese Gewißheit aufdrängen wollte..., waren durch gelungene Konversion jene Schmerzen entstanden.«

Die Patientin durfte sich der von ihr empfundenen »Schlechtigkeit« nicht bewußt werden; das war mit ihrer Selbstachtung unvereinbar. Der Konflikt schlug um in die Gehstörung. Das Symptom wurde zur *Selbstbestrafung* für die verbotenen Wünsche, es verhinderte die verwerflichen Absichten und es konnte als symbolischer *Ausdruck ihrer Hilflosigkeit* verstanden werden: »Ich komme nicht von der Stelle.« Mit ihrer körperlichen Erkrankung drückte Elisabeth von R. unbewußt aus, was sie in ihren Berichten als schmerzliches »Alleinstehen« bezeichnete. Zugleich war das Symptom auch *Anruf an die Umwelt*: Helft mir doch, ich brauche Beistand.

In der Psychotherapie nahm die Patientin nach und nach ihre Erinnerungen und Wünsche in ihr bewußtes Erleben auf. Mit dem Durchleben der damit verbundenen Enttäuschungen, der Trauer und des Schmerzes, konnte der Heilungsprozeß fortschreiten, die Gehstörung verschwand. Da es eine *erlebnisbedingte* Störung war, die zu seelischer wie körperlicher Krankheit geführt hatte, mußte die Therapie Methoden der *Erlebnis*verarbeitung und *Erlebnis*korrektur suchen, damit der Kranken geholfen werden konnte.

Freuds Patientin mußte den »Kampf um die Erinnerung« (Mitscherlich) aufnehmen, um an die verdrängten, krankmachenden Erlebnisinhalte heranzukommen. Das geschah durch die »freie Assoziation«, also das unkontrollierte Aussprechen aller Einfälle, die der Kranken in den Sinn kamen; ferner durch die Arbeit mit ihren

Träumen, die zum unmittelbarsten Ausdruck des Unbewußten gehören, auch mit den Tagträumen und den heimlichen Phantasien; weiter durch das Wahrnehmen und Verstehenlernen ihres Alltagsverhaltens. Das Erinnern, Wahrnehmen, Aufdecken, Nacherleben und Durcharbeiten ermöglichte schließlich die Erlebniskorrektur, die das Ziel jeder psychotherapeutischen Arbeit ist.

Wenn es einem die Sprache verschlägt – redet der Körper

Die erkrankte Elisabeth von R. wußte nicht, daß sie mit ihren Konversions-Symptomen bestimmte Wünsche ausdrückte. Das Motiv der Hinwendung zu ihrem Schwager war für ihr Ich unerträglich. Die Kontrollinstanz des Über-Ich, also ihr Gewissen, verbot ihr, sich diese Wünsche einzugestehen. Mit ihren Symptomen kamen aber ihre unterdrückten Strebungen doch noch zum Ziel, wenn auch in entstellter Form:

1. Die Gehstörung war symbolischer Ausdruck dafür, daß Elisabeth von R. eigentlich auf den geliebten Mann zugehen wollte. Sie drückte gleichzeitig aus, wie hilflos die Erkrankte war, diesem Wunsch entsprechend zu handeln.
2. Das Symptom kann auch als verstümmelte Wunscherfüllung verstanden werden; denn der Schmerz hing zusammen mit dem verdrängten Konflikt, dessen Ursache der heimliche Geliebte war.
3. Gleichzeitig wurde Elisabeth von R. für ihren verbotenen Wunsch bestraft. Durch das Symptom mußte sie leiden, so konnte sie ihre Schuld büßen. Es verschlimmerte sich jeweils, wenn sie sich erneut die verbotene Beziehung zum Schwager ausphantasierte.
4. Mit der Gehstörung konnte sie sich selbst und die anderen ihrer einwandfreien moralischen Gesinnung versichern. Niemand kam auf den Gedanken, sie hätte etwas Verwerfliches vor.
5. Das Konversions-Symptom enthob sie der psychischen Spannungssituation. Der angstmachende Konflikt mußte nicht mehr erlebt, sondern konnte im Körper ausgetragen werden.

6. Das Symptom verhalf ihr zu neuen Beziehungsmöglichkeiten mit den sie umgebenden Menschen. Sie wurde als Kranke umsorgt und konnte sicher sein, nicht verlassen zu werden. Sie bezog unbewußt »Krankheitsgewinn« aus dem Symptom.

Der Begriff der Konversion als Umwandlung einer seelischen Krise in ein körperliches Symptom wurde ursprünglich nur für hysterische Körperkrankheiten verwendet, zum Beispiel die Lähmung von Gliedmaßen ohne organische Ursache, psychisch bedingte Sehstörungen, Taubheit, Ohnmachten, Krampfzustände, Erbrechen und dergleichen. Diese hatten als Hintergrund vorwiegend sexuelle Konflikte. – Der erweiterte Begriff von Konversion besagt, daß *sich jeder psychische Konflikt in Körperkrankheit verwandeln kann*: aggressive Konflikte, Probleme des Gebens und Nehmens, Beziehungskonflikte, Selbstwertkonflikte. Auch in diesen Bereichen handelt es sich um ein verborgenes Problem, das nicht unmittelbar erlebt werden kann und das dann symbolisch im Symptom ausgedrückt wird.

Wer psychosomatisch erkrankt ist, dem verschlägt es oft die Sprache, wenn er von sich persönlich etwas mitteilen soll. *Psychosomatisch erkrankte Menschen sind häufig nicht in der Lage, ihre Gefühle auszudrücken.* Sie sprechen um so mehr über ihre Körpersymptome; aber auch dabei wirken sie verhältnismäßig unbeteiligt. In den zwischenmenschlichen Beziehungen bleiben sie eher ausdrucksarm. Ihre inneren Spannungen und Affekte können sie nicht in Phantasie umsetzen oder sprachlich entladen. So bleibt nur der Körper, über den das Abgewehrte zum Ausdruck kommt. Das Ich kann dann lediglich die körperlichen Entsprechungen der Gefühle wahrnehmen. Manche psychosomatisch Kranke können über sich reden, als berührten sie die mitgeteilten Ereignisse nicht. Auf Gefühle angesprochen, reagieren sie hilflos und abwehrend, weil sie spüren, daß es ihnen unmöglich ist, sich spontan auszudrücken. In ihren nächtlichen Traumphantasien kann das allerdings anders sein. Beobachtungen zeigen, daß diese Menschen häufig in der Nacht von ihren ungelebten Gefühlen heimgesucht werden. Sie träumen dann zum Beispiel von grausamen Aggressionen gegen andere und sich selbst. Traumfiguren haben oft Gefühle, die in Wirklichkeit die des Träumers sind, die dieser aber nicht meistern kann.

Bräutigam[11] berichtet aus seiner ärztlich-psychotherapeutischen Arbeit: »Hat man in einer Gruppenpsychotherapie psychosomatisch Kranke und neurotisch Kranke nebeneinander, so beeindrukken die besonders großen Schwierigkeiten, die die psychosomatisch Kranken haben. Sie können schwer mit ihren Gefühlen in Verbindung kommen, schlecht darüber sprechen, kaum Phantasien entwickeln. Sie scheinen sich selbst in einer besonderen Weise entfremdet... Ihre eigenen Gefühle, Ängste, Wünsche sind ihnen nicht gegenwärtig... Bei kritischen Zuspitzungen ist zu beobachten, daß an Stelle der sprachlichen Äußerung und Bearbeitung eine Handlung steht: Der Patient agiert, er läuft weg, er greift an, er verweist auf die Realität, die äußeren Umstände, die eine andere Vorstellung und ein anderes Verhalten als das eigene nicht zulassen«.

Angstmachende Bewußtseinsinhalte versinken im Unbewußten – Verdrängung

Bei psychischen und psychosomatischen Störungen spielt das Verdrängen eine wichtige Rolle. Deshalb möchte ich im folgenden zusammenfassend darlegen, um welche psychischen Vorgänge es sich bei der Verdrängung handelt. Nach tiefenpsychologischer Auffassung bedeutet »verdrängen«: etwas aus dem Bewußtsein verbannen, einen Bewußtseinsinhalt, den man nicht verarbeiten kann, unterdrücken. Peinliche Gedanken, heimliche Wünsche, »verbotene« Phantasien, angstmachende Vorstellungen, starke Gefühlsregungen sollen nicht ins Bewußtsein kommen. Wenn solche Inhalte bereits bewußt sind, werden sie wieder ins Unbewußte abgedrängt. Das Ich greift hemmend in die seelische Spontaneität ein; es macht die abgewehrten Inhalte »unerlebbar«. Triebwünsche, die in Form von Gedanken, Bildern und Vorstellungen auftauchen und vom Ich nicht akzeptiert werden können, die Konflikte auslösen und Angst machen, zum Beispiel aggressive Regungen, sexuelle Wünsche, Impulse des Habenwollens, Macht- und Geltungsstreben werden verdrängt. Das betrifft auch von außen kommende Gefährdungen, weil die damit verbundene Angst nicht ausgehalten werden kann: zum Beispiel die atomare Kriegsgefahr, die Bedrohung durch Atomreaktoren und ökologische Krisen.

Die Verdrängung ist ein grundlegender Abwehrvorgang. Abwehrmechanismen dienen dem Ich dazu, durch innere Triebansprüche oder äußere Gefahren verursachte Angst und Unlust abzuwehren. Seelische Regungen werden »beabsichtigt vergessen«, weil sie das Ich als unerträglich empfindet. Der Impuls ist aber nicht wirklich erledigt, sondern wirkt im Unbewußten weiter. In Träumen, Fehlhandlungen, Phantasien, Neidgefühlen, in seelischen und körperlichen Symptomen drückt sich aus, daß verdrängte Wünsche und Ängste unbewußt weiterschwelen und zur Wiederkehr drängen. Das Verdrängte kehrte zum Beispiel wieder in der Gehstörung von Freuds Patientin Elisabeth von R. und im krankhaften Erröten des Jugendlichen.

Durch die Verdrängung entstehen Lücken in der Wahrnehmung der Welt. Menschen mit ausgeprägten Verdrängungsprozessen laufen wie mit Scheuklappen umher.

Die psychoanalytische Behandlung arbeitet daran, die Verdrängung aufzuheben. *Der ursprüngliche Konflikt soll dem bewußten Erleben wieder zugänglich gemacht werden.* Das Ich kann sich dann mit dem Verdrängten auseinandersetzen und aktiv werden: selbständig entscheiden, bewußt handeln oder verzichten. Psychische Energie, die für die Verdrängung erforderlich war, wird frei, die Person kann sie jetzt konstruktiv zum Handeln nutzen, um Wünsche zu verwirklichen oder echt auf etwas zu verzichten.

Verdrängung ist an sich nichts Krankhaftes. Sie gehört zum menschlichen Leben. Die meisten Menschen können Verdrängungsprozesse an sich selbst beobachten. – Auch in der Sprache drückt sich die Verdrängung aus, wenn wir etwas »nicht wahrhaben wollen«, oder wenn wir sagen »was ich nicht weiß, macht mich nicht heiß«, oder »das kannst du vergessen«, oder »ich kann die täglichen Zeitungsmeldungen nicht mehr ertragen«. Sagen wir von jemandem »der belügt sich selbst« oder »der unterliegt einer Selbsttäuschung«, dann ist damit ebenfalls angesprochen, daß jemand etwas Wichtiges unbeachtet läßt, daß er Einsichten verleugnet oder unterdrückt.

Wenn wir uns mit Wünschen und Triebansprüchen *bewußt auseinandersetzen*, müssen wir sie nicht verdrängen. Man kann diese absichtsvoll beherrschen oder auch verzichten. Krankhaft ist Verdrängung, wenn sie Lebensmöglichkeiten eines Menschen einengt.

Ohne Verdrängungsvorgänge könnte der Mensch nicht leben. Es gibt Erfahrungen – frühkindliche und spätere –, die so verletzend und personbedrohend sind, daß sie das Bewußtsein nicht ertragen kann. Hier wird Verdrängen notwendig, um sich Unabänderlichem anpassen zu können. Auch die kollektive Verdrängung der lebensbedrohenden Weltsituation ist psychologisch verständlich. Zu wissen, daß es »dank« der modernen Technik möglich ist, jederzeit weite Teile der Menschheit zu vernichten: durch ein Versehen, durch menschliche Unzulänglichkeit, durch ein Versagen dieser Technik oder auch durch menschliches Verbrechen. – Daran sehen wir, wie lebenseinschränkend die Verdrängung ist. Denn wenn sich nicht genügend Bürger finden, die das Verdrängte aufnehmen und in persönliche wie politische Lebensveränderung umwandeln, bleiben der Menschheit wenige Chancen zum Überleben.

»Ich leide unter nassen Augen« – Verborgene Bedeutung des Symptoms

»Ich habe ständig nasse Augen. Das ist mir peinlich, weil meine Mitschüler meinen, ich würde weinen. Sie verspotten mich deshalb häufig: ›Jetzt weint er wieder... schaut unseren Weinerich an!‹ Dabei käme es mir gar nicht in den Sinn zu weinen: schon seit meiner Kindheit weine ich nicht mehr. – Ich habe immer wieder versucht, mir die nassen Augen abzutrainieren, aber es ging nicht.« So beschreibt der Jugendliche Martin L. seine Erkrankung. Die augenärztlichen Untersuchungen hätten keine krankhafte körperliche Veränderung aufgezeigt, und die verschriebenen Augentropfen könnten nichts lindern. Dies alles teilte er sachlich und knapp mit, Gefühle waren kein Thema.

In der Schule konnte Martin zu den Mitschülern keinen unmittelbaren Kontakt aufnehmen. Sein Berufsziel war Elektroniker. In verbissener Arbeitswut stürzte er sich aufs Lernen. Von seinen wiederkehrenden Magenschleimhautentzündungen ließ er sich nicht beeindrucken. Nur die nassen Augen hinderten ihn daran, für das Abitur nächtelang zu lesen und zu lernen. Die wollte er »wegkriegen«; deshalb wünschte er sich nach erfolgloser ärztlicher Behandlung eine Psychotherapie.

Die Träume, die er erzählte, waren voll von sadistischen Aggressionen und Selbstzerstörungswünschen. In Wirklichkeit aber verhielt er sich folgsam, ruhig und zuvorkommend. Es zeigte sich, daß der Jugendliche stark selbstmordgefährdet war. Er wollte mit dem Auto in Höchstgeschwindigkeit gegen einen Autobahnbrückenpfeiler rasen und machte hierzu gefährliche »Erkundungsfahrten« bei Nebel und bei Nacht.

In den psychotherapeutischen Sitzungen trat hinter den destruktiven Aggressionen und Selbstzerstörungswünschen zunehmend der *verborgene Haß* auf seine Mutter hervor. Diese führte nach dem Tod ihres Mannes ein freudloses und entbehrungsreiches Leben. Aus ihren eigenen Schwierigkeiten heraus mußte sie von Anfang an ihren Sohn unverhüllt ablehnen, was sich in verletzenden seelischen und körperlichen Strafen ausdrückte. Martin wollte sich – so seine Worte – »schon als kleines Kind das Weinen abgewöhnen«; er war stolz darauf, daß er es schaffte.

Im Verlauf der therapeutischen Gespräche wurde hinter Aggression und Haß allmählich große Traurigkeit spürbar. Diese Traurigkeit hatte er in der unerträglichen Situation als Kind verdrängen müssen, um leben zu können. Jetzt begann er sich daran zu erinnern, wie trostlos er gelebt hatte, an die Trennungsängste, denen er ausgesetzt gewesen war, wie ihn sein großer Bruder mißhandelt hatte, wie hilflos er beim frühen Tod des Vaters gewesen war. Mit diesen traurigen Erinnerungen kamen allmählich die Tränen, die offensichtlich in seinen »nassen Augen« zurückgehalten worden waren.

Während der Therapie trat immer deutlicher hervor: Im körperlichen Leiden von Martin L. verbarg sich, was eigentlich seelisches

Leid war, nämlich Hoffnungslosigkeit. In der zwei Jahre andauernden Behandlung galt es, die im Symptom verborgene Botschaft mit Hilfe des psychotherapeutischen Gesprächs zu entschlüsseln. Dadurch konnte der verdrängte Schmerz erlebt, unter Trauer durchgestanden und ein Neubeginn möglich werden. Beim Durcharbeiten der freien Einfälle und Träume des Jugendlichen, seiner Phantasien und Wünsche, seines Familien- und Schulalltags, seiner aktuellen Lebenssituation wie seiner Lebensgeschichte, wurde die körperliche Erregungsform des Symptoms nicht isoliert betrachtet, sondern in ihrer *seelisch-leiblichen Gesamtgestalt.* So ergab die Krankheit einen Sinn und ermöglichte Martin L., seine Lebenswünsche zu merken und diesen Wünschen entsprechende Veränderungen zu riskieren. Er versetzte sich zunächst wieder in die ausweglose Situation des kleinen Jungen von früher und erlebte die Gefühle, die er damals verdrängen mußte. Aber er erfuhr auch zunehmend, daß er nun nicht mehr der kleine Junge von damals war, sondern heute anders handeln konnte. Seine »nassen Augen« verschwanden im Laufe der Zeit, in der er allmählich wagte, echt zu weinen und in der er aus seinem kindlichen Abhängigsein herauszutreten vermochte.

Anregung zum Überlegen

- Kenne ich Situationen, in denen es mir »die Sprache verschlägt«, und nur noch der Körper redet? Wie äußert sich das bei mir? Was hätte ich eigentlich sagen wollen, und weshalb konnte ich nicht sprechen?
- Viele Menschen neigen dazu, bei körperlichen Symptomen ausschließlich nach körperlichen Vorbedingungen zu suchen. Könnte ich womöglich in manchen Krankheitssituationen auf etwas anderes kommen, als diese nur körperlich zu erklären – besonders, wenn ich an die »seelisch-leibliche Gesamtgestalt« einer Erkrankung denke?
- Kann es auch bei mir so sein, daß mir bei einem »selbstverständlichen Symptom« der Sinnzusammenhang zwischen Körperreaktion und Erleben verloren ging? Vielleicht entdecke ich eine persönliche Erkenntnis, wenn ich nach dem verborgenen Sinn meines Symptoms frage.

- Christa Wolf läßt eine ihrer Erzählfiguren sagen: »Wie jedem Menschen gab mir mein Körper Zeichen; anders als andre war ich nicht imstande, die Zeichen zu übergehen.« Will mir mein Körper vielleicht auch »Zeichen geben«? Könnten die »Zeichen« damit zusammenhängen, daß ich Beziehungen zu Menschen verändern möchte – und ich dazu erste Schritte wagen sollte?

Der »Sprung« vom Psychischen ins Körperliche – Grundeinsichten über die Konversion

Der Konversionsbegriff ist heute umfassender als zur Zeit seiner ersten psychologisch-medizinischen Erforschung. Im folgenden soll das heute Gültige zusammengefaßt werden: Bei der Konversion setzen sich seelische Erregungen in körperliche Symptome um. Unerträgliche Vorstellungen werden zu krankhaften Körpererscheinungen. Woraus seelischer Schmerz hätte werden können, wird körperlicher Schmerz. Die natürliche Grunderfahrung der Konversion ist, daß sich Seelisches in Körperlichem ausdrückt.

Konversions-Symptome können sich in der Motorik ausdrücken: Schwäche, Lähmung, Krämpfe, Ticks, Zittern, Gehstörungen, Heiserkeit, Schielen. – Sie können die Sinne betreffen: Blindheit und Taubheit, Empfindungslosigkeit bestimmter Körperstellen. Es kann zu Schmerzen in Kopf und Gesicht, in der Herzgegend, in Bauch, Unterleib und Rücken kommen. Störungen des oberen Magendarmtrakts zeigen sich zum Beispiel in Blähungen, Brechreiz und Erbrechen, solche des unteren Magendarmtrakts in Verstopfung oder Durchfall. Atemnot oder Husten sind Störungen im Bereich der Atmung, in den Harnwegen Harndrang, häufiges Wasserlassen und Harnverhalten. Impotenz, Frigidität und vorzeitiger Samenerguß betreffen die Geschlechtsorgane, Erröten oder Blaßwerden die Haut. – Solche Symptome sind in der Regel ohne körperlichen Befund. Die Taubheit von Gliedern zum Beispiel geht nicht damit einher, daß die Nerven erkrankt sind; bei Lähmungen läßt sich kein Muskelschwund nachweisen.

Konversions-Symptome sind Folge unterschiedlicher Motive innerhalb der Person: Bestimmten Wünschen stehen Verbote des Über-Ich gegenüber. Solche Motivkonflikte stören die willentlichen Handlungsabläufe. Dies wirkt sich im Körper als Funktionsstörung aus: Das beabsichtigte körperliche Handeln wird gleichzeitig durch unbewußte Gegenimpulse verhindert.

Das Symptom ist ein *Kompromiß zwischen inneren Impulsen und deren Abwehr*: Wünsche, Vorstellungen, Phantasien dürfen nicht ins Bewußtsein vordringen und in Handeln umgesetzt werden. Die vom Bewußtwerden abgehaltenen Strebungen werden in der Körpersprache ausgedrückt. Im Körpersymptom werden die konflikthaften Triebimpulse abgeführt und teilweise – wenn auch in entstellter Form – befriedigt. Es ermöglicht, psychische Anspannung scheinbar zu bewältigen. Gefühle von Angst, Eifersucht, Wut, Trauer, Verzweiflung, Ekel, Neid, Scham brauchen nicht mehr ertragen zu werden – um den Preis des »neutralen« Symptoms. Konversions-Symptome haben *Ausdruckscharakter*. Die Handlungsbruchstücke, die im Symptom enthalten sind, zeigen etwas von der individuellen Wirklichkeit des Erkrankten. Der verborgene Bedeutungsgehalt drückt den Konflikt zwischen individuellen und sozialen Motiven aus.

Dem Konversions-Symptom liegt die psychische Fähigkeit des Menschen zugrunde, solche »*Wünsche, Gedanken oder Phantasien symbolisch in der Körpersprache auszudrücken, die vom bewußten Teil der Psyche nicht akzeptiert werden können*, und die nicht in einer entsprechenden Handlung Erfüllung finden. Der Träger des Wunsches stellt nur die Körperveränderung fest, weiß aber nicht, daß ein Wunsch dahinter steckt. Im Symptom wird zusätzlich die den Wunsch unterdrückende Strebung ausgedrückt. Gelingen sowohl symbolischer Ausdruck von Wunsch, als auch von unterdrückender Tendenz, so verschwindet der psychische Streß, das seelische Gleichgewicht stellt sich wieder ein, der Preis dafür besteht im entstandenen Symptom«[12]. Im Symptom drückt sich oft auch die *Selbstbestrafung* für verbotene Wünsche aus. Die Verkrampfung der Hand bedeutet dann nicht nur den Ausdruck für gelähmte aggressive Impulse, sondern gleichzeitig die Bestrafung für diese Wünsche.

Von den Konversions-Symptomen zu unterscheiden sind psychisch bedingte Symptome, bei denen die körperlichen Erscheinungen keinen Ausdruckscharakter haben. Hier handelt es sich um *Organ-Neurosen.* Das sind psycho-physiologische Symptome, die nicht nur die Funktion eines Organs stören, sondern das Organ selbst schädigen, zum Beispiel das Magengeschwür. Bei den *Konversions-Symptomen sind die Organe selbst nicht geschädigt* oder krankhaft verändert, während bei Organ-Neurosen solche Schädigungen auftreten.

Weil sich in Konversions-Symptomen Konflikte zwischen individuellen und sozialen Motiven ausdrücken, sind immer auch gesellschaftliche Bedingungen als mögliche Verursacher der Erkrankung in Betracht zu ziehen. Bestimmte politische Gegebenheiten, bewußte und unbewußte gesellschaftliche Normen können, manche *müssen* sogar krank machen, weil sie sich auf das Individuum lebenseinschränkend auswirken. – Lebensumstände können so zerstörerisch sein, daß sie die psychische Kraft des Menschen überfordern und zu psychischer und psychosomatischer Erkrankung führen müssen. Horst-Eberhard Richter[13] berichtet von sich selbst ein solches Beispiel. Er war als Soldat aus dem Zweiten Weltkrieg zurückgekehrt und mußte erfahren, daß ein Großteil seiner nächsten Verwandten ermordet worden war. Er schreibt:

Als ich wenige Wochen später unser halbzerstörtes Mietshaus in Berlin betrat, fand ich in den von einer Sprengbombe halbwegs verschont gebliebenen zwei restlichen Zimmern unserer alten Wohnung im dritten Stock ein ungarisches Paar: Ob ich denn nicht wüßte, daß meine Eltern schon im Juni 1945 umgekommen seien? Wie? Das sei auf dem Dorf passiert, wo sie wegen der Bomben gelebt hätten. »Die Russen...« Daß es ein bestialischer Mord gewesen war, und was meine Mutter zuvor hatte ausstehen müssen, sollte ich erst später erfahren. Es war auf einem Spaziergang passiert, zwei Monate nach Kriegsende, zwei betrunkene Soldaten mit Messern...

Einen Tag nach diesem Schock fing ich an zu fiebern: Lungenentzündung, Krankenhaus. Dort lag ich mehrere Wochen. Das Fieber war längst weg, der Lungenbefund wieder in Ordnung. Aber ich konnte, wollte nicht gesund werden. Ich konnte mich nicht auf den Beinen halten. Wieder einmal waren es die Beine. Ich erinnere mich, wie ich, von dem Internisten und zwei Schwestern kritisch beäugt, eine Art Gehtest absolvierte. Ich ging ganz ungelenk – und schämte mich. Natürlich spürte ich, daß es nicht an den Beinen lag.

Der psychische Schock wurde zum körperlichen Schock, ausgelöst durch mörderische Lebensumstände, die die psychische Kraft des Individuums überforderten.

Die Aussichten auf Heilung von Konversionserkrankungen durch Psychotherapie, hängen von der psychischen Grundstörung und von der Lebenssituation ab. »Da Patienten mit Konversions-Symptomen das Symptom als körperlichen Ursprungs erleben und die unterdrückten Wünsche unbewußt sind, weigern sie sich meistens, einen Psychotherapeuten aufzusuchen... Konversions-Symptome, die bei akuten und großen psychischen Belastungen auftreten und einen psychisch sonst ausgeglichenen Menschen treffen, können sich in kurzer Zeit auflösen. Konversionssymptome bei psychisch schwer gestörten Menschen, können jahrelang andauern und durch andere hartnäckige Konversions-Symptome abgelöst werden« (Adler[12]).

In der psychotherapeutischen Arbeit bemühen sich Therapeut und Patient, das vom Bewußtsein Abgespaltene aufzudecken und das in der Körpersprache Ausgedrückte, zurückzuübersetzen in den psychischen Konflikt. Angestaute Affekte entladen sich, die unbewußten Motive und die dazugehörigen Erinnerungen werden wiederbelebt. So können sich Motive wieder in Handeln umsetzen. Die Sprache als konfliktfreie Zone des Ich, dient dabei als Ersatz für die Tat. Was ausgesprochen werden kann, unterliegt nicht mehr der Gefahr, sich im Körpersymptom verbergen zu müssen.

3. Dauer-Erregung schädigt den Körper – Organ-Neurosen

Unbewußte Motivationen spielen in unserem Leben eine bestimmendere Rolle als wir glauben und zu glauben bereit sind. – Krankheit ist, wenn es sich um psychosomatische Leiden handelt, nicht einfach von außen bedingtes Schicksal. In ihr steckt ein Sinn und damit viel Eigengestaltung. Die wissenschaftliche Erkenntnis über das eigene Mitgestalten am Krankwerden ist beides: zunächst empörende Kränkung, aber auch befreiende Chance.

Siegfried Elhardt

Magen-Neurose oder Magengeschwür? – Der Magen reagiert in Neid-Ärger-Situationen

Franz Alexander unterscheidet von den Konversions-Symptomen die Organ-Neurose: Infolge seelischer Konflikte treten Symptome an den Organen auf und schädigen diese. Es handelt sich um *körperliche Erkrankungen durch chronisch gehemmte Gefühle.* Psychosomatische Störungen, bei denen ein krankhafter Organbefund vorliegt, sind zum Beispiel Magenschleimhautentzündung, Entzündung des Dickdarms mit Eiterung und Geschwürbildung (Colitis ulcerosa), das Magengeschwür (Ulcus pepticum), Ekzeme, also chronische, entzündliche Hauterkrankungen (Neurodermitis), in Anfällen auftretende Atemnot als Folge davon, daß sich die Bronchien krampfhaft zusammenziehen und dabei Schleim absondern (Asthma bronchiale). – Eine häufig auftretende und wissenschaftlich gut erforschte Organ-Neurose ist das Magengeschwür. Die am Magengeschwür gewonnenen Erkenntnisse sind bedeutsam für alle anderen Magenerkrankungen – und für das seelisch-leibliche Krankheitsgeschehen überhaupt.

Beim Magengeschwür entstehen Geschwüre in den Abschnitten des Verdauungstraktes, die mit dem Magensaft in Berührung kommen. Die Schleimhäute von Magen und Darm entzünden sich; die

Entzündung dringt teilweise bis in die Muskulatur der Magenwand ein. Wenn zuviel Magensaft erzeugt und abgesondert wird, schädigen Salzsäure- und Pepsinsekretion die Schleimhaut. Die Salzsäure kann besonders dann zerstörerisch einwirken, wenn eine Stelle der Magenschleimhaut mangelhaft durchblutet ist. Es kommt zu einer Art *Selbstverdauung des Magens*.

Früher galt das Magengeschwür als seltene Krankheit. Die Schmerzen in der Magengrube oder Umgebung des Magens wurden als »Magen-Neurose« gedeutet. Man nahm an, daß seelische Belastung zu der Erkrankung führte. Diese heute als zutreffend erkannte Auffassung wurde verworfen, als man die Innenwand des Magens im Röntgenbild sichtbar machen konnte. Dabei konnte man entdecken, daß viele Kranke, die an einer »Magen-Neurose« litten, ein Geschwür hatten. Damit glaubte man damals, die körperliche Ursache der Krankheit gefunden zu haben. Die Annahme, es handle sich um seelische Ursachen, galt als überholt. Die Entdeckung der Röntgenstrahlen (1895) lenkte den ärztlichen Blick von den unsichtbaren seelischen Ursachen auf das sichtbare Geschwür. Man brauchte den geschädigten Teil des Magens nur operativ zu entfernen, dann konnte der Patient gesunden, so dachte man fortan.

Diese Annahme wurde bald erschüttert. Nach der Operation von Magengeschwüren traten bei den Erkrankten entweder neue Geschwüre oder andere Symptome auf. Das führte zu der Einsicht, daß der Mensch trotz geglückter Operation krank bleiben kann. Die neue Erkenntnis war: Es gibt offenbar »Allgemeinkrankheiten«, die zwar ein Organ nachweisbar schädigen; diese Organerkrankung ist aber nicht die Ursache der Krankheit, sondern deren Folge. Es kam bei der »neuen« Sicht des Magengeschwürs zu der alten Erkenntnis: *Am Anfang steht nicht das kranke Organ als Ursache der Störung, sondern die psychische Anspannung, die den Magen nicht richtig arbeiten läßt.* Erst die gestörte Leistung des Magens führt zu krankhaften körperlichen Veränderungen. Diese beeinträchtigen wiederum die Verdauung.

Die von den psychosomatischen Ärzten so benannte »Betriebsstörung« besteht in einer unregelmäßigen Säuresekretion der Magenwände. Gefäß- und Muskelkrämpfe in der Magengegend bewirken, daß bestimmte Bezirke der den Magen von innen auskleidenden Schleimhaut mangelhaft ernährt werden. Dadurch wird die Schleimhaut geschädigt und kann von der Magensäure angegriffen und zerstört werden. Der Magen richtet dabei seine Verdauungsfunktion gegen sich selbst. So entstehen Geschwüre.

Die Ursachen für die Gefäßkrämpfe der Magenschleimhaut werden in der gestörten Nerventätigkeit gesehen, hinter der die Person des kranken Menschen mit ihrer seelischen Individualität steht. Auch beim Magengeschwür begann man nach dem verborgenen Sinn der Krankheit zu fragen. Daß sich die Verdauungssäfte des Magens gegen die eigene Schleimhaut richteten, versuchte man im Zusammenhang damit zu sehen, daß unter den Magenkranken gehäuft ehrgeizige Menschen zu finden sind. Das Symptom könnte dann bedeuten: »Sich vor Ehrgeiz selbst verzehren«. – Eine solche symbolische Deutung allein wird jedoch dem psychosomatischen Geschehen nicht gerecht.

Daß der Magen bei seelischen Erlebnissen mitreagiert, können viele Menschen an sich selbst erfahren. Das Wissen um die Leib-Seele-Einheit drückt sich zum Beispiel in Redewendungen über den Magen aus: Das liegt mir schwer im Magen. – Dazu müßte man Steine verdauen können. – Die Mitteilung schlug mir auf den Magen. – Er frißt alles in sich hinein. – Er reagiert sauer. – Das ist ein schwer verdaulicher Brocken. – Der muß einen guten Magen haben. – Da dreht sich mir der Magen um. – Liebe geht durch den Magen. – Der Ärger macht mir Magenschmerzen. – Den Ärger muß ich schlucken. – Da zieht es mir den Magen zusammen. – Ich ärgere mir noch ein Loch in den Bauch. – Das kann ich nur schwer verdauen.

Zander hat eindrucksvoll gezeigt, daß Gefühlsregungen die Funktion des Magens beeinflussen. Er untersuchte mit Hilfe des Röntgenapparats, wie sich der Magen von Patienten verhält, wenn Neid-Ärger-Situationen angesprochen werden. Während eines Gesprächs mit Magenkranken ließ er gleichzeitig den Magen durchleuchten. Bei 15 von 17 Magengeschwür-Patienten, kam es im Verlauf des Gesprächs immer dann zu heftigen *Verkrampfungen in der Magenhöhle, wenn die Rede von Konfliktsituationen war*: von beruflichen Schwierigkeiten, Problemen in der Partnerbeziehung, von Neid, Wut, Ärger.

Dieser Krampf im Magen war so stark, berichtet Zander, »daß die normale Peristaltik (Bewegungen der Magenwand) vor dem verkrampften Magenanteil haltmachte, so daß es nicht eher zu einer weiterführenden Passage des Mageninhalts kam, bis der Krampf sich löste. Er hielt meistens so lange an, wie das Gespräch sich direkt um die Situation des unbewußten Neid-Ärgers drehte... Die Veränderung trat meist blitzartig auf, oft auch ehe der Patient sich zu dem angegebenen Problem geäußert hatte. In einigen Fällen kam es sogar dann zu einem Spasmus (Krampf), wenn ich nur einen bestimmten Namen aussprach, der den Ort oder den Menschen bezeichnete, an welchem sich der problematische Konflikt abgespielt hatte« (Zander[68]). – Solche Beobachtungen sind manchen Menschen nicht unbekannt: wie sich ihnen »der Magen zusammenzieht«, wenn sie an eine bedrohliche oder abgelehnte Person denken, oder wie ihnen in bestimmten Situationen alles »hochkommt«.

Nach den von Zander berichteten Beobachtungen ist vorstellbar, wie sehr es den Magen beeinträchtigt, wenn es sich um einen psychischen Dauerkonflikt handelt, der für die Person unlösbar erscheint: Wenn also Partnerprobleme, berufliche Konflikte, Neid, Wut, Ärger, Eifersucht ständig weiterschwelen – ohne aufgedeckt und bearbeitet zu werden, also ohne daß sie in ein der Gefühlsregung entsprechendes Handeln übergehen. Die seelisch bedingte Dauererregung läßt die körperlichen Fehlfunktionen des übersäuerten Magens und der mangelhaft durchbluteten Schleimhäute nicht mehr zur Ruhe kommen.

Anregungen zur Selbstreflexion

- Reagiere ich bei bestimmten Erlebnissen mit dem Magen? In welcher Weise spüre ich das? An welche Situationen erinnere ich mich, wo ich eine Magenreaktion merkte? Gibt es solche Situationen öfter?
- Liegt mir manchmal etwas im Magen? Worum handelt es sich da?

Spreche ich mit jemandem über das, was ich nur »schwer verdauen« kann? Mit wem könnte ich riskieren, über meinen »Kloß im Magen« zu reden, anstatt ihn weiter drücken zu lassen? Welche Gefühle würde ich gern äußern, die ich in der Regel zurückhalte?

- »Schlucke« ich zuviel von dem, was ich im Grunde gar nicht schlucken möchte? Wann neige ich besonders dazu, etwas zu schlucken, was mir nicht behagt? Was möchte ich verändern, damit ich nicht soviel schlucken muß, und womit könnte ich beginnen?
- Fresse ich zuviel Ärger in mich hinein, weil ich besorgt bin, man könnte mich sonst nicht mehr mögen oder anerkennen? Riskiere ich keinen Konflikt, weil ich mich vor meinen Aggressionen und denen der anderen fürchte? Muß ich dann »sauer« sein, weil der Konflikt nicht erledigt ist, sondern mir weiter im Magen liegt?
- Kann ich vielleicht meinen Neid nicht zulassen, weil »man« nicht neidisch sein darf? Dabei wäre es wichtig zu fragen: Was sind meine Neidinhalte, worum beneide ich andere? Wenn ich meine Neidphantasien nicht verurteile, sondern wahrnehme, kann mein Neid konstruktiv werden: Was benötige ich eigentlich für ein »gutes Leben«, so wie ich es mir vorstelle? Weshalb versuche ich nicht, etwas von dem zu bekommen, was ich anderen neide und was zu meiner Lebenszufriedenheit beitragen könnte? Dann würde der Neid nicht mehr an mir »fressen« und ich müßte nicht »vor Neid vergehen«. – Diese Fragen sind allerdings nicht auf das »Haben« bezogen, sondern auf das »Sein«.

Unbewußtes Verlangen nach Geborgenheit – »Bei mir geht Liebe nicht durch den Magen – sondern durch Prüfungen«

Die Ursachen der andauernden seelischen Erregung sehen bei jedem Erkrankten anders aus. Oft sind Menschen mit einem Magengeschwür leicht verletzbar, unsicher und gehemmt im Gefühlsbereich. Sie können Gefühle schlecht zeigen und verarbeiten sie nach innen. Die weiche, »weibliche« Seite darf nicht bewußt werden: Männer sind von Magengeschwüren etwa dreimal häufiger betroffen als Frauen.

In einer früheren Phase psychosomatischer Forschung vermutete man, Magengeschwüre wären als Ausdruck einer Persönlichkeit zu verstehen, die »sich aus Ehrgeiz selbst verzehrt«. Tatsächlich fand und findet man bei zahlreichen Ulcus-Kranken eine ausgeprägte Ehrgeizhaltung. Andererseits beobachtete man Magengeschwüre an Menschen, die gar nicht ehrgeizig waren. So konnte man diese Annahme nicht aufrechterhalten.

Weitere Untersuchungen haben gezeigt, daß es um den *Konflikt* ging, der dem Ehrgeiz zugrunde lag. Uexküll[14] beschreibt dies so: »In der Tiefe der Seele vieler ehrgeiziger Menschen liegt, ihnen selbst unbewußt, das Verlangen nach Abhängigkeit in der behüteten und umsorgten Existenz des kleinen Kindes... Da diese Sehnsucht aber mit dem Selbstbewußtsein und der Kritik des erwachsenen Menschen in Widerspruch gerät, verbirgt er sie sorgfältig vor sich selbst. Er verdrängt sie und legt ein Verhalten an den Tag, das ihm und seiner Umgebung beweisen soll, wie unabhängig er von der Hilfe anderer Menschen ist. Er zeigt ein Verhalten, das ihm aber durch seinen beruflichen Erfolg doch noch die Achtung seiner Mitmenschen und auf diesem Weg auch das Verwöhntwerden sichert.« Hinter dem Ehrgeiz liegt also oft der Wunsch nach kindlichem Umsorgt- und Angenommenwerden verborgen.

Übertriebener Ehrgeiz entwickelt sich oft, weil viele der Erkrankten in ihrer Lebensgeschichte zu wenig erfahren haben, um ihrer selbst wegen etwas wert zu sein. Sie sind von ihrer Wertlosigkeit überzeugt und müssen deshalb unentwegt ihren Wert beweisen. Das gelingt ihnen am besten über Leistung.

Ein psychischer Persönlichkeitskonflikt des an Magengeschwüren Erkrankten ist *das übersteigerte Verlangen nach Geborgenheit und Fürsorge.* Gleichzeitig besteht aber Angst vor der ersehnten Zuwendung, weil solche Nähe abhängig macht. Dieser Konflikt stammt aus Versagungen in der Kindheit: Damals konnte Genießen, Lebensfreude, bedingungslose Zuwendung nicht erfahren werden. Die damit zusammenhängende Kränkung wurde aber nicht bewußt erlebt, sondern mußte sich ins Gegenteil verkehren: »Ich brauch' das alles nicht.« – Der Erkrankte zeigt sich unabhängig, wo er in Wirklichkeit versorgt und geliebt werden will. Die Wünsche werden aber nicht wirklich aufgegeben, vielmehr verharren die Erkrankten unbewußt darin, kindlich schutzbedürftig zu sein.

Sie dürfen sich die *Wünsche nach Passivsein* aus Angst vor dem Abhängigsein nicht erfüllen. Solche Wünsche stehen den idealen Vorstellungen vom Erwachsensein entgegen. Manche überaktiven Magenkranken lassen von ihren Passivitäts- und Geborgenheitswünschen nichts erkennen. Ihr Magen reagiert aber durch die verborgenen Erwartungen mit einer überschießenden Säureabsonderung, so als ob sie mit Nahrung und Zuwendung verwöhnt, also »gefüttert« werden wollen. Wenn diese Menschen dann wegen der inneren Versagungen am Magen erkranken, können sie sich eher »gehen« und umsorgen lassen. Als Patienten dürfen sie sich manche ihrer geheimen Wünsche erfüllen, ohne daß ihr Selbstwertgefühl darunter leidet. Wegen der verleugneten starken Anlehnungswünsche brechen Magenerkrankungen oft dann aus, wenn eine erhoffte soziale Anerkennung ausbleibt, wenn ein erstrebtes Ziel nicht erreicht, ein Berufsproblem nicht bewältigt wird, wenn Geltungswünsche nicht erfüllt werden. – Magengeschwüre können zum Beispiel bei Personen auftreten, die aus einer Gemeinschaft ausscheiden mußten, in der sie sich zuvor geborgen und anerkannt fühlten.

Häufig geht es aber auch um *Konflikte im Bereich des Gebens und Nehmens.* Wer in der Kindheit nicht lernen konnte, seine Wünsche durchzusetzen, etwas zu bekommen und zu besitzen, eigentlich etwas haben wollte, es aber nicht fordern durfte, der steht unter erhöhter Spannung. Weder sich das Gewünschte nehmen können – oft auch im Bereich des Essens – noch echt darauf verzichten können, wird zum permanenten Konflikt. Die damit verbundene Beunruhigung ist begleitet von der Erwartung, es könnte vielleicht von selbst eintreten, was man nicht zu fordern wagt.

Für einen Jugendlichen mit chronischer Magenschleimhautentzündung war sein krankmachendes Leistungsstreben der verzweifelte, unbewußte Versuch, über Tüchtigkeit die Zuneigung der Mitmenschen zu erringen. Erwin S. mußte seine Wünsche nach Versorgtwerden durch die Haltung abwehren: »Sei fleißig und tüchtig.« – Der Jugendliche wuchs in einem emotional kargen, lieblosen Milieu auf. Durch seine hohe Intelligenz erlebte er, daß sich ihm die Menschen zuwandten, wenn er etwas leistete.

Er erzählte: »Es war als Lehrling mein Traum, etwas zu werden. Damals hatte ich die vielen Pickel im Gesicht. Ich dachte mir: ›Mit Mädchen geht es sowieso nicht; dann muß ich eben arbeiten; wenn ich später etwas bin, werde ich ein Mädchen finden.‹ Mein erstes Berufsschulzeugnis war so gut, daß ich gleich in den begehrten Schaltraum kam. Bald darauf wurde mein Wunsch nach dem weißen Mantel erfüllt: Ich kam ins technische Büro. Und so wollte ich immer mehr. Nebenbei machte ich die Berufsaufbauschule; da mußte ich besser sein als alle anderen. Ich durfte keinen Dreier haben, nur Einser und Zweier: Im Schnitt hatte ich die Note 1,5.«

Der Jugendliche arbeitete aus Kräften, um die ersehnte Anerkennung zu erringen. Er gönnte sich keine Freizeit, hatte keinerlei Hobbys. *Die gute Leistung war für ihn überwertig geworden; sie erschien ihm als einziges Mittel, um Liebe zu bekommen.* Er konnte sich nicht vorstellen, so geliebt zu werden, wie er war – zum Beispiel mit Pickeln im Gesicht.

Auch diese »Pickel im Gesicht« hatten womöglich eine psychosomatische Bedeutung gehabt. Overbeck[15] sieht die Akne auch als seelischen Selbstschutz: »So bietet die Pubertätsakne manchmal eine hervorragende Entwicklungshilfe, wenn die Introversion, der notwendige Rückzug von der Umwelt zur Selbstfindung nicht gelingt. Man sieht die schwere Akne oft bei Jugendlichen, die glauben, alles mitmachen zu müssen und sich nicht entziehen zu dürfen. Aus Anpassungsgründen überfordern sie sich seelisch und körperlich, zeigen pseudosexuelles Verhalten und frühreifes Erwachsenengebaren. Es ist letztlich die Hautkrankheit, die sie davor schützen kann, Beziehungen einzugehen, mit denen sie sich völlig übernehmen würden. Sie ›schreckt ab‹ und soll eine Weile abschrecken, nämlich während der Reifezeit.« Dieser Aspekt der psychosomatischen Krankheit als Selbstschutz mag bei der Akne des geschilderten Jugendlichen eine Rolle gespielt haben.

Die Phantasien, die Erwin S. parallel zu seinem Lerneifer und seiner Arbeitswut beschäftigten, zeigten, worum es ihm eigentlich ging. Er sagte: »Es war wirklich so, daß ich so viel arbeitete, um geliebt zu werden. Ich habe die Arbeit als Ersatz für Liebe genommen. Und ich hatte diese blödsinnige Idee, der Chef könnte mich einmal adoptieren. Ich dachte mir, wenn ich immer höher steige durch vieles Arbeiten, dann käme ich in eine Art Verwandtenverhältnis zum Chef und seiner Prokuristin. Deshalb war es für mich so wichtig, höher hinauf zu gelangen. Ich malte mir aus, in ein privates Verhältnis zu den beiden zu kommen. Zum Beispiel stellte ich mir vor, wie sie mich zum Geburtstag beschenkten. Aber dazu mußte ich arbeiten und noch mal arbeiten. Bei mir geht Liebe durch Prüfungen, wie sie bei anderen durch den Magen geht.« – Der Jugendliche suchte verzweifelt nach Beziehung. In der Phantasie wollte er mit seinem Chef verwandt werden. Letztendlich sehnte er sich in diesen Wunschvorstellungen nach den liebevollen Eltern, die er in seiner Lebensgeschichte vermissen mußte.

Dieses Erleben ist bei Magenkranken häufig zu beobachten. Heimlich phantasieren sie sich Zuwendung, Versorgtwerden und Verwöhnung aus. Die entsprechenden Wünsche dürfen aber nicht ausgesprochen werden, sondern sollen sich mühsam auf Umwegen erfüllen. Nach dem erreichten Erfolg stellt sich eine immer wiederkehrende Enttäuschung und nicht greifbare Unzufriedenheit ein. Der Jugendliche beschrieb das so: »Für einen Augenblick leuchtete alles auf, wenn ich auf eine Arbeit die Note 1 bekam. Aber dann überfiel mich rasch Niedergeschlagenheit und eine Bedrükkung, die ich nicht verstand.«

Wünsche nach Gefüttertwerden steigern die Magensaftabsonderung – Erbliche Veranlagung

Wo liegt der Zusammenhang zwischen den beschriebenen Persönlichkeitskonflikten und der Entzündung der Magenwand? Geborgenheits- und Zuwendungswünsche haben ihre ursprüngliche Entsprechung in der oralen Phase des ersten Lebensjahres. Hier ist die Beziehung zwischen Mutter und Kind vor allem durch Gestillt- und Gefüttertwerden geprägt und dem damit verbundenen Erleben von Zärtlichkeit, Geborgenheit, Sicherheit und Wärme. Durch verunsichernde Erfahrungen können in dieser Zeit bestimmte Haltungen entstehen wie maßlose Erwartungen, Verwöhnungswünsche, passive Einstellungen, Riesenansprüche.

Bei bewußten und unbewußten Gefühlsregungen des »Gefüttertwerden-Wollens« ist der Magen immer mitbeteiligt. In vielen Untersuchungen gelang der Nachweis, »daß auch unbewußte, nicht im Bewußtsein erlebte oder von der bewußten Wahrnehmung ferngehaltene Emotionen einen nachhaltigen Einfluß auf die Organleistung ausüben. Sie halten gleichsam die Steuerung des Organs besetzt.« *Bei dem unbewußten Wunsch nach Gefüttertwerden, verhält sich der Magen, als müßte er verdauen:* »Peristaltik, Durchblutung, Sekretion benehmen sich so, als ob die Aufnahme einer Mahlzeit bevorstünde. Auch wenn es sich um einen sehr sinnbildlich anmutenden Hunger handelt, also um Hunger nach Zärtlichkeit, Anerkennung, Geborgenheit, verhält sich – bei bestimmten Menschen – das Organ ganz so, als sollte jetzt ein Verlangen nach Nahrung gestillt werden« (Mitscherlich[16]). Es wird vermehrt Magensaft abgesondert, der unter bestimmten Umständen die Schleimhäute andaut. Die fortdauernde unbewußte Reizung überfordert das Organ, so daß ein Magengeschwür entsteht.

Die Dauerspannung des Mangegeschwür-Kranken wird gerade dadurch erhöht, daß er seine Abhängigkeitswünsche abwehren muß, indem er sich unabhängig zeigt. Er kann keine Hilfe annehmen, obwohl er sie eigentlich möchte; er weist Geschenke zurück, obwohl er im Grunde beschenkt werden will; er gibt sich unempfindlich, wo er übermäßig empfindlich ist; er lädt sich mehr Verantwortung auf, als er tragen kann. So bekommt der Erkrankte nicht, was er sich sehnsüchtig wünscht.

Es gibt Situationen, in denen die Geborgenheitswünsche in kränkender Weise nicht erfüllt werden; dies kann dann die Magenerkrankung auslösen. Zum Beispiel: Trennungssituationen, Auszug aus dem Elternhaus, Zurückweisung durch eine geliebte Bezugsperson, Zuwachs an Verantwortung und dem damit verbundenen Erwachsensein-Müssen; Schwellensituationen wie Studiumsbeginn oder Eheschließung; nicht erfüllte Ansprüche, die aus Leistungs- und Ehrgeizhaltungen entspringen.

Daß ein bestimmtes Organ erkrankt, hängt mit mehrerlei zusammen. Zum einen gibt es eine spezifische *Zuordnung zwischen seelischem Grundkonflikt und leiblich dazugehöriger Organfunktion*. So gehört zum Beispiel zum psychischen Grundkonflikt des Aufnehmens, des »Gefüttertwerden-Wollens«, die Organfunktion der Verdauung.

Auch die erbgenetische Ausstattung spielt eine Rolle. Manchen Menschen ist es angeboren, Magensaft besonders stark oder schwach abzusondern. Das läßt besser verstehen, weshalb bei einem gleichgearteten Gefühlskonflikt im einen Fall ein Magengeschwür entsteht und im anderen nicht. Mitscherlich[17] stellt den Zusammenhang zwischen angeborener hoher Magensaftabsonderung, psychosozialer Belastung und dem Entstehen eines Magengeschwürs so dar: Jener Mensch, der *auf Grund angeborener Konstitution mehr Magensaft erzeugt*, wird von Geburt an mehr Hungerempfinden haben. »Er wird als Säugling mehr schreien, gebieterischer und häufiger nach Nahrung verlangen. Damit ist die Voraussetzung dafür geschaffen, daß Menschen mit starker Sekretion intensiver an die oralen Erlebnisse gebunden bleiben als solche, die den Magensaft normal oder schwach absondern. Das Verlangen nach Fürsorge und Zuwendung bleibt für sie gekoppelt mit dem Verlangen nach Nahrung.

Unter Streß, das heißt unter Lebensumständen, die ihnen Aktivität, Ausdauer, Konzentration, Verzicht auf Schutz und Obhut, Selbständigkeit abverlangen, neigen sie dazu, sich auf die passivorale, rasch erreichbare Befriedigungsform zurückzuziehen (wie abgewehrt dieser Wunsch auch immer in ihrem bewußt gesteuerten Verhalten sein mag). Entsprechend diesem Rückzugswunsch wird die Menge des abgesonderten Magensafts steigen. Man kann zum Beispiel beobachten, daß sie bei schwierigen Lernaufgaben dauernd Süßigkeiten essen, rauchen usw. Die Fixierung an orale Befriedigung hat überdies zur Folge, daß Menschen mit derart nachhaltig bestimmten Kindheitserfahrungen nur schwer die Beziehung zu jenen Personen ihrer Umwelt aufgeben, von denen der Hunger gestillt und Sicherheitswünsche befriedigt werden.

Zur Prüfung der Hypothese, daß angeborene hohe Magensaftabsonderung an der Entstehung des Magengeschwürs beteiligt sei, benützte Mirsky eine bestehende soziale Situation als Experiment. Er ging von der Überlegung aus, daß bei starker körperlicher Anstrengung zunächst die sekretorischen Magenfunktionen absinken müßten; wäre jedoch mit der Belastungssituation ein psychischer Konflikt verbunden, dann müßte die Sekretion entgegen den physiologischen Erwartungen ansteigen. Das wäre eine ideale Vorbedingung für das Entstehen eines Ulcus.

Als Experimentalsituation wählte Mirsky die der militärischen Grundausbildung. Die körperliche Anstrengung und die oft erstmalige Trennung von den wichtigsten Bezugspersonen mußten seiner Meinung nach starke regressive Wünsche nach Ruhe und Geborgenheit stimulieren. Die Magensaftabsonderung würde steigen. Dadurch würden beim hypersekretorischen Typ Höchstwerte zustandekommen und die Entstehung eines Ulcus wahrscheinlich werden.

Mirsky ließ von 2079 Rekruten eine Blutprobe nehmen. Er sortierte die 300 Proben der Personen mit der höchsten Magensaftabsonderung aus und die 179 Proben mit den niedrigsten Werten. Eine Gruppe diente der anderen als Kontrollgruppe. Von der Gruppe der 300 nahm er wiederum die Proben mit den 10 absolut höchsten Werten. Für sie hat er blind, also ohne die Personen zu kennen vorausgesagt, sie würden unter den Belastungen der Rekrutenausbildung, die für sie eine schwere und anhaltende orale Versagung darstellte, an einem Ulcus erkranken. In 9 Fällen ist die Vorhersage eingetroffen. Der zehnte Rekrut mit vermehrter Magensaftabsonderung erkrankte nicht; später stellte sich heraus, daß er zunächst eine Arreststrafe zu absolvieren und deshalb die Grundausbildung nicht mitgemacht hatte. Als er sie nachholen mußte, erkrankte auch er an einem Ulcusleiden. Hier liegt eine Prognose mit sonst in der Medizin kaum bekannter Treffsicherheit vor.«

Damit war die Annahme bestätigt, daß ein Magengeschwür entstehen kann, wenn die Magensaftsekretion stark ansteigt. Das ist besonders leicht bei jenen Menschen der Fall, die anlagebedingt viel Magensaft absondern. Die Untersuchung zeigt aber auch, daß die vermehrte Magensaftabsonderung durch soziale Belastungen ausgelöst werden kann.

Ähnliche Untersuchungen bestätigen, daß bei psychosomatischen Erkrankungen seelische *und* körperliche Faktoren ineinandergreifen. Erbbedingte Vorgaben schaffen eine bestimmte körperlich-seelische Ausstattung. Diese bewirkt zum Beispiel starke Magensaftabsonderung. Aus ihr erwachsen übermäßige Trink- und Eßbedürfnisse. Die erhöhte Magensaftabsonderung des Säuglings beeinflußt das Mutter-Kind-Verhältnis: das Kind ist öfter hungrig und fordernd. Das kann die Mutter in Spannung versetzen oder sie überfordern. Auf der anderen Seite wird der Säugling durch die möglichen oralen Versagungen angespannt. Orale Versagungen und gestörte Beziehung können die Person auf der Stufe kindlicher Geborgenheitswünsche festhalten, die einem Erwachsenen nicht mehr erfüllt werden. Gesellschaftliche Einflüsse legen eine Scheinbefriedigung durch betonte Leistung nahe. So wird die von der körperlichen Seite her vorgegebene überstarke Magensaftabsonderung durch die psychischen Bedingungen verstärkt, und es kann zum Magengeschwür kommen.

Vorschläge zum Nachdenken

- Nehme ich bei mir selbst wahr, daß ich Wünsche nach Geborgenheit und Fürsorge nicht äußern darf? Wem gegenüber hege ich solche ungesagten Wünsche? Wie sehen diese Wünsche konkret aus, wenn ich versuche, sie unzensiert auszuphantasieren? Was hält mich dabei zurück, mit solchen Wünschen zu mir nahestehenden Menschen zu gehen?
- Kenne ich den Konflikt, daß kindliche Anlehnungswünsche mit meinem Selbstwertgefühl des Erwachsen sein Müssens nicht zu vereinbaren sind? Wem gegenüber würde ich mich besonders schämen, sie zu äußern? – Muß ich auf kindlichen Wünschen innerlich beharren, gerade weil ich sie mir nicht eingestehen darf und ich deshalb nicht »wachsen« kann?
- Habe ich eigene Erfahrungen dazu, daß ich übermäßig viel arbeiten und tüchtig sein muß – und das mit dem heimlichen Wunsch nach Zuwendung verbinde? Merke ich vielleicht, daß ich mich überanstrenge, wenn ich meine verständlichen Wünsche nach Anerkennung ausschließlich an die Leistung, das »Gut-sein-Müssen« knüpfe?
- Wie könnte ich versuchen, mit meinen ungesagten Wünschen in

die Beziehung zu Partnerin oder Partner, Freundin oder Freund, zu den Eltern oder Kindern einzutreten? Dann würde ich sehen, welche Wünsche zu erfüllen sind und wie meine Wünsche fruchtbar werden können. Es wäre mit dann möglich, entweder echt zu verzichten oder den erfüllbaren Wünschen nachzugehen.

- Verharre ich zu sehr in heimlichen kindlichen Wünschen – und merke dabei nicht, wie abhängig ich mich mache und daß ich Kräfte in mir habe etwas »durchzubeißen«, um mich dann freier zu fühlen?

Umweltbelastungen schlagen sich auf den Magen – Psychosomatisches Risiko der Leistungsgesellschaft

Manchmal mag es so erscheinen, als lägen die Ursachen psychosomatischer Erkrankungen ausschließlich in der einzelnen Person: in deren Lebensgeschichte und Ich-Entwicklung, ihrem familiären Beziehungsgeflecht und den erbgenetischen Voraussetzungen. Diese Ansicht ist so unzutreffend wie jene, bei der alles Krankmachende gesellschaftlichen Einflüssen zugeschrieben wird. »Alle Krankheiten als gesellschaftsbedingt anzusehen und der Wunderglaube, daß sie wie Schnee in der Sonne schmelzen, wenn nur erst eine neue Gesellschaftsordnung bestünde, hilft hier ebensowenig wie die nur auf das Individuum zentrierte Behandlungsweise, die Gefahr läuft, gesund reagierende Menschen an krankmachende gesellschaftliche Bedingungen anzupassen« (Overbeck[18]).

Bei einem Magengeschwürleiden sind nicht nur die beschriebenen Konflikte des Ehrgeizes, der Neid-Ärger-Situationen, des Verlangens nach Geborgenheit und des Wunsches nach »Gefüttertwerden« auslösend. Nach Untersuchungen von Overbeck war bei einer großen Zahl von Magengeschwürkranken eher das auf Normalität bedachte, überangepaßte Verhalten psychisch krankmachend. »Der Krankheitszusammenhang stellte sich bei diesen Patienten so dar, daß sie sich bei starker Verleugnung des eigenen Erschöpfungszustandes in einer *chronischen Überlastung* befanden, bevor sie an einem Magengeschwür erkrankten. Diese Patienten waren meist Arbeiter und kleine Angestellte aus der Unterschicht, die aus existentieller Notwendigkeit heraus sehr viele Überstunden ableisteten oder zusätzlich nebenberufliche Tätigkeiten ausführten und dadurch unter Streß standen«[18].

Lebensumstände, die psychosomatisch krank machen können, sind zum Beispiel: Überforderung, ein zu großes Arbeitspensum, Konkurrenzängste, Akkord- und Fließbandarbeit, Lärm, zu wenige und zu kurze Arbeitspausen, gleichförmige Tätigkeit, Zeitdruck, Isolierung von Mitmenschen und Kontakten während der Arbeit, Angst vor Arbeitsplatzverlust, Leistungsdruck und Anpassungszwang im Studium, Sinnlosigkeit der Arbeit.

Solche *krankmachenden Arbeitsbedingungen* finden wir in allen Lebensbereichen, zum Beispiel in der Schule. Ein Student, der als Schüler immer wieder unter Magenschleimhautentzündungen gelitten hat, berichtet, wie es ihm als elfjährigem Gymnasiasten erging. Ich entnehme das Beispiel meinem Buch »Maßstäbe für eine Humane Schule«. Es zeigt, wie unerkannt menschliche Not bleibt, wenn nicht nach dem Menschen gefragt wird, sondern vor allem nach dem, was er leistet.

»Ich konnte meine Angst niemandem sagen. Der Hauptsatz meines Vaters war: ›Nimm dich zusammen und sei kein solcher Schlappschwanz.‹ Meine Mutter beschwichtigte immer nur: ›Das ist doch nicht so schlimm, das wird schon noch.‹ Und der Lehrer, auf den sich meine Angst hauptsächlich bezog, äußerte die Ansicht: ›Wer Angst hat, gehört nicht hierher.‹ Meine Freunde taten immer so, als wäre ihnen alles gleichgültig und als könnte ihnen nichts etwas anhaben. So genierte ich mich auch bei denen, etwas von meinen großen Ängsten mitzuteilen. – Die Schule war für mich eine einzige Qual. Am schlimmsten war das Aufgerufenwerden. Auch wenn ich vorher gelernt und zu Hause noch alles gewußt hatte, schien alles wie verflogen, wenn ich ›drankam‹. Ich wurde über und über rot im Gesicht, begann zu stottern, fühlte mich hilflos und bekam dann eine Fünf oder Sechs.

Meine Angst war besonders groß bei einem Mathematiklehrer, der mir immer wieder zynisch meinen älteren Bruder vorhielt: der hätte mir wohl alles weggenommen, für mich sei offensichtlich nichts mehr übrig geblieben. – Ich hatte den Eindruck, als freute er sich, wenn ich verwirrt an der Tafel stand. Oft konnte ich plötzlich im Satz nicht mehr weiterreden und wurde beschämt auf den Platz geschickt. Ich wußte nicht, wie ich mich gegen ihn hätte wehren sollen. Allmählich bekam ich das Gefühl, es läge alles an mir, ich sei eben so ›defekt‹. Dieses Defektgefühl hat mich während meiner ganzen Schulzeit nicht verlassen.

In Anspannungssituationen geht es mir heute noch so: da rede ich durcheinander wie in der Schule. Das schlimmste war, aufzustehen und an die Tafel zu gehen. Ich habe dann in Mathe nur noch unendlich viele Klammern und Zahlen gesehen und alles wurde verschwommen. Oft habe ich geweint und bin aus dem Klassenzimmmer gelaufen. – Wenn ich in Geographie an die Landkarte mußte, hab ich diese überhaupt nicht gesehen. Die Situation war so ausweglos, daß ich später zu den Lehrern oft gesagt habe: Bitte geben Sie mir eine Sechs. Auf diese Weise brauchte ich die quälerische Tortur nicht über mich ergehen zu lassen. Wenn ich mir zu Hause vorstellte, ich ›käme dran‹, zog es mir schon den Magen zusammen – ich hatte auch von dieser Zeit an gehäuft Magenschleimhautentzündungen. Am besten ging es mir noch in den Fächern, in denen es nicht so objektiv zuging wie in Mathematik. Ich versuchte in Deutsch genau herauszufinden, was die Lehrerin hören möchte; das war zwar oft das Gegenteil von dem, was ich dachte – aber ich wußte, daß ich so sichergehen kann.

Während vieler Unterrichtsstunden galt meine Aufmerksamkeit ausschließlich der Taktik, was ich machen könnte, um nicht ›dranzukommen‹. Ich hörte und sah gar nicht mehr, um was es überhaupt ging. Meine Angst, aufgerufen zu werden war oft so groß, daß ich mir heimlich auf die Nase schlug; ich bekam dann Nasenbluten und konnte das Klassenzimmer verlassen.«

Natürlich ist die übergroße Angst dieses Schülers nicht durch die Schule allein verschuldet. Es handelt sich um ein Kind, das früh verängstigt wurde. Seine Ängste hängen auch damit zusammen, daß es in der Familie zu wenig angenommen und verstanden wurde. Aber muß ein Kind, das schon verlassen ist, auch von der Schule verlassen werden? Könnte sich die Schule nicht zum Ziel setzen, Angst zu nehmen, anstatt Angst zu verstärken – ganz gleich wer diese Angst verursacht hat?

Das Kranksein dieses Schülers ist nicht nur individuell bedingt, sondern auch gesellschaftlich. Aber auch das krankmachende Verhalten des Mathematiklehrers ist nicht nur dessen persönliches Problem, sondern ebenso durch die Gesellschaft mitbedingt. Diese macht durch die vorherrschende Schulstruktur solches Handeln möglich und begünstigt es. Die krankmachenden Schulstrukturen sind unter anderem dadurch gekennzeichnet, daß Sachen wichtiger sind als Menschen, daß Beziehungslosigkeit die Kontaktwünsche blockiert, daß Konkurrenzangst zu Dauerspannung führt, daß ein entfremdetes Lernen die Interessen der Kinder und Jugendlichen mißachtet und dadurch Sinnlosigkeit aufkommt, daß letztlich Schüler für die Schule da sind, anstatt daß die Schule in lebensfördernder Weise für die Schüler da wäre.

Der Gymnasiast mit der Magenscheimhautentzündung ist dem psychosomatischen Risiko der Leistungsschule zum Opfer gefallen. Das gilt auch für jene mehrere Zehntausend Kinder und Jugendliche, die täglich durch eine Fünf oder Sechs gedemütigt werden, für jene bis zu Zweihunderttausend Schüler, die »sitzenbleiben« müssen – das heißt: sitzengelassen werden, für jene Millionen von Kindern, für die es selbstverständlich geworden ist, daß man in der Schule nicht Freude erlebt, sondern Angst haben muß und daß man durch diese Angst auch krank werden kann.

Das Krankmachende der Schule hängt wiederum mit der gesamtgesellschaftlich hohen Einschätzung der Leistung an sich zusammen. In ihr hat sich die Leistung abgespalten von dem, was dem Menschen wirklich bekömmlich ist. Es wird produziert, was herstellbar ist; beides bringt wirtschaftliches Wachstum und Geld, aber eben nicht menschliches Wachstum. Überall wird uns ein »Restrisiko« aufgebürdet, das viele Menschen zu tragen gewillt sind, weil es unseren Wohlstand begründet. Zum Beispiel das Restrisiko Hunderttausender vergifteter Fische und vieler biologisch toter Flußkilometer durch eine rücksichtslose, profitorientierte chemische Industrie. Zum Beispiel das Risiko jener 40000 Kinder, die heute verhungern – auch deshalb verhungern, weil wir Milliarden um Milliarden für das Herstellen von Menschenvernichtungsmitteln ausgeben, anstatt für Mittel zum Leben. Zum Beispiel das Restrisiko unseres brutalen Straßenverkehrs, durch das bei uns – ganz selbstverständlich – jährlich 8000–10000 Menschen im fließenden Verkehr tödlich untergehen.

Friedrich Dürrenmatt sagte auf seiner Festansprache anläßlich der Verleihung des Georg-Büchner-Preises (1986), »daß wir trotz so vieler Gründe weiser zu werden, statt der praktischen Vernunft der praktischen Unvernunft anheim gefallen« seien... »und daß die Menschheit statt einer immer sichereren eine immer Katastrophen anfälligere Welt aufbaut, infolgedessen der Friede allmählich ebenso gefährlich wird wie es einst Krieg gewesen war und der Krieg kein Krieg mehr, sondern ein atomares Auschwitz der menschlichen Rasse, wo nicht nur deren Leiber verdampfen, sondern auch deren Geist«.

Indem wir den individuellen und gesellschaftlichen Ursachen psychischen und psychosomatischen Krankseins nachgehen, öffnen sich uns die Augen für notwendige individuelle und gesellschaftliche Lebensveränderungen. Wir können diese Erkenntnisse als Anstoß zu solcher Lebensveränderung aufnehmen, individuell und gesellschaftlich für solche Veränderungen eintreten und mit ihnen beginnen.

Haut als Spiegel der Seele – Kontaktprobleme werden zu Haut-Problemen

Manche Konflikte »gehen uns unter die Haut«: Wir werden rot vor Wut, bleich vor Schreck, blaß vor Neid; wir erröten vor Scham und schwitzen vor Angst; die Haare sträuben sich uns vor Entsetzen, und es kann uns so gruseln, daß wir eine Gänsehaut bekommen; wir können leicht aus der Haut fahren – je nachdem, ob wir eine dicke oder eine dünne Haut haben. – Unsere Sprache weist darauf hin, daß die Haut Gefühlsbewegungen ausdrückt.

Schon Ende des 19. Jahrhunderts brachten französische Hautärzte Ekzeme mit seelischen Konflikten in Verbindung: Sie sprachen von Neurodermitis. Diese chronische, entzündliche Hautkrankheit geht mit Juckreiz einher. Die Haut vergröbert, verhärtet und verdickt sich; es kommt zu Bläschenbildungen. Besonders betroffen sind Gesicht und Hals, Ellenbogen und Kniekehlen, Hände und Handgelenke. Die Erkrankung tritt in allen Altersstufen auf.

René Spitz[19] hat den Zusammenhang zwischen psychischen Konflikten und Erkrankungen der Haut augenfällig an Säuglingen und Kleinkindern beobachtet. Hautkrankheiten wurden häufig bei solchen sechs bis zwölf Monate alten Säuglingen festgestellt, die von der Mutter getrennt in Waisenhäusern lebten. Spitz erkannte, daß diese Erkrankungen mit der Trennung, dem Verlust an Hautkontakt, der fehlenden Aufmerksamkeit durch die Mutter etwas zu tun haben.

In einer Untersuchung fand er heraus, daß die Beziehungen zwischen Kindern mit Hautentzündungen (Dermatitis) und deren Müttern besondere Merkmale aufwiesen. Er berichtete über 28 Mütter, die in einer Strafanstalt lebten und dort ihre Kinder zur Welt bringen mußten. Diese Mütter hautkranker Kinder saßen wegen Sexualdelikten, Diebstahl und anderen Straftaten im Gefängnis. Es handelte sich überwiegend um Frauen, die sich geistig und emotional wenig hatten entwickeln können.

Außerdem verhielten sich diese Mütter von Kindern mit Hautkrankheiten sehr ungewöhnlich: »Sie berührten ihre Kinder nicht gern; es glückte ihnen immer, die eine oder andere Haftgenossin dazu zu bewegen, die Kinder zu wickeln, zu baden und ihnen die Flasche zu geben. Dabei redeten sie voller Mitgefühl über die Zartheit und Verletzlichkeit der Kleinen; eine von ihnen wiederholte immer wieder typischerweise: ›Die geringste falsche Bewegung könnte ihm (dem Kind) einen nicht gutzumachenden Schaden zufügen‹.

Diese Haltung drückt die Angst aus, die Kinder nicht richtig zu versorgen. Dahinter kann sich unbewußte Feindseligkeit verbergen. Das wird durch zahlreiche Beispiele bewiesen, in denen dieselben Mütter ihre Kinder ernsthaften Gefahren aussetzten; echten Gefahren, in denen die Kinder nur knapp davonkamen: Eine dieser 28 Mütter fütterte ihrem Kind mit dem Brei eine offene Sicherheitsnadel. Eine andere ließ ihr Kind mehrmals ›aus Versehen‹ auf den Kopf fallen. Eine dritte schnürte das Lätzchen so um den Hals des Kindes, daß dieses bereits am Ersticken war, als ich dazu kam und so fort...

In der Gruppe der Kinder, die sich während der zweiten Hälfte des ersten Lebensjahres eine atopische Dermatitis zuziehen, haben wir also auf der einen Seite eine Mutter mit infantiler Persönlichkeit, mit einer in Form ängstlicher Besorgnis auftretenden Feindseligkeit gegenüber dem Kind. Sie kommt nicht gern in nahen Kontakt mit ihm und vermeidet es, das Kind zu betreuen. So entzieht sie ihm systematisch alle Möglichkeiten zu Hautkontakten.«

Es ist denkbar, daß das Kind seine Mutter durch die krankhafte Hautreaktion unbewußt auffordern will, es häufiger zu berühren. Es kann aber auch sein, daß das Kind mit seinem Symptom zurückweicht und sich auf körperlichem Gebiet Reize verschaffen will, die ihm die Mutter nicht geben kann. Das Kratzen wird dann zum Ersatz für Gestreicheltwerden.

In den dargestellten Fällen handelt es sich um Lebensbedingungen, durch die Mütter und Kinder in ihrer Entwicklung schwer behindert wurden. Sie lenken in drastischer Weise den Blick darauf, wie sich Lebensumstände seelisch auswirken und durch die seelisch-leibliche Gleichzeitigkeit den Körper schädigen können. Manche Menschen müssen solche Einsichten abwehren, weil sie psychosomatisches Denken mit Schuldsuche und Schuldzuweisung gleichsetzen. Für sie ist dann das psychosomatische Kranksein »schlechter« als eine körperlich bedingte Erkrankung. Diese Einstellung blockiert den konstruktiven Entwicklungsanstoß, den der erkrankte Körper der Seele geben möchte. Psychosomatisch zu denken bedeutet nicht, nach Schuldigen zu suchen, sondern genau hinzusehen, ganzheitlich wahrzunehmen, menschlich aufmerksam zu sein, Selbsterkenntnis zu entwickeln und der Frage nach dem Sinn des Krankseins nachzugehen.

Über die berichteten Untersuchungen hinaus gibt es auch andere Beobachtungen, nach denen Hautentzündungen im Kindesalter nicht nur körperliche Ursachen haben, sondern zum Beispiel mit fehlender elterlicher Zuwendung zusammenhängen. Für manche Eltern sind Kinder eine Last, weil sie selbst sich in einer schwierigen Lebenssituation hilflos fühlen und ungestillte Bedürfnisse nach Geborgenheit haben. War das Kind unerwünscht, kann das Schuldgefühle auslösen, über die die Eltern oft nicht wagen, miteinander und mit anderen zu sprechen. In unserer Gesellschaft trifft all dies die Mütter besonders; auf sie wird dann ungerechterweise die »Schuld« abgewälzt. Wenn man jedoch die Lebensnöte von Müttern mit Ekzemkindern wahrnimmt, versteht man besser, weshalb manche von ihnen auf Weinen und Schreien ihrer Kinder vergleichsweise wenig reagieren, ihre Kinder seltener berühren und nicht zärtlich zu ihnen sein können, weshalb sie leicht ungeduldig werden, wenn das Kind versucht, auf sich aufmerksam zu machen.

Es ist deshalb naheliegend, daß bei einer psychosomatischen Behandlung gleichzeitig mit den hautkranken Kindern die Mütter Hilfe brauchen. In der Therapie geht es wesentlich auch um deren eigene Enttäuschungen, Ängste und Geborgenheitssehnsüchte. Die Therapie ist der Versuch, ihnen zu Lebensmut zu verhelfen, statt sie als »schlechte« Mütter zu verurteilen. Nicht die Frage nach der Schuld ist gestellt, sondern die nach dem eigenen Beteiligtsein. Während das Schuld-Denken in die Sackgasse der Schuldzuweisung führt, eröffnet die Frage danach, wie *ich* beteiligt bin, die Chance der Veränderung.

Hier wird nicht bezweifelt, daß es im Kindesalter viele körperlich verursachte Hautkrankheiten gibt: zum Beispiel als Abwehrvorgänge der Haut auf Fremdstoffe, durch Bakterien oder Pilze hervorgerufen, als Folge einer dem Organismus nicht bekömmlichen Ernährung und dergleichen mehr. Aber auch bei solchen Ursachen kann es hilfreich sein, die Frage nach mitbedingenden seelischen Einflüssen nicht außer acht zu lassen.

Hautallergie einer Fünfjährigen – »Komm mir nicht zu nahe – ich reagiere allergisch!«

Ein Beispiel aus der Kinderpsychotherapie kann zeigen, wie sich Seelisches in Körperliches umwandelt und in der geschädigten Haut zum Ausdruck kommt.

Die fünfjährige Hanna leidet von klein auf an einer Hautallergie, deren Ursprung man mit zahlreichen Allergietests nicht auf die Spur kam. Die Allergie äußert sich in schorfigen juckenden Stellen, die über den Körper verteilt sind. Oft wacht Hanna nachts weinend auf, weil die Haut juckt und brennt. Behutsames Einreiben oder Pudern lindern die Beschwerden. Die Eltern berichten, daß Hanna sich als Säugling gewehrt habe, wenn man sie berühren wollte. Sie sei ein aggressives, unruhiges Baby gewesen, das tagsüber und nachts viel und zornig geschrien habe.

Die Mutter sagt, Hanna sei so anstrengend gewesen, daß sie selbst oft schweißgebadet war, weil sie nicht gewußt habe, was sie hätte tun können, um das schreiende Kind zu beruhigen. Sie berichtet über ihre wechselnden Gefühle, die sie dem sie überfordernden Kind gegenüber hatte: »Wenn Hanna schlief und friedlich war, konnte ich sie streicheln, und ich hätte sie am liebsten immer ganz fest gedrückt. Wenn sie aber wieder so laut und fordernd schrie, hatte ich eine fürchterliche Wut auf sie, ich hab sie angeschrien und hätte sie, wäre sie nicht so klein gewesen, am liebsten windelweich geschlagen.« – Die Mutter erleichterte es, darüber sprechen zu können, daß sie das Kind von Anfang an als Last erlebte und deshalb unter Schuldgefühlen litt. Sie sah, wie sie dazu neigte, mit ihren heftigen Gefühlen das Kind zu erdrücken und wie sehr sie die Unruhe und Aggressivität von Hanna reizte.

Das Mädchen verhält sich heute ungesteuert aggressiv, wenn ihr ein anderes Kind zu nahe kommt. Berührungen kann sie nicht aushalten. In kleinen Räumen mit vielen Kindern zusammen zu sein, erträgt Hanna nicht. Es scheint, als müsse sie sich überall ihrer Haut wehren. Sie wird im übertragenen Sinn »allergisch«, wenn ihr, wie es in der Umgangssprache heißt, jemand auf die Pelle rückt. Vermutlich ist ihr Hautausschlag eine körperlich empfindliche Reaktion im Zusammenhang mit ihrer Berührungsangst und den darunterliegenden Berührungswünschen. Seelisch drückt sich ihre »Empfindlichkeit« in der ungeheuren Wut aus, mit der sie auf Berührungen antwortet.

Hanna drückte den Konflikt, der zwischen Mutter und Kind entstanden war, in den kinderpsychotherapeutischen Stunden spielend aus. Die Psychotherapeutin berichtet (Fallbeispiel von Ulla Singer): Über viele Wochen hinweg spielte Hanna ein unsichtbares Kind. Ich mußte die Rolle der Mutter übernehmen, und sie ärgerte mich. So nahm das unsichtbare Kind der Mutter immer die Vorräte weg, mit denen diese gerade kochen wollte. Es beschimpfte sie heftig mit Ausrücken wie »Du dumme böse Sau!« – Die Mutter sollte darauf sehr wütend sagen: »Du dummes, böses Piss-Pfui-Teufel-

Kack-Arschkind!« Das unsichtbare Kind kochte der Mutter einen »Pfui-Teufel-Saft«: Ein Gebräu aus Kaba, Milch, Haferflocken, Nudeln und viel Spucke. Das unsichtbare Kind sagte dazu: »Jetzt mach ich mal ganz viel Rotz dazu, und das mußt du dann trinken.«

Aus diesem Spiel ist zu ersehen, wie sehr Hanna ihre Mutter teilweise ablehnen mußte. Wir können uns die Verzweiflung der Mutter vorstellen, die dies zu spüren bekam. Sie versuchte immer wieder, mit Hanna zu schmusen. Dabei übersah sie aber offenbar die Grenze, innerhalb derer Hanna die Nähe der Mutter ertragen konnte. Das Kind reagierte dann »allergisch« und stieß die Mutter zurück, was diese kränkte und verunsicherte.

Noch eine Szene aus der analytischen Spieltherapie. In ihrer Therapiestunde zog sich Hanna als unsichtbares Kind in eine Ecke des Spielzimmers zurück. Diese stellte sie sich als ihr Zimmer vor. »Ich, als Mutter«, so berichtet die Psychotherapeutin, »durfte die Grenze nie überschreiten. Es konnte mir auch nicht gelingen; denn das unsichtbare Kind baute ›eine 100 Millionen Trillionen dicke Eisen-Beton-Holzwand‹ zwischen sich und dem übrigen Raum auf. Fragte ich mich als Mutter des unsichtbaren Kindes, ob es denn keinen Weg zu ihm gebe, ob es mir helfen könne, einen zu ihm zu finden und durch diese dicke Mauer hindurchzukommen, dann lachte das unsichtbare Kind laut und höhnisch hinter seiner Mauer: ›Du kommst nicht durch!‹«

Noch brauchte Hanna diese 100 Millionen Trillionen dicke Holz-Eisen-Betonmauer, um sich ihrer empfindlichen Haut zu wehren. Im Verlauf der Therapie gab es immer öfter einmal einen Spalt, durch den man einen Augenblick zu Hanna durchdringen konnte, aber ganz schnell schloß sie ihn wieder.

Das Kontaktproblem in der Mutter-Kind-Beziehung wurde zum Hautproblem des Kindes. In der Therapie wurde versucht, das Hautproblem wieder rückgängig zu machen in den eigentlichen Konflikt. Dieser sollte neu und besser bearbeitet werden. Bei diesem Rückgängigmachen durch die regelmäßigen therapeutischen Elterngespräche und die spieltherapeutischen Stunden war nicht von der Haut die Rede oder vom Ekzem. Es ging um das Erleben, das die Eltern und das Kind bewegte und von Versuchen, dieses Erleben entsprechend den Lebenswünschen zu verändern. Die Sorge um das, was den Eltern »unter die Haut ging«, war ebenso wichtig wie die Not des Kindes.

Die Haut ist das erste Kontaktorgan zum anderen Menschen. Durch sie wird Zärtlichkeit und Schmerz empfunden. Nähe und Distanz, sexuelle Erregung, Wärme und Kälte. Da die Haut Gefühlsbewegungen ausdrückt, ist verständlich, daß an ihr auch Gefühlsstörungen sichtbar werden. Diese haben oft damit zu tun, daß Mütter ihr Kind schwer annehmen können, weil sie selbst ungestillte Bedürfnisse nach Geborgenheit haben. Deshalb kommen sie mit ihnen zu wenig in »Berührung« und schenken ihm zu wenig Aufmerksamkeit. Das kindliche Verlangen nach mütterlich-körperlicher Zuwendung können solche in ihrer eigenen Entwicklung zu kurz gekommene Mütter schwer befriedigen. So kann das Kratzen am Ekzem als Ersatz für engen Hautkontakt, für Streicheln und Kuscheln verstanden werden. Es ist aber bei früh gestörten Kindern auch ein Versuch, sich selbst zu »spüren«.

Organ-Neurosen, wie die vorliegende Hauterkrankung, haben zwar keinen so deutlichen Ausdruckscharakter wie Konversions-Symptome. Aber auch sie stellen sinnbildlich etwas von dem seelischen Konflikt dar, der für die Erkrankung ursächlich ist. Die Organreaktion ist mit bestimmten mitmenschlichen Bezügen und seelischen Erlebnissen verbunden. So verstehen wir einen Teil der psychosomatischen Reaktionen als *Organsprache*: Sie sind symbolischer Ausruck, und sie appellieren an die Mitmenschen.

Auch an Hautkrankheiten zeigt sich, wie die persönliche Vorgeschichte späteres psychosomatisches Reagieren oder Kranksein mitbestimmt. Wenn ein Kind von Anfang an Hautkontakt vermissen muß oder wenn es Berührungen als körperliche Bestrafung oder Mißhandlung erlebt, hat das Folgen: zum Beispiel die, daß beim zärtlichen Hautkontakt mit einer Partnerin oder einem Partner Angst oder Unbehagen aufkommt. So etwas ist dann von den Betroffenen verstandesmäßig nicht begreifbar. Vielleicht entsteht aus dieser unbewußten Berührungsangst heraus sogar eine akute Hauterkrankung, etwa eine Nesselsucht oder ein anderer Hautausschlag, durch den die Beziehungsangst leib-haftig wird.

Fragen

- Geht mir manchmal etwas »unter die Haut«? Mit welchen Erlebnissen verbinde ich diesen Ausspruch?
- Die Haut ist ein wichtiges Ausdrucksorgan der Seele. Was in der Psyche vorgeht, macht sich leicht auf der Haut bemerkbar. Fallen mir dazu eigene Erfahrungen und Beobachtungen ein? Kann ich bei mir selbst Hautempfindungen mit einem bestimmten Erleben in Zusammenhang bringen?
- In welchen Situationen würde ich am liebsten »aus der Haut fahren« oder »in eine andere Haut schlüpfen«? Gibt es etwas, das mich schon lange »juckt«, aber ich konnte mich noch nicht entschließen, es zu tun?
- Welche Kontakte möchte ich gern befriedigender gestalten? Und welche neu knüpfen? Nehme ich vielleicht meine Veränderungswünsche im Hinblick auf menschliche Beziehungen zu wenig wahr? Was möchte ich verändern?
- Gibt es Situationen, in denen ich mich mehr – andere, in denen ich mich weniger abgrenzen möchte? Welche Ängste hindern mich daran?
- Neige ich dazu, alles »nur körperlich« oder alles »nur psychisch« zu sehen – und tue ich mir durch diese einseitige Betrachtungsweise womöglich Gewalt an? In jeder der einseitigen Haltungen steckt die Vorstellung von Stärke und Unverletzlichkeit – kann ich das bei mir beobachten?
- Psychosomatisches Wissen und Halbwissen wird von manchen Menschen mißbraucht: Sie wollen damit andere »durchschauen« oder verdächtigen – »Daß Sie ihre Grippe gerade heute haben müssen?«; oder sie erheben sich über den anderen, indem sie feststellen, daß bei dem wohl etwas »nicht in Ordnung« ist; oder sie werten das Kranksein ab: »Das ist doch nur psychosomatisch!« – Kenne ich solche Einstellungen und Verhaltensweisen? Letztlich entspringen sie dem verhängnisvollen Satz »Wissen ist Macht«; dieser sollte der Einsicht weichen: Wissen macht verantwortlich – für mich selbst und für andere. Dann kann psychosomatisches Wissen zu genauerem Hinsehen, schärferem Wahrnehmen, zu umfassenderer Selbsterkenntnis und mehr Mitfühlfähigkeit führen.

4. Konflikte stören körperliche Abläufe – Funktionsstörungen

Nichts Seelisches hat keinen Leib,
nichts Organisches hat keinen Sinn ...
Der Mensch bekommt seine Krankheit nicht nur, er macht sie auch.
Krankheit ist Können.

Viktor von Weizsäcker

Wenn aus Wut der Blutdruck steigt – Seelische Erregung und gestörte Organleistung

Wir unterscheiden gewöhnlich drei Bereiche psychisch bedingter Störungen mit körperlicher Symptomatik. Das eine sind die *Konversions-Neurosen*; deren Symptome sind ein sinnenfälliger, oft symbolischer Ausdruck dafür, daß sich in körperlichen Schmerz verwandelte, was eigentlich psychischer Schmerz sein sollte. Die Konversions-Symptome weisen keinen körperlichen Befund auf. Es handelt sich um subjektive Schmerzen, um Taubheitsempfindungen, Lähmungen, Sinnesstörungen und dergleichen.

Bei den *Organ-Neurosen* oder Psychosomatosen finden sich nachweisbar geschädigte Organe, wie zum Beispiel beim Magengeschwür oder bei Hauterkrankungen. Sie sind Folge von körperlichen Dauerreaktionen auf anhaltende psychische Spannungszustände.

Schließlich spricht man noch von *Funktionsstörungen*. Darunter versteht man funktionelle Störungen, zum Beispiel im Herz-Kreislauf-System, im Magen-Darm-Trakt, an den Harn- oder Geschlechtsorganen. Zu den Funktionsstörungen gehören kurzzeitige körperliche Veränderungen, die rasch wieder verschwinden, aber auch solche, die dauerhaft sind, jedoch keine Organschädigung zur Folge haben. Konversions-Neurosen, Organ-Neurosen und Funktionsstörungen lassen sich jedoch nicht scharf voneinander abgrenzen; oft gehen sie ineinander über.

Häufig kommt es vor, daß die Leistung des Gefäßsystems gestört wird, was zu chronischem Bluthochdruck führt. Diese »Essentielle Hypertonie« hat keine erkennbaren körperlichen Ursachen. In der Bundesrepublik leiden ungefähr sechs Millionen Menschen darunter. Die Beschwerden, die durch chronischen Bluthochdruck hervorgerufen werden, sind vor allem Atemnot in Belastungssituationen, Herzklopfen, Schwindel, Benommenheit, Kopfdruck und Kopfschmerzen. Wenn der hohe Blutdruck anhält, drohen körperliche Veränderungen am Herzen, an den Gefäßen und an der Niere.

Bei den psychisch bedingten Funktionsstörungen taucht immer wieder die Frage auf: Weshalb bekommt der eine Magenschmerzen, der andere Herzbeschwerden, ein weiterer Kreislaufstörungen, eine Lebererkrankung oder Kopfweh? – Diese Frage kann zwar weder allgemein, noch im individuellen Fall gültig beantwortet werden. Aber es gibt psychosomatische Beobachtungen und Überlegungen dazu.

Eine Beobachtung ist die, daß der Körper oft Organe »wählt«, die mit dem psychischen Erleben in einer Einheit verbunden sind. Zum seelischen Vorgang des Trauerns gehört der körperliche Ablauf des Weinens, zur Scham das Erröten, zur Wut die Muskelspannung. *Manche Gefühle haben ihre eigenen körperlichen Begleiterscheinungen*, die über das die unwillkürlichen Vorgänge steuernde, vegetative Nervensystem zustandekommen.

»Der Affekt der Wut und die von außen unsichtbare Steigerung des Blutdrucks sind sinnvoll aufeinander bezogen. Durch die Blutdrucksteigerung werden Kräfte für die normalerweise folgende aggressiv-motorische Entladung in der Muskulatur bereitgestellt. Kommt es aber durch eine Verdrängung des Wutaffekts nicht zur Entladung im körperlichen Bereich, besteht also der spezifische Grundkonflikt in einer schwelenden, aber nicht mehr voll erlebten ›Dauerwut‹ ohne Ventil, so verstehen wir, daß der körperliche Anteil dieses psychosomatischen Geschehens, nämlich die Blutdrucksteigerung, isoliert und chronisch bestehen kann. Ein an sich sinnvoller funktioneller Vorgang, der normalerweise zu einer Abreaktion in einer psychosomatischen Reaktion führt, gerät dann in eine Sackgasse, wird sinnlos und pathologisch« (Elhardt[20]).

Ursprünglich stellt sich der Körper in Notsituationen durch hohen Blutdruck auf Flucht oder Kampf ein. Der Mensch muß sich besonders anstrengen, um sich zu wehren oder zu fliehen. Dazu wird der Blutdruck erhöht, die Muskelspannung verstärkt und vermehrt Blutzucker bereitgestellt. Ist dann die Notsituation überwunden, normalisieren sich die körperlichen Prozesse wieder. – Wenn der Mensch allerdings nicht seinem Erregungszustand entsprechend handelt – wenn er also seine Wut nicht ausdrückt, sich nicht streitend auseinandersetzt, können die körperlichen Bereitstellungen bestehen bleiben. Die psychische Dauererregung wird durch die gehemmte Aggression aufrecht erhalten. Das körperliche Symptom entspringt der nicht abklingenden Erregung.

Dieser Vorgang macht verständlich, weshalb Menschen mit psychisch bedingtem hohen Blutdruck oft als ruhig und beherrscht erscheinen, während sie innerlich unter großer Spannung stehen. Womöglich haben sie in ihrer Erziehung gelernt, daß Aggression ausschließlich »böse« sei. Wenn sie »brav« und »lieb« gewesen waren, wurden sie von den Eltern belohnt. Die behinderten Gefühle von Zorn, Enttäuschung, Neid und Aggression stauten sich an. Unter bestimmten Umständen *bleiben nur noch die hohen Blutdruckwerte zurück, während die dazugehörigen Gefühle der Verdrängung zum Opfer fallen.*

Hoher Blutdruck kann also mit chronischer Erwartungsspannung von beherrschten Menschen zusammenhängen, die ihre aggressiven Gefühle nicht hochkommen lassen. Aber natürlich kann erhöhter Blutdruck auch vielerlei organische Ursachen haben, zum Beispiel bei Nierenerkrankungen. Umgekehrt äußert sich verdrängte Aggression nicht immer in erhöhtem Blutdruck, sondern kann sich in Kopfschmerzen, Muskelspannung oder in seelischer Depression äußern.

Bei solchen Überlegungen müssen wir berücksichtigen, daß es im psychosomatischen Denken nicht möglich ist, eindeutige Zusammenhänge zwischen Ursache und Wirkung festzulegen. Es geht immer um wechselseitige Einflüsse von Körper und Seele, von Außenwelt und Innenwelt. Es spielen viele Bedingungen eine Rolle: vererbte Reaktionen, psychische Empfänglichkeiten und

Bereitschaften, besondere Empfindlichkeiten einer individuell reagierenden Person, Körperbau und körperliche Verfassung, bestimmte Immunabläufe, familiäre Situation und soziales Umfeld, Umwelteinflüsse wie Wohnung, Luft, Ernährung, politische Gegebenheiten wie Frieden oder Krieg, Sicherheit oder Bedrohung.

Die Neurose – Anfang psychosomatischen Krankseins

Bei psychosomatischen Erkrankungen beobachten wir oft eine vorausgegangene psychische Fehlentwicklung. Belastende und kränkende Erlebniseinflüsse drücken sich zuerst in neurotischen Störungen aus, ehe sie in psychosomatische Krankheit übergehen. Deshalb, und weil der Begriff grundlegend für psychologisches Denken ist, möchte ich in diesem Abschnitt das Wesen der Neurose tiefenpsychologisch beschreiben.

Unter Neurose verstehen wir eine durch unverarbeitete Erlebnisse entstandene psychische Störung. Die mißglückte Erlebnisverarbeitung drückt sich in einem Verhalten und Erleben aus, das die Person und deren Umwelt beeinträchtigt. Neurotische Erkrankungen werden nicht organisch verursacht, sondern durch seelische Konflikte, die dem Betroffenen weitgehend unbewußt bleiben. Die Störungen sind lebensgeschichtlich und durch aktuelle Lebenssituationen bedingt und nicht durch Veranlagung hervorgerufen; allerdings spielen anlagebedingte Gegebenheiten eine Rolle.

Die Neurose zeigt sich in Lebenseinschränkungen wie:
- Angst, die entweder erlebt und ausgedrückt werden kann – oder auch unbewußt ist und störend auf das Verhalten einwirkt.
- Abweichendes Verhalten, das nicht der als »gesund« angesehenen Norm entspricht. »Normale« menschliche Verhaltensweisen treten verzerrt auf, übertrieben, oder sie fehlen. Was dabei als Norm gilt, ist auch gesellschaftlich bestimmt und nicht nur von den menschlichen Grundbedürfnissen her.
- Mangelnde Konfliktbearbeitung: Weil Konflikte nicht bewußt verarbeitet werden können, kommt es zum Wiederholungs-

zwang; bestimmte störende Handlungsweisen werden immer wieder neu inszeniert.

- Mangelnde psychische Festigkeit: Verstimmbarkeit, Selbstunsicherheit und Gehemmtheit zählen zu den Eigenschaften neurotisch erkrankter Menschen. Sie sind leicht störbar und psychischen Schwankungen ausgesetzt, in sich nicht gefestigt; sie verlieren leicht »das seelische Gleichgewicht« und sind Stimmungen hilflos ausgeliefert.
- Mangelhafte Entwicklung elementarer Lebensbereiche: Kontakt, Liebe, Sexualität, Bewegung, Arbeit, Freude, Aggression, Nehmen, Geben. Die Fähigkeit zu ›leben‹ ist eingeschränkt.
- Charakterliche Fehlhaltungen beeinträchtigen die Lebensführung des Menschen.
- Symptome im psychischen und körperlichen Bereich, die das eigene Leben und das Zusammenleben mit anderen stören.

In den neurotischen Symptomen äußern sich psychodynamische Konflikte zwischen Ich, Es und Über-Ich. Bei diesem Persönlichkeitsmodell stellt das *Ich* jenen Teil der Person dar, der bewußt die Verbindung zur äußeren Realität herstellt. Das *Es* enthält die menschlichen Triebe und das Unbewußte. Im *Über-Ich* sind die elterlichen und gesellschaftlichen Ge- und Verbote als »Gewissen« enthalten. Das Symptom ist Ausdruck einer unvollständigen oder totalen Verdrängung bestimmter Antriebsimpulse und grundlegender Lebensbedürfnisse.

Zu den Neurosen gehören Erkrankungen wie Depression, Zwangsneurose, Hysterie, Angstneurose, Phobie, Kontaktstörung, narzißtische Störung, Prüfungsneurose, Arbeitsstörung, Schlafstörung. Solche Störungen bezeichnet man auch als *Symptomneurosen*. Die Symptomatik wird als ichfremd erlebt und als subjektives Leiden empfunden, das Leidensdruck hervorruft.

Dagegen sind *Charakterneurosen* symptomarme Persönlichkeitsstörungen. Bei ihnen wird die neurotische Haltung als zum Ich gehörig erlebt und der Leidensdruck ist gering – zum Beispiel beim Zwangscharakter oder hysterischen Charakter. – Die symptom- und charakterneurotischen Störungen faßt man auch als *psychoneu-*

rotische Störungen zusammen, um sie von den psychosomatischen Erkrankungen zu unterscheiden.

Häufige *Kinderneurosen* sind: Kontaktstörungen, vielfältige Ängste, nächtliches Aufschrecken, Angstanfälle, Stammeln, Stottern, Verwahrlosungserscheinungen, Aggressivität, Lernstörungen, Nägelbeißen, Daumenlutschen und andere. Oft sind Kinderneurosen verknüpft mit *psychosomatischen* Erkrankungen wie Eßstörungen, Tics, Bettnässen, Einkoten, Erbrechen, Verstopfung, Kopfschmerzen, Asthma bronchiale.

Die Neurose von der Normalität abzugrenzen ist schwierig. Denn einerseits handelt es sich um subjektive Befindlichkeitsschwankungen; wie diese erlebt werden, hängt von der einzelnen Person ab. Zum anderen bestimmt die Gesellschaft oft recht willkürlich, was »normal« ist. Jedenfalls gibt es fließende Übergänge zwischen »gesund« und »krank«, jeder Mensch ist gesund *und* krank. Deshalb sprechen wir auch von einer Neurosenstruktur, die jede Person hat, ohne daß sie deshalb neurotisch krank wäre.

Gestörte Kindheit und gestörtes Leben sind die Ursachen von Neurosen. Durch hemmende Einflüsse in der sozialen Umwelt konnten sich bestimmte Persönlichkeitsbereiche nicht gesund entwickeln. Der neurotischen Störung liegen Fehlhaltungen zugrunde, die der Person nur unzureichend bewußt sind. – Allerdings ist die Neurosenentstehung nicht nur auf das Kindesalter beschränkt. Auch im weiteren Lebensverlauf können individuelle Krisen, Beziehungskonflikte, psychosoziale Bedingungen und gesellschaftliche Lebensstrukturen die Person psychisch krank machen.

Impulse aus dem Es – zum Beispiel aggressive, sexuelle Antriebe – werden durch das steuernde Ich, das den Normen der Umwelt verpflichtet ist, abgewehrt. Ins Unbewußte verdrängt werden jene Vorstellungen, die mit den in der Kindheit übernommenen Über-Ich-Forderungen unvereinbar sind. Die verdrängte Energie der abgewehrten Antriebsimpulse kehrt jedoch in entstellter Form im Symptom wieder; sie verschafft sich so eine Ersatzbefriedigung im neurotischen Symptom. Die Symptome sind also eine Kompromißbildung zwischen Wunsch und Abwehr.

Durch das Symptom werden die Triebe des Es am Ich befriedigt.

Gleichzeitig drückt sich im Symptom aber auch aus, daß das Ich die Befriedigung ablehnt. Das Es bejaht im Symptom den dahinter liegenden Antrieb; das Ich verneint ihn. – Die Verhaltensweisen in der Neurose bekommen ihren deformierten Charakter dadurch, daß die unbewußte Dynamik der verdrängten Triebimpulse die Handlungen des Ich stört.

Die analytische Psychotherapie arbeitet mit dem Aufdecken, Nacherleben und Bewußtmachen der unbewußten Inhalte. Das Ich des neurotisch Erkrankten soll befähigt werden, die unbewußten Bestimmungsgründe der aktuellen Konflikte und Symptome, deren lebensgeschichtliche Herkunft, zunehmend zu erkennen. Das ist das Leitziel der Therapie von Neurosen. Dadurch wird die blockierte Selbstentfaltung aufgehoben und die Konflikte können wirkungsvoller bearbeitet werden. Das geschieht nicht nur intellektuell, sondern vor allem, indem der Erkrankte gefühlsmäßig nacherlebt und nachempfindet. Diesen Prozeß will die Psychotherapie anregen.

Gestörte Regelblutung - Von psychischer zu körperlicher Abwehr

Mitscherlich hat die Hypothese aufgestellt: Jeder psychosomatischen Erkrankung geht eine psychoneurotische Entwicklungsstörung voraus. Ehe ich diese Annahme erläutere, bringe ich ein Beispiel dafür, wie aus einer Psychoneurose eine psychosomatische Krankheit werden kann. Es handelt sich um eine junge Frau, die unter gestörter Regelblutung (Amenorrhö) litt. Für diese Erkrankung konnte keine körperliche Ursache gefunden werden; sie trotzte jeder medikamentösen Behandlung.

Franziska D. wuchs in einem prüden Milieu auf. Von klein auf erlebte sie, daß die Mutter alles als schmutzig bezeichnete, was mit Sexuellem zu tun hatte. Fragen nach Geschlechtsunterschieden oder woher die kleinen Kinder kommen wurden zurückgewiesen: »Das erfährst du noch früh genug!« Berührungen der Scheide galten als böse. Noch als Jugendliche vermied die Patientin, ihr Genitale zu waschen. Als das Mädchen über den katholischen Beichtspiegel lernte, daß man Unkeusches nicht nur nicht tun, sondern auch nicht denken dürfe, geriet es noch stärker unter Angstdruck. Um diesen zu lindern, mußte es alles »Unkeusche« verleugnen.

Hinzu kam, daß sich die Eltern bei der Geburt des Mädchens einen Jungen gewünscht hatten, der Franz hätte heißen sollen. Enttäuscht tauften sie das Mädchen Franziska und unterstützten in ihrer Erziehung eher das Jungen- als das Mädchenhafte. Gern hätte sich Franziska zum Beispiel die Haare lang wachsen lassen, aber das duldeten die Eltern nicht. Als sie so groß war, daß sie ihren Wunsch hätte durchsetzen können, hatte sie den Elternwunsch bereits voll verinnerlicht und gab sich in allem burschikos. Mit allem was weiblich ist, konnte sie sich nur schwer identifizieren. Auch ihre Mutter hatte die Rolle als Frau nicht richtig annehmen können. Von ihr hatte sie nur Klagen darüber gehört, wie schlecht die Frauen dran seien und daß sie, wenn sie es sich wünschen könnte, nie mehr eine Frau werden wollte. So bot die Mutter für die Tochter keinen Anreiz zur Identifikation mit der weiblichen Geschlechtsrolle.

Dramatisch wurde es, als das junge Mädchen zum ersten Male menstruierte. Sie war über dieses natürliche Ereignis nicht ausreichend informiert und dachte, sie müsse sterben, als sie blutend im Bett lag. Die Mutter konnte ihr, aus dem eigenen Unglück heraus, nicht wirklich beistehen, sondern äußerte verbittert: »Geht das jetzt schon los!«

Auf dem Hintergrund solcher Erfahrungen mußte die Jugendliche zunehmend alles abwehren, was mit Sexualität zu tun hatte. Das von den elterlichen Normvorstellungen geprägte *strenge Über-Ich bewirkte, daß sie sexuelle Inhalte nicht mehr wahrnehmen konnte* und eigene sexuelle Bedürfnisse nicht mehr hatte oder sie verleugnete. Als ihre Brüste zu wachsen begannen, erlebte sie das mit Abscheu und versuchte sie zu verbergen.

Das waren bereits Anzeichen einer ausgeprägten psychoneurotischen Struktur. Nach außen hin zeigte sich diese Entwicklung beispielsweise darin, daß sie nicht fähig war, zu männlichen Jugendlichen Kontakt aufzunehmen. Auch von gleichaltrigen Mädchen mußte sie sich absondern. Diese belächelten ihre »komischen Ansichten« oder verstanden sie nicht.

Die Phase psychischer Abwehr der angstmachenden sexuellen Impulse wurde durchbrochen, als Franziska, siebzehnjährig, unvermittelt mit der bedrohlichen Sexualität in Berührung kam. Zwei Jahre zuvor war ihre Mutter an Unterleibskrebs gestorben. Obwohl genug Wohnraum im Hause war, wünschte der Vater, daß seine Tochter künftig mit ihm in den Ehebetten schlief. Sie mußte auch sonst ganz selbstverständlich vieles von der Rolle der Ehefrau übernehmen.

Zur Erlebniskatastrophe kam es, als der Vater immer unverhohlener seine sexuellen Wünsche der Tochter gegenüber zeigte. Besonders beunruhigt war das Mädchen, weil in ihr selbst inzestuöse Phantasien aufstiegen. Der Vater begann in dieser Zeit zu trinken, kam oft spät aus dem Gasthaus nach Hause und näherte sich ihr im alkoholisierten Zustand. Ob es tatsächlich zu Intimitäten kam, ist nie klar geworden. Aber Franziskas Träume waren noch nach Jahren voll von inzestuösen Handlungen zwischen ihrem Vater und ihr.

In der Zeit als die sexuellen Annäherungen des Vaters und ihre inzestuösen Phantasien sie in eine ausweglose Situation brachten, setzte die Monatsregel aus und kam jahrelang nicht wieder. *Die Verleugnung der Sexualität wurde auf der körperlichen Ebene fortgesetzt.* Daß die Regel aussetzte, erscheint aber auch als vernünftige Reaktion des Körpers: Die Jugendliche ist davor geschützt, von ihrem Vater geschwängert zu werden.

Einige Jahre später konnte die junge Frau in einer rund 400 Stunden dauernden Psychotherapie die lebensgeschichtlichen Hintergründe der psychosomatischen und psychoneurotischen Erkrankung wiederbeleben und neu verarbeiten. Im Verlauf dieser Bearbeitung ihrer Neurose stellte sich die Regelblutung wieder ein.

»Nachverdrängung« in hilfloser Lage – Von der Neurose zur psychosomatischen Reaktion

Daß aus der Neurose eine psychosomatische Erkrankung entsteht, kann viele Gründe haben. Es kann zum Beispiel mit erbgenetischen Voraussetzungen zusammenhängen. Das wurde am Beispiel der angeborenen überschießenden Magensaftabsonderung aufgezeigt, die das Entstehen von Magengeschwüren begünstigt.

Ein anderer Versuch, das Entstehen psychosomatischer Krankheiten zu erklären, ist die »Arbeitshypothese der zweiphasigen Verdrängung« von Alexander Mitscherlich. An der eben aufgezeigten neurotischen Entwicklung von Frau Franziska D. ist die Hypothese der zweiphasigen Abwehr nachvollziehbar. Ein psychisches Leiden, das sich in körperlichen Symptomen äußert, kann nur dann chronisch werden, wenn es auf dem Boden einer vorgegebenen psychoneurotischen Entwicklung erfolgt. Das gilt zum Beispiel für psychosomatische Krankheiten wie Asthma bronchiale, Magen- oder Darmgeschwüre. Chronische Organsymptome finden sich regelmäßig bei Personen, stellte Mitscherlich[21] fest, »bei denen zuvor bereits ein Versuch der psychischen Konfliktlösung stattgefunden hat – eine Konfliktlösung mit pathologischem Ausgang freilich ... Psychosomatische Krankheiten chronischer Art entwickeln sich nach unserer Hypothese immer dann, wenn die Abwehrversuche mit den dem Individuum vertrauten psychischen Mitteln nicht mehr ausreichen.«

Erfahrungen von Hilflosigkeit und Hoffnungslosigkeit seien in diesem krankmachenden Prozeß besonders bedeutsam. Psychische Abwehrvorgänge brechen zusammen, und es erfolgt ein Rückgriff auf krankhafte körperliche Veränderungen. Mitscherlich spricht von einer »Physiologie der Hoffnungslosigkeit«.

Die *Annahme von der zweiphasigen Abwehr* drückt also folgendes aus: In einer ersten Phase werden angstmachende Erlebnisinhalte, die von der Person nicht zu verarbeiten sind, aus dem Bewußtsein verbannt: durch Verdrängung, Verleugnung, Rationalisierung, Projektion und andere seelische Abwehrvorgänge. Es kommt durch diese Eingriffe des Ich in das spontane psychische Geschehen zu neurotischen Charakterentwicklungen: zu Kontaktstörungen, allgemeiner Lebensangst, zwangsneurotischen Zügen und zu neurotischen Symptomen wie Angstkrankheiten, depressiven Verstimmungen, Arbeitsstörungen, Zwangsneurosen, sexuellen Störungen.

In einer zweiten Phase droht diese psychische Abwehr durch neue angsterweckende Erfahrungen zusammenzubrechen. Dem Ich scheint kein Anpassungsweg zu bleiben, um die innere Gefahr zu vermeiden. Folglich setzt die Abwehr auf der Ebene des körperlichen Geschehens ein. Die neu aufgetretenen psychischen Verletzungen machen hoffnungslos. Deshalb werden die ängstigenden Inhalte durch »Nachverdrängung« dem Bewußtsein ferngehalten. *Auf dem Boden der bereits bestehenden Neurose setzt sich der chronische Konflikt im Körper fort* und erzeugt jene »Physiologie der Hoffnungslosigkeit«, die sich in den Körpersymptomen ausdrückt.

Die zweiphasige Abwehr erklärt auch, weshalb psychosomatisch Kranke sich schwer tun, über ihre Gefühle zu sprechen. Sie mußten sich doppelt absichern gegen das Intime, das in ihnen aufsteigen könnte. Denn die Angst vor diesen Inhalten war nicht mehr zu ertragen.

Psychosomatische Störungen müssen allerdings nicht grundsätzlich aus einem neurotischen Konflikt heraus entstehen. Mitscherlich schränkt seine Annahme auf chronische Konflikte ein. So entstehen zum Beispiel Menstruationsstörungen in vielen Fällen nicht aus einem neurotischen Ablehnen der eigenen Weiblichkeit heraus. Daß die Periode vorübergehend aussetzt, kann mit aktuellen psychischen Konflikten zusammenhängen, ohne zugrundeliegende psychische Fehlentwicklung. Eine häufige Ursache für Menstruationsstörungen sind Trennungssituationen: Wenn eine Beziehung aufgelöst wird, die Trennung von den Eltern vollzogen werden muß, die Arbeitsstelle gewechselt wird, wenn durch einen Umzug die vertraute Umgebung verlorengeht, eine Freundschaft zerbricht und Verlassenheitsgefühle zurückbleiben.

Vom ganzheitlichen Denken her sind durch Trennung ausgelöste Menstruationsstörungen verständlich. Es handelt sich bei der Periodenblutung nicht nur um ein hormonales Geschehen, sondern sie ist auf den Kontakt mit dem anderen Geschlecht hin gerichtet. Deshalb *kann sich gestörter Kontakt störend auf die Menstruation auswirken.*

Störungen der Monatsregel entstehen in solchen Fällen nicht auf Grund einer neurotischen Entwicklung, sondern im Rahmen einer gesunden Persönlichkeitsentwicklung. Es gehört zu den häufigsten psychosomatischen Beobachtungen, daß die Periode in seelisch belastenden Lebenssituationen aussetzt, verfrüht oder verspätet eintritt. Schreckvolle Ereignisse, Angstzustände und übermäßige psychische Anspannung können Ursache dafür sein. Als Notstandsamenorrhö hat man zum Beispiel jenes Aussetzen der Regelblutung bezeichnet, das in Gefängnissen oder Lagern auftritt. Auch in Heimen und Internaten kommt solche Notstandsamenorrhö vor.

In Konzentrationslagern war das Ausbleiben der Regel besonders häufig. »Das schlimmste Vernichtungslager unserer Epoche, das Konzentrationslager Auschwitz, hat mit 100 % die höchste Ziffer der Amenorrhöen. Natürlich spielen dabei Ernährungsfaktoren mit. In zwei Dritteln der Fälle trat jedoch die Amenorrhö schon im ersten Monat nach der Aufnahme im Lager ein, der Rest im zweiten und dritten Monat. Bei gleicher Ernährung soll bei Gruppen, die nicht unmittelbar der Gefahr des Todes ausgesetzt waren, die Häufigkeit der Amenorrhöen nur etwa halb so groß gewesen sein. Wie sehr Angst und Erwartungsspannungen dabei beteiligt sind, zeigt sich darin, daß bei weiblichen Inhaftierten vor einem Prozeß und vor der Verurteilung Amenorrhöen wesentlich häufiger sind als später bei der Haftverbüßung nach der Verurteilung«[22]. Solche Ergebnisse verweisen immer wieder darauf, wie psychosomatisches Denken den Blick für gesellschaftlich Krankmachendes schärfen kann.

Rückenschmerzen und rheumatische Erkrankungen – Seelische Anspannung wird schmerzhafte Muskelverspannung

Millionen von Menschen leiden an Rückenschmerzen und rheumatischen Muskel- und Gelenkerkrankungen und deren Vorformen: schmerzhafte Nackensteifheit, Spannungen in der Schultermuskulatur, Kreuzschmerzen, häufig auftretende Hexenschüsse, Ischias, Glieder- und Gelenkschmerzen, gespannte Muskelpartien im Schlaf, morgendliche Muskelsteifheit. Oft ist bei diesen Beschwerden im Körper nichts Krankhaftes zu entdecken: Patienten mit anatomisch gesunden Wirbelsäulen können starke Rückenschmerzen haben, während solche mit deformierten Wirbelsäulen schmerzfrei sein können.

Wenn jemand seine Hals-, Brust- oder Lendenwirbelsäule nicht schmerzfrei bewegen kann, unter Ischias oder Hexenschuß leidet, stehen die schmerzleitenden Nerven des Rückenmarks unter Druck. Dieser Druck, zum Beispiel der der Bandscheiben auf den Ischiasnerv, hängt auch mit der Muskelspannung zusammen. Diese wiederum kann mit psychischer Anspannung zu tun haben. Jedenfalls gibt es unter den Schmerzpatienten viele, die über psychische Belastungssituationen klagen. So können sich zum Beispiel hinter den Rückenschmerzen depressive Verstimmungen verbergen.

Auch hier kann die Sprache wieder etwas über das Symptom mitteilen, auf mögliche Bedeutungen aufmerksam machen, auf Zusammenhänge zwischen Erleben und Körperreaktion verweisen – in volkstümlichen Redewendungen wie: »Das hat ihm das Kreuz gebrochen« oder »Gram und Sorge haben ihm das Rückgrat gebeugt« oder »Die Hexe schoß ihm ins Kreuz«. – *Zwischen Gefühlen, Körperbewegung und Körperhaltung bestehen Wechselwirkungen:* Jemand ist gedrückt, er »hat Rückgrat«, muß ständig »Rückgrat beweisen« oder ist rückgratslos; er verhält sich unterwürfig oder aufrichtig, er ist halsstarrig oder beweglich, steif oder locker, gespannt, überspannt oder beschwingt. Während der eine einen »aufrechten Gang« hat, ist ein anderer ein »krummer Hund« oder hat vor Angst eine »geduckte Haltung«. – In der Art des Sich-Bewegens und der Haltung drücken sich Gestimmtheiten des Menschen im Leiblichen aus.

Diese Zusammenhänge kann man beobachten und messen: Die Muskelspannung des Menschen nimmt zu, wenn er geistig tätig ist. Bei starken Gefühlsregungen steigt sie noch mehr an, oft bis zur Verkrampfung. Solche Muskelspannungen können den Anfang rheumatischer Prozesse bilden; aus ihnen geht später die schmerzhafte Gelenkstörung hervor. Gelenkbeschwerden besserten sich, wenn man den Muskel-Innendruck herabsetzte. Das läßt vermuten, erhöhte Muskelspannung könne für rheumatische Erkrankungen mitentscheidend sein.

Cremerius[23] berichtet von folgendem Untersuchungsergebnis: »Führte man mit den in entspannter Ruhelage befindlichen Patienten Gespräche über ihre speziellen Konflikte, so stiegen dabei die vorher geringen Muskelaktionsströme wie auch der Schmerz stark an und erreichten regelmäßig beim Aufkommen aggressiver Themen ihr Maximum, um stets nach Beruhigung zu den Ausgangswerten zurückzukehren«. – Es scheint, als versuchten die Erkrankten, Konflikte gleichsam in der Muskulatur zu verarbeiten. Sie sind nicht fähig, angestaute Gefühlsregungen abfließen zu lassen. So entstehen andauernde psychische Spannungen, die sich in schmerzhafter Muskelverspannung äußern. Solche Muskelerkrankungen, die mit Verkrampfung und Schmerz einhergehen, können auf Dauer die Gelenke krankhaft verändern.

Nach Cremerius stellt sich der psychosomatische Ablauf so dar:

1. Als fehlgeleitete Antwort auf psychische Anspannung kommt es zu einer erhöhten Muskelspannung, die Schmerzen verursacht.
2. Die psychisch bedingte Dauerspannung der Muskulatur bewirkt im Laufe der Zeit, daß auch Sehnen und das damit verbundene Gewebe sowie die Gelenkkapseln in den krankhaften Prozeß einbezogen werden.
3. Die Folge der krankhaften Beanspruchung der Sehnenansätze am Knochen und an der Gelenkkapsel führt zuerst zu Reizzuständen des Gelenks, von dem auch die Gefäße betroffen werden. Hier kommt es zu Entzündungen, die für die rheumatische Erkrankung kennzeichnend sind.

Bei den hier angestellten Überlegungen geht es nicht nur um die entzündlichen Erkrankungen, sondern um den erweiterten rheumatischen Formenkreis, der in der krankhaften Muskelspannung seinen Ausgang nimmt. Deshalb ist die ursachen-orientierte Frage: Was sind die psychischen Motive, die die Spannung verursachen? Wieder handelt es sich um individuelle Prozesse und nicht um eindeutige Zuordnungen. Folgende Konflikte finden sich jedoch in der Lebensgeschichte von Menschen mit psychisch bedingten rheumatischen Muskel- und Gelenkerkrankungen besonders häufig:

- Schon in der kindlichen Entwicklung ist das *Sich-gehen-lassen verpönt.* Die Reinlichkeitserziehung wird mehr als Dressur ausgeübt, denn als eigenständiges Verfügenlernen des Kindes über seine Ausscheidungsfunktionen. Oft hatten Patienten »Reiß-dich-zusammen-Eltern«, die bei allen Lernvorgängen wie dem Gehen- und Sprechenlernen, dem Sich-Einfügen in bestimmte Ordnungen, sehr genau und Fehlern gegenüber unduldsam waren. Die Kinder sollten sich daran gewöhnen, unter der Losung »Halt den Nacken steif!« möglichst unempfindlich zu werden. Die einseitig am Leistungsprinzip orientierte Schule und vom Leistungsdenken besessene Eltern können Schüler so unter Leistungsdruck setzen, daß diesen unter den ehrgeizigen Anforderungen »schier das Kreuz bricht«.
- Unter solchen Bedingungen entwickeln Heranwachsende ein *strenges Über-Ich,* das nun anstelle der Eltern unerbittlich fordert. Ehrgeizig müssen Ziele verfolgt werden, die zu ständiger Selbstüberforderung führen. »Aus dem elterlichen ›Es muß sein‹ wurde das Über-Ich prägende ›Es soll sein‹. Dieses Über-Ich wurde der Stachel im eigenen Fleisch, ein kategorischer Imperativ zu permanenter Selbstüberforderung« (Cremerius[23]). Der dauernde Spannungszustand darf nicht nachlassen, *alles bekommt Leistungs- und Rivalitätscharakter.* Das »Sich-zusammennehmen«, der unermüdliche Arbeitseifer und das Überlegenheitsstreben spannen besonders die Schulter-Nacken-Muskeln und die der unteren Rückenpartie an. So kommt es denn auch in kritischen Lebenssituationen, in denen die inneren und äußeren Spannun-

gen kaum noch ausgehalten werden, zu Erkrankungen wie Ischiasanfällen.

- *Die gesunde Aggression darf sich nicht entfalten*, sondern wird als »böse« unterdrückt. Das Nein des Kindes gegen die Umweltforderungen, »dieses Festhalten und Zurückhalten stellt ein tastendes, übendes Wachsen der Eigenständigkeit, ein Erwachen erster Ichhaftigkeit dar. Es ist der ›eigene Sinn‹, das sich erstmalig selbsterlebende Abgehobensein von der Umwelt durch die Möglichkeit, selber Macht zu haben, eine Eigen-macht. Wird dieses Bedürfnis mit Härte und Gewalt zerbrochen, darf das Kind keinen eigenen Sinn haben, wird es erfahrungsgemäß gefügig« (Cremerius[23]). Solche Menschen müssen dann oft mit einem »gebrochenen Rückgrat« leben. Die gehemmte feindselige Aggressivität tobt sich im eigenen Körper aus. Das wird meßbar in der Muskelelektrizität rheumatisch erkrankter Menschen. Solche Messungen zeigen, wie schon erwähnt, daß unter Rheuma leidende Patienten auf Reize verschiedenster Art, aber insbesondere auf aggressive Persönlichkeitskonflikte, mit erhöhter Muskelspannung reagieren. Da die aggressive Energie nicht in körperliches oder affektvolles Handeln umgesetzt, sondern zwanghaft blockiert wird, bleibt sie gleichsam in der Muskulatur stecken und bereitet dort Schmerzen.
- Die *Bewegungsimpulse des Kindes werden eingeschränkt* durch »Sei ruhig!«, »Bleib still sitzen!«, »Tobe nicht herum!« und dergleichen. Die lösende Bewegung wird zum gespannten Sichzurückhalten. Sich-bewegen ist ein existentielles Bedürfnis von Kindern. Wird dieses eingeschränkt, kommt es zum Aufgeben der Eigen-Bewegung im weitesten Sinne. Das Kind darf nicht »aus sich herausgehen«, sondern muß sich zurücknehmen und zurückhalten, mit der Folge des Verlustes an Bewegungsfreiheit. – Besonders augenfällig wird die Bewegungsfreiheit bei der militärischen Haltungs-Dressur eingeengt. Hier wird den Soldaten eine äußerliche Haltung aufgezwungen, bei der die Strammstehenden oder im Paradeschritt Marschierenden keine innere Haltung haben dürfen. Im Gleichschritt marschieren oder das Gewehr präsentieren dient ja nicht dazu, daß die jungen Männer

das Vaterland besser verteidigen können. Vielmehr wird ihre eigene Haltung, ihr eigener Wille ausgeschaltet und blinder Gehorsam eingeübt.

– Zuverlässiges, bedingungsloses Geliebtwerden konnte nicht erlebt werden. Die eigenen Gefühle des Kindes, Freude und Leid, Angst und Zorn, Trauer und Hoffnung, wurden nicht angenommen. Solche Grunderfahrung führt dann dazu, daß *die eigene Gefühlswelt abgelehnt und abgewertet* wird. Die weiche, »weibliche« Seite kann nicht akzeptiert werden. Cremerius[23] berichtet von so einem Patienten: »Er kann nur schwer sich überlassen, hingeben, geliebt werden; er drosselt alle weichen Regungen ab. Das bedeutet erneute Anspannung und Verhärtung. Gerät er in Situationen, wo das Gefühl übermäßig angesprochen wird, hat er nur zwei Reaktionsweisen: entweder qualvolle Versteinerung, die sich ihm sofort als Muskelschmerz darstellt, oder aber unangemessenes Überwältigtwerden, dessen er sich nachher schämt.« – Letztlich ist es die Angst, nicht angenommen zu werden und der Versuch, sich dagegen abzusichern, was die schmerzliche Dauerspannung aufrecht erhält. Solche Menschen müssen »zumachen«, sich zurücknehmen und zurückhalten; denn Offen- und Empfänglichsein würde sie verletzbar machen.

Das Verstehen solcher Ursachen bestimmt die Richtung der psychosomatischen Therapie: Der Erkrankte muß lernen, seine gehemmten Antriebe nicht mehr in seinem Bewegungsapparat auszutragen, sondern sie nach und nach in seinem Alltag freizusetzen. Im therapeutischen Prozeß treten Besserungen dann ein, wenn die Patienten riskieren, aus ihrer zurückgenommenen Haltung herauszugehen, »zur Welt Vertrauen zu fassen, Forderungen zu stellen, offen agressiv zu sein und Hilfe anzunehmen... Schwierig ist für den Patienten, ein bestimmtes, sich selbst schützendes und bewahrendes Nein sagen zu lernen. Dieses Nein, das er bisher mit seiner Muskulatur ausgedrückt hat, kann er nur sehr schwer in ein bewußtes, ausgesprochenes und gelebtes übertragen« (Cremerius[23]). Es geht in der Therapie darum, die blockierte Eigen-Bewegung zu entdecken und freizusetzen.

Diese aufdeckende und konfliktbearbeitende Psychotherapie

kann durch vielerlei *entspannende therapeutische Maßnahmen* unterstützt werden. So könnte zum Beispiel der erste Rat, den der alte naturheilkundige Prießnitz seinen Patienten gab, manche Bandscheibenoperation überflüssig machen: Steigen Sie viel auf die Berge! Bei der ruhigen Steigbewegung wird die Rückenpartie besonders gut durchblutet – außerdem wirkt das Bergwandern ohnehin entspannend. – Alles, was auf sinnvolle Weise entspannt, was also mit der Person verbunden und nicht »aufgesetzt« ist, wie manche – zum Beispiel elektrische – Anwendungen, kann hilfreich sein: entkrampfende Gymnastik, Bewegungsübungen, rhythmische Entspannung, autogenes Training, Tanz und Spiel, Massagen, Atemtherapie, Bäder und wassertherapeutische Maßnahmen, entspannendes musisches Tätigsein.

Der in Rückenoperationen erfahrene Neurochirurg Don M. Long hat die Krankengeschichte von 1500 Rückenschmerzpatienten studiert. Die »gründliche Studie ergibt, daß die auch in der Bundesrepublik ständig beliebter werdende chirurgische Behandlung der Bandscheibenleiden nur bei jedem dritten Patienten gerechtfertigt ist. Bei gut der Häfte der schmerzgeplagten Kranken liegt ein psychosomatisches Leiden vor, die Pein rührte von sozialer oder seelischer Qual her und läßt sich deshalb naturgemäß durch den blutigen Eingriff nicht heilen«[24].

Daß sich so viele Rückenschmerzpatienten operieren lassen, liegt unter anderem an deren Unwissenheit. Meist sind sie nicht darüber informiert, daß schätzungsweise die Häfte aller Operierten weiterhin an Rückenschmerzen leidet. Vor allem haben sie zu wenig Informationen über andere, ganzheitlichere und dem Menschen mit seinen seelischen Fähigkeiten gemäßere Wege der Behandlung. Vielen ist auch die erhoffte rasche Lösung der Operation lieber; sie können selbst passiv bleiben, und nur der Arzt ist aktiv. Außerdem erscheint es einfacher, das Übel »wegmachen« zu lassen, anstatt sich auf die Selbstheilungsmöglichkeiten zu besinnen und nach dem Sinn des Krankseins zu fragen.

Zur Selbstreflexion

Um den Sinn der krankmachenden Muskelverspannungen verstehen zu lernen, können Fragen wie diese hilfreich sein:

- Muß ich zu hart-näckig und unbeugsam Ziele verfolgen und bekomme dadurch vielleicht einen harten Nacken, der schmerzt? Ver-steife ich mich auf Dinge, wo es mir besser bekäme, sie zu lassen?
- Laste ich mir zuviel auf, so daß der Druck zu groß für mich ist? – Bin ich in manchem übergewissenhaft und zu perfektionistisch, so daß mir die Bürde des Leistenmüssens das Kreuz bricht?
- Muß ich durch mein angespanntes Tüchtigsein Kleinheitsgefühle ausgleichen? Muß ich mich womöglich immerfort »beweisen« – und was muß ich eigentlich beweisen?
- Will ich unermüdlich für andere tätig sein und lasse dabei mich selbst zu sehr außer acht? Merke ich vielleicht nicht, daß diese aufopfernde Haltung im Grunde auch den anderen und der gegenseitigen Beziehung nicht bekommt?
- Bringe ich mich damit in Spannung, daß ich nicht gelernt habe, Nein zu sagen, weil ich fürchte, mit meinem Nein wäre ich nicht mehr liebenswert und deshalb müsse ich es allen recht machen? Tatsächlich aber könnten mich die anderen mit meinem Nein besser begreifen und hätten die Chance, auf meine Bedürfnisse zu achten.
- Nehme ich mir Zeit für körperliche und seelische Bewegung, die ich als sinnvoll empfinde und die mir Freude macht?
- Kann mein »Kreuz« mit dem Kreuz damit zusammenhängen, daß ich meine persönliche Eigen-Bewegung – im vielfältigen Sinn dieses Wortes – zu wenig herausfinde oder ihr zu wenig nachgehe? Darf ich meinen Stand-Punkt vertreten oder muß ich mich den Vorstellungen anderer beugen?
- Kann ich Ärger und Wut spontan erleben – und wird das für mich auch körperlich spürbar? Fällt es mir schwer, anderen gegenüber aggressiv zu sein, meinen Ärger und Zorn mitzuteilen, meine Wut zu zeigen? Und tobt sich dann womöglich meine Aggression schmerzhaft in den Muskeln aus, weil ich noch kein Vertrauen darin habe, daß ich auch mit meinen Affekten die Beziehung zu andern aufrecht erhalten kann?
- Bleibe ich mit meinen Wutgefühlen in der Beziehung zu den Personen, auf die ich Wut habe, also setze ich mich auseinander? Oder gehe ich mit meiner Wut aus der Beziehung heraus und »schlucke« sie hinunter? Befürchte ich, meine Wut könnte den

Kontakt stören? Das kann allenfalls dann eintreten, wenn ich mich nur »abreagiere« und die Beziehung aufgebe, anstatt zu versuchen, die Beziehung von mir aus anders zu gestalten.

Wahrnehmung des Krankmachenden

5. Gekränktwerden kann krank machen

Wir lernen in der Psychosomatik, daß eine Wechselbeziehung besteht zwischen der psychischen Verfassung eines Menschen und der Art und Weise, wie er sein Umweltverhältnis und insbesondere sein Zusammenleben mit anderen Menschen gestaltet. Menschen, die ihre Gefühle durchlassen, sich nach innen und außen offen verhalten und mit hoher Sensibilität auf die Qualität der Lebensumstände reagieren, sind eher als andere dazu imstande, in der Familie, am Arbeitsplatz und wo sie auch immer sozial aktiv sind, auf gedeihliche Verhältnisse hinzuwirken.

Vom gesellschaftlichen Standpunkt aus sollte nicht die üblicherweise verklärte Robustheit, sondern eher eine hohe Sensibilität als höherwertige Gesundheit anerkannt werden – trotz der damit verbundenen psychosomatischen Störbarkeit.

Horst-Eberhard Richter

Was ist Psychosomatik?

Auf dem Hintergrund der bisherigen Beispiele, Informationen und Erörterungen möchte ich in diesem Abschnitt versuchen, Psychosomatik als die Aktionseinheit seelischer und körperlicher Erregungszustände begrifflich zu klären. Psychosomatik ist die Wissenschaft, die sich mit dem Zusammenhang zwischen psychischem Befinden und körperlichem Kranksein befaßt: psyche, die Seele; soma, der Körper. Psychosomatik als medizinisch-psychologische Krankheitslehre erforscht, wie durch psychische Prozesse körperliches Leiden entsteht.

- »Die allgemeinste Annahme der Psychosomatischen Medizin besagt, daß seelische Erregungszustände mit körperlichen in einer Aktionseinheit verbunden sind« (Mitscherlich).
- Die klassische Schulmedizin versteht Krankheiten als das Ergebnis von Leistungsveränderungen, die im Körper beginnen. Nach Auffassung der Psychosomatik können Krankheiten durch die Wechselbeziehung von Erleben und diesem Erleben zugeordneter körperlicher Leistung entstehen. Seelische Störungen sind

demnach Ausgangspunkt von körperlicher Erkrankung: Die Organkrankheit ist Folge unbewältigter seelischer Konflikte.

- Der Begriff »psychosomatisch« drückt aus, daß für die Entwicklung der Krankheit eine aus dem Erleben stammende Ursache wesentlich mitbestimmend ist.
- Psychosomatische Krankheiten im engeren Sinn sind Krankheiten, bei denen sichtbare organische Veränderungen oder Körperfunktionsstörungen in ihrem Entstehen entscheidend durch psychische Konflikte des Kranken verursacht sind. Meist spielen bestimmte Veranlagungen und angeborene innere Bereitschaften (Dispositionen) eine Rolle. Häufig gehen psychoneurotische Entwicklungen der Persönlichkeit voraus. Bedeutsam ist zudem die aktuelle psychische Belastung.
- Die Psychosomatik fragt nach den gestörten Funktionen bestimmter Körperorgane und wie sich diese im Zusammenhang mit seelischen Konflikten krankhaft verändern – zum Beispiel beim Magengeschwür, Ekzem, Bluthochdruck oder bei Asthma.
- Ein entscheidender tiefenpsychologischer Beitrag zur Psychosomatik war die Entdeckung, daß nicht nur bewußte, sondern auch unbewußt erlebte seelische Tätigkeit die körperlichen Abläufe beeinflußt. Es sind dies »dem Bewußtsein entzogene seelische Konflikte mit leiblicher Auswirkung« (Mitscherlich). Ihr Sinn kann nur verstanden werden, wenn es gelingt, unbewußte Motive mit den krankhaft veränderten Organfunktionen in Wirkungszusammenhang zu bringen.
- Psychosomatik betrachtet den Menschen als erlebendes Subjekt in seiner Ganzheit. Sie behandelt deshalb Krankheit als Störung, die durch die konflikthafte Beziehung der Person zu ihren Mitmenschen entsteht – zum Beispiel durch Beziehungsstörungen in der Familie, am Arbeitsplatz, in der Schule.
- Sie sieht Krankheit aber auch als Problem der Gesellschaftsordnung. Deshalb fragt sie nach den Wechselbeziehungen zwischen dem Menschen und seiner Umwelt; zum Beispiel danach, wie spezielle wirtschaftliche Strukturen mitbestimmend dafür sein können, daß Menschen krank werden: etwa die Unwirtlichkeit

der Städte, die Inhumanität von Arbeitsbedingungen, der Druck des Leistungs- und Konkurrenzprinzips, die Bedrohung durch Atomreaktoren und Umweltkatastrophen, die lebensstörende Bürokratisierung.

- Psychosomatische Einsichten bedingen eine psychosomatische Therapie. Diese geht davon aus, daß psychische Ursachen mitberücksichtigt werden müssen, wenn wir Krankheiten erkennen, bestimmen und behandeln. Psychosomatische Medizin »ist eine Weise des Umgangs des Menschen mit dem Menschen« – das lehrte der maßgebliche Wegbereiter des psychosomatischen Gedankens in Deutschland, Viktor von Weizsäcker. Er forderte die Einführung der Psychologie und Psychoanalyse in die Medizin. Der Kranke sollte nicht mehr nur als medizinisches Objekt, sondern als Subjekt, als Person gesehen werden: mit seinem Erleben, seiner persönlichen Krankheitsdeutung, seiner familiären und sozialen Situation. Krankheit wird dabei auch als »soziale Krankheit« verstanden. Deshalb ist das Gespräch ein wesentliches Element in der Beziehung zwischen dem Therapeuten und dem kranken Menschen. Psychosomatische Therapie möchte den ins Körperliche verschobenen Konflikt rückgängig machen in den psychischen Konflikt und diesen bearbeiten.

Bert Brechts »bester Lehrer« bekommt die Gelbsucht – Die Leber reagiert auf Kränkungen

Psychosomatische Erkrankungen können vielfältige Formen annehmen und sich an allen Organen und deren jeweiliger Funktion äußern. Oft wird deutlich, weshalb gerade ein *bestimmter* körperlicher Vorgang psychosomatisch gestört wird. In anderen Beispielen jedoch ist dieser Zusammenhang zwischen seelischer Regung und gestörter Organleistung nicht erkennbar. Ebenso ist in vielen Fällen unübersehbar, wie die Symptomatik mit den gesellschaftlichen Bedingungen verknüpft ist. Es gibt aber auch Fälle, wo dies verborgen bleibt oder diese Verknüpfung gar nicht vorhanden ist.

Meist ist aus der körperlichen Krankheit etwas über das seelische

Befinden zu erfahren. Schon das Hinhören auf die Sprache führt zu psychosomatischen Einsichten. Etwa wenn jemand von sich sagt: »Ich bin verschnupft.« Damit weist er darauf hin, daß er gekränkt ist. Ein »unterkühltes Verhältnis« oder eine »abgekühlte Beziehung« kann zu einer Erkältung führen. Und wenn jemand etwas »über die Leber läuft«, bekommt er womöglich Gelbsucht. Dazu ein literarisches Beispiel.

Bertolt Brecht: Unser bester Lehrer

Groß tritt dem jungen Menschen in der Schule in unvergeßlichen Gestaltungen der *Unmensch* gegenüber. Dieser besitzt eine fast schrankenlose Gewalt. Ausgestattet mit pädagogischen Kenntnissen und langjähriger Erfahrung erzieht er den Schüler zu seinem Ebenbild.

Der Schüler lernt alles, was nötig ist, um im Leben vorwärts zu kommen. Es ist dasselbe, was nötig ist, um in der Schule vorwärts zu kommen. Es handelt sich um Unterschleif, Vortäuschung von Kenntnissen, Fähigkeit, sich ungestraft zu rächen, schnelle Aneignung von Gemeinplätzen, Schmeichelei, Unterwürfigkeit, Bereitschaft, seinesgleichen an die Höherstehenden zu verraten usw. usw.

Das Wichtigste ist doch die Menschenkenntnis. Sie wird in Form von Lehrerkenntnis erworben. Der Schüler muß die Schwächen des Lehrers erkennen und sie auszunützen verstehen, sonst wird er sich niemals dagegen wehren können, einen ganzen Rattenkönig völlig wertlosen Bildungsgutes hineingestopft zu bekommen. Unser bester Lehrer war ein großer, erstaunlich häßlicher Mann, der in seiner Jugend, wie es hieß, eine Professur angestrebt hatte, mit diesem Versuch aber gescheitert war. Diese Enttäuschung brachte alle in ihm schlummernden Kräfte zu voller Entfaltung. Er liebte es, uns unvorbereitet einem Examen zu unterwerfen, und stieß kleine Schreie der Wollust aus, wenn wir keine Antworten wußten. Beinahe noch mehr verhaßt machte er sich durch seine Angewohnheit, zwei bis drei Mal in der Stunde hinter die große Tafel zu gehen und aus der Rocktasche ein Stück nicht eingewickelten Käse zu fischen, den er dann, weiter lehrend, zermummelte. Er unterrichtete in Chemie, aber es hätte keinen Unterschied ausgemacht, wenn es Garnknäuelauflösen gewesen wäre. Er brauchte den Unterrichtsstoff, wie die Schauspieler eine Fabel brauchen, um *sich* zu zeigen. Seine Aufgabe war es, aus uns *Menschen* zu machen. Das gelang ihm nicht schlecht. Wir lernten keine Chemie bei ihm, wohl aber, wie man sich rächt.

Alljährlich kam ein Schulkommissar, und es hieß, er wolle sehen, wie wir lernten. Aber wir wußten, daß er sehen wollte, wie die Lehrer lehrten. Als er wieder einmal kam, benützten wir die Gelegenheit, unseren Lehrer zu brechen. Wir beantworteten keine einzige Frage und saßen wie Idioten. An diesem Tage zeigte der Mensch keine Wollust bei unserem Versagen. Er bekam die Gelbsucht, lag lange krank und wurde, zurückgekehrt, nie wieder der alte, wollüstige Käsemummler.

Er hat sich »gelb geärgert«, wie es im Volksmund heißt. Ihm ist »die Galle übergelaufen«; denn unverarbeiteter Ärger und Kummer »frißt an der Leber«. Bert Brechts »bester Lehrer« war verletzt. Allerdings äußerte sich dieses Verletztsein nicht unmittelbar im Psychischen, sondern zeigte sich in der psychosomatischen Erkrankung: »Er bekam die Gelbsucht, lag lange krank und wurde, zurückgekehrt, nie wieder der alte, wollüstige Käsemummler.« Der Schüler Bert Brecht *wußte* um den Zusammenhang zwischen der Gelbsucht und dem, daß die Jugendlichen den Lehrer »brachen«. Er ahnte aber auch etwas über frühere Verletzungen seines »besten Lehrers«: Dieser hatte »eine Professur angestrebt«, »war mit diesem Versuch aber gescheitert«.

Auch für Lebererkrankungen gilt, daß sie nicht nur psychisch, sondern vorwiegend körperlich verursacht sein können, beispielsweise die Gelbsucht und andere entzündliche Prozesse. Bei Virusinfektionen gelangen die Krankheitserreger über die Nahrung in die Leber und zerstören die Leberzellen. Wenn ein Virus, zum Beispiel durch Injektion oder Blutübertragung, unmittelbar in die Blutbahn gerät, haben die körpereigenen Abwehrkräfte keine Chance mehr, die Leber zu schützen. Außerdem können Genußgifte, Medikamente oder chemische Umweltgifte die Leber schwer schädigen. Daran sei erinnert, um nicht der einseitigen Betrachtungsweise zu erliegen, alles nur psychisch erklären zu wollen. Bei den im vorliegenden Buch angestellten Überlegungen wird der Blick allerdings auf die *psychisch* bedingten Krankheitsprozesse gelenkt.

Im großen Wörterbuch der deutschen Sprache steht, daß das Wort »Leber« vermutlich zu »leben« gehört und die Leber als »Sitz des Lebens« galt. In Redewendungen drückt sich das Wissen um das psychosomatische Reagieren der Leber aus. Wir sagen »etwas frißt jemandem an der Leber«, was bedeutet: Er hat viel Ärger oder Kummer, ohne sich aussprechen oder davon befreien zu können. Davon wird er allmählich krank. Und der Ausdruck »Dem ist etwas über die Leber gelaufen« hängt mit der alten Vorstellung zusammen, daß die Leber Sitz der Lebenssäfte und auch der Temperamente sei. Wir sprechen davon, daß jemand »frei von der Leber weg« redet: Er spricht offen aus, was er denkt und fühlt. Noch deutlicher wird der Zusammenhang zum psychischen Geschehen in der Aussage »Sich etwas von der Leber reden«: offen über das sprechen, was einen belastet und dadurch versuchen, sich von der Last zu befreien.

Aus solchen Überlegungen sehen wir, daß Körperkrankheiten immer auch ein Aufruf an die Person sind. Bei jeder Erkrankung kann sie sich fragen: Wo bin ich als Mensch krank, was »fehlt« *mir* eigentlich? Anstatt nur zu fragen: Was fehlt meiner Leber oder meinem Herzen oder meinem Magen? Wir legen damit unser Augenmerk mehr auf das Krank-*sein*, anstatt ausschließlich auf die Krank*heit*: Warum bin ich jetzt erkrankt? Weshalb gerade zu diesem Zeitpunkt? Und warum speziell an diesem Organ? Durch solche Fragen wird es möglich, *durch die Körperkrankheit mit der Seele zu »sprechen«* und mit sich selbst ins Gespräch zu kommen.

Die Geschichte von Bert Brechts »bestem Lehrer« verweist auf die Beziehung zwischen der Krankheit und dem Selbst der Person. Sie veranschaulicht, »daß Krankheit etwas mit Kränkung zu tun hat, mit einer seelischen Verletzung, einem Zusammenbruch von Idealen, dem Aufgebenmüssen bestimmter Ziele, dem Abschiednehmen von bestimmten Selbstvorstellungen hinsichtlich Leistungsfähigkeit, Begabung, Sexualität und anderem. Krankwerden in solchen Situationen ist Rückzug auf die gesicherte Bastion des Körpers ... Die körperliche Krankheit vermag ... in vielen Fällen nicht nur Schutz vor seelischer Desintegration, vor Selbstzerfall zu bieten, sie ist auch gleichzeitig schon ein Versuch zur Heilung des Selbst« (Overbeck[25]).

Überlegungen

- Beobachte ich das auch an mir, daß ich nur noch über die Krankheit spreche und nicht über mein Krank-*sein*? Womöglich könnte mir die ganzheitlich aufgefaßte Frage »Was fehlt mir?« weiterhelfen.

- Durch welche eigenen Erfahrungen war für mich erlebbar, daß Kränkung krank machen kann? Wie wurde ich gekränkt und in welcher Körperreaktion drückte sich vermutlich mein Gekränktsein aus? Habe ich Beobachtungen aus meiner Umgebung, bei denen ich hinter einer Krankheit eine Kränkung vermute?
- Kann ich »frei von der Leber weg« reden? Falls mir das nicht gelingt: Was hindert mich daran, welche Ängste tauchen auf? Bei wem könnte ich mir »etwas von der Leber reden«, damit mir nichts »an der Leber frißt«? Und wenn ich meine Angst dazu nicht überwinden kann, könnte ich versuchen, *mit* meiner Angst »frisch von der Leber weg« zu sprechen?

»Ich suchte mir das Herz zum Krankwerden aus« – Eine Jugendliche wird herzkrank

Etwa ein Viertel aller Patienten, die den Arzt aufsuchen, kommt wegen Krankheiten, die schwer faßbar sind: Beschwerdebilder aus dem Herz-Kreislauf-System, dem Magen-Darm-Trakt, dem Bewegungsapparat, den Atmungsorganen und dem Genitalbereich.

Unter »nervösen Herzbeschwerden«, verbunden mit körperlicher Gehemmtheit, litt eine junge Frau. Für ihre wiederholt auftretenden Herzschmerzen, dem Druck in der Herzgegend, das beunruhigende Herzjagen, konnte keine körperliche Ursache gefunden werden. Sie erinnerte sich jedoch an eine Unterrichtsstunde in der Schule, die ihr Leben beeinflußt hatte.

Ich war im Turnen nie besonders gut. Aber diese Turnstunde war ein Schock für mich. Ich war damals etwa dreizehn Jahre alt. Die Lehrerin hatte Strafturnen angeordnet, weil die Klasse laut gewesen war. Strafturnen hieß: Jeder mußte vorturnen für Noten. Als ich das hörte, verkrampfte sich alles in mir. Ich kam mir wie erstarrt vor, weil die Lehrerin so eisig war. So trat ich an den Barren. Ich sollte die Fechterflanke machen. Natürlich zitterte ich und machte eine jämmerliche Figur. Die ganze Klasse sah zu; sie haben zwar nicht gelacht, aber ich spürte den versteckten Spott, besonders der Lehrerin. Es war eine gräßliche Situation; ich hing am Gerät und versagte; dafür bekam ich dann eine Sechs.

Ich fühlte mich an den Turngeräten immer hilflos und ausgeliefert. Aber so schlimm wie in dieser Stunde – unter den eisigen Blicken der Lehrerin – war es noch nie. In diesen Augenblicken hat sich in mir etwas festgesetzt für mein ganzes Leben: ›Ich will nicht mehr turnen. Ich werde nie mehr turnen‹. – Ich bin dann zum Arzt gegangen und sagte, ich hätte Herzbeschwerden; es sei wohl – ich weiß nicht, wie ich darauf kam – ein Herzklappenfehler. Ich hatte so etwas mal gehört. Der Arzt untersuchte mich und schrieb mir eine Bescheinigung, daß ich nicht mehr mitturnen könne. Er beruhigte mich damit, daß es kein Herzklappenfehler sei, sondern sich nur um nervöse Herzbeschwerden handele.

Auch in den folgenden Klassen verstand ich es, eine ärztliche Bescheinigung zu bekommen, obwohl kein körperlicher Anhaltspunkt für einen Herzfehler vorlag. Aber ich hatte tatsächlich oft so einen Druck auf dem Herzen und bekam so leicht Herzklopfen, wenn ich mich aufregte. Und meine Angst vor dem Turnen war zu groß, als daß ich es hätte nochmal wagen können.

So hatte ich während meiner ganzen weiteren Schulzeit – den sechs Jahren bis zum Abitur – keine einzige Turnstunde mehr. Ich habe das einerseits genossen, wie ich so an meinem Herzfehler festhalten konnte. Es war, als hätte ich mir gedacht, ich suche mir das Herz aus zum Krankwerden. – Seit dieser Zeit fühlte ich mich aber, wie im Turnen, außerhalb der Gemeinschaft stehend. Außerdem fand ich, ich sei so dick und häßlich.

Die Angst vor dem Turnen stellte sich als Teil einer umfassenden Leistungsängstlichkeit heraus, die die junge Frau besonders während ihrer Schulzeit quälte. Es schien, als hätte sie ihre Angst nicht mehr ertragen können und unbewußt in ihre »nervöse« Herzsymptomatik umgewandelt. Diese äußerte sich immer wieder in starkem Herzklopfen, innerer Unruhe, der Angst, nicht mehr durchatmen zu können. Die Angst hat sich am Herzen festgemacht; aber das Organ selbst blieb gesund. Es schien, als drohte nicht das Herz zu versagen, sondern ihr Selbst sich aufzulösen – angesichts des Ungeschützt-Seins, in dem sie sich befand.

Zwar entstand die Angst nicht nur durch den Turnunterricht. Die bisherige Lebensentwicklung hatte wesentlich dazu beigetragen, daß das Mädchen so unsicher geworden war. Aber es wird ebenfalls deutlich, wie krankmachend sich Schule mit ihrem unbarmherzigen und unsinnigen Leistungsdruck auswirken kann. Unbarmherzig, weil Kinder nicht mit ihren Ängsten und Nöten wahrgenommen werden. Unsinnig, weil dieser Leistungsdruck die Lernleistung nicht fördert, sondern verhindert.

Diese Schülerin hat das Turnen für alle Zeit »verlernt« und dabei eine psychosomatische Funktionsstörung entwickelt. Andere Kinder »verlernen« Mathematik, Englisch, Zeichnen, Deutsch, wenn Lehrer nichts davon wissen, wie entscheidend das gefühlsmäßige Umfeld das Lernen fördert oder hemmt. Daß von solchen Tatbeständen, die die Psychoanalyse aufdecken und belegen kann, Lehrerinnen und Lehrer nichts oder zu wenig erfahren, ist grob fahrlässig. – Damit berühren wir wieder den psychosozialen Aspekt psychosomatischer Erkrankungen: die Tatsache, daß gesellschaftliche Bedingungen für das Individuum zum krankmachenden Schicksal werden können.

Solches Schicksal kann über Kinder und Jugendliche hereinbrechen, die täglich gedemütigt von der Schule nach Hause gehen: gedemütigt durch eine »gerechte« Fünf oder Sechs – wo sie doch eigentlich der ermutigenden Erfahrung bedurft hätten. Es gäbe kein Hindernis, Kinder in der Schule nicht niederdrückende, sondern aufrichtende Erfahrungen machen zu lassen, wenn wir uns vom krankmachenden Leistungs- und Rivalitätsprinzip ab- und zu mehr Humanität hinwenden würden. – Bert Brecht beschreibt die mitmenschliche Gleichgültigkeit unserer Gesellschaft und die Hoffnung, sie zu überwinden, in einem seiner Gedichte[26]:

Die Hoffnung der Welt

1

Ist die Unterdrückung so alt wie das Moos an den Teichen? Das Moos an den Teichen ist nicht vermeidbar.
Vielleicht ist alles natürlich, was ich sehe, und ich bin krank und will weghaben, was nicht wegzubringen ist?
Ich habe Lieder gelesen der Ägypter, ihrer Leute, die die Pyramiden gebaut haben. Sie beschwerten sich über die Lasten und fragten, wann die Unterdrückung aufhört. Das ist viertausend Jahre her.
Die Unterdrückung ist wohl wie das Moos und unvermeidlich.

2

Wenn ein Kind unter den Wagen kommt, reißt man es auf den Gehsteig. Nicht der Gütige tut das, dem ein Denkmal gesetzt wird. Jeder reißt das Kind vor dem Wagen weg.
Aber hier liegen viele unter dem Wagen, und es gehen viele vorüber und tun nicht dergleichen.
Ist das, weil es so viele sind, die leiden? Soll man ihnen nicht mehr helfen, da es viele sind? Man hilft ihnen weniger.
Auch die Gütigen gehen vorbei und sind hernach ebenso gütig, wie sie waren, bevor sie vorbeigegangen sind.

3

Je mehr es sind, die leiden, desto natürlicher erscheinen ihre Leiden also. Wer will verhindern, daß die Fische im Meer naß werden?
Und die Leidenden selber teilen diese Härte gegen sich und lassen es an Güte fehlen sich selber gegenüber.
Es ist furchtbar, daß der Mensch sich mit dem Bestehenden so leicht abfindet, nicht nur mit fremden Leiden, sondern auch mit seinen eigenen.
Alle, die über die Mißstände nachgedacht haben, lehnen es ab, an das Mitleid der einen mit den anderen zu appellieren. Aber das Mitleid der Unterdrückten mit den Unterdrückten ist unentbehrlich. Es ist die Hoffnung der Welt.

6. Ursachen-Vielfalt psychosomatischer Symptome

> *Alle Menschen leben in einer Welt, die von ihren bewußten und unbewußten Motiven aufgebaut ist. Ihre Erlebnisse sind die eigentliche Wirklichkeit, mit der sie umgehen. Um andere Menschen zu verstehen, müssen wir die Motive kennenlernen, die ihr Handeln und Erleben bestimmen. Es gilt, die Erkrankten in ihrer eigenen Welt zu sehen. Die Psychoanalyse hat die vorwissenschaftlichen Fähigkeiten, andere Menschen zu verstehen, zu einem wissenschaftlichen Verfahren entwickelt.*
>
> *Thure von Uexküll*

Innerseelische Konflikte zwischen Es, Ich und Über-Ich

Viele psychischen und psychosomatischen Erkrankungen sind Ausdruck eines innerseelischen Konflikts zwischen Es, Ich und Über-Ich. Sigmund Freud wollte mit seinem Instanzenmodell veranschaulichen, daß im Menschen gleichsam »mehrere Seelen« wohnen, die sich durchdringen und miteinander in Konflikt geraten können.

Das Es

Beim Es handelt es sich um das der bewußten Kontrolle durch das Ich entzogene Unbewußte. Es bezeichnet den psychischen Ausdruck der Triebe, vor allem die sexuellen und aggressiven Lebenskräfte, die »Leidenschaften«. Das Es hängt eng mit dem körperlich-biologischen Bereich des Menschen zusammen, etwa mit der Nahrungsaufnahme. Das »Es-treibt-mich« des Es steht dem »Ich-will-etwas« des Ich gegenüber. Dieser so gedachte Teil der menschlichen Seele enthält die psychische Energie, die entwicklungsgeschichtlich ältesten Schichten der Persönlichkeit, die grundlegendsten Lebensmotive, etwa den Selbsterhaltungstrieb. Das Es kann nur antreiben und wünschen. Die Antriebe des Es wollen sofort und vollständig befriedigt werden. Sie beachten dabei nicht, ob das in der Realität möglich ist; sie nehmen keine Rücksicht auf die Folgen für die Person. Das Es arbeitet ausschließlich nach dem Lustprinzip: Unlust soll vermieden werden.

Im Es sind auch jene Inhalte mit ihrer unterdrückten psychischen Energie aufbewahrt, die bereits einmal vorbewußt oder bewußt waren, aber durch die Person verdrängt wurden. Dieser unbewußte Teil der Psyche kann sich in Träumen, Phantasien, Fehlleistungen und Symptomen äußern.

Das Ich

Mit dem Ich ist sich der Mensch seiner selbst bewußt. Es steht zwischen dem triebhaften Es und dem moralischen Über-Ich. Das Ich stellt den Bezug zur Realität her, aber auch zum Es und zum Über-Ich. Es arbeitet nach dem Realitätsprinzip, indem es versucht, die Es-Impulse so zu steuern, daß sie mit der Umwelt zu vereinbaren sind. Man kann das Ich als ›Anpassungsorgan‹ des Menschen bezeichnen.

Um die Es-Impulse realitätsgerecht steuern zu können, werden Fähigkeiten des Ich ausgebildet: wahrnehmen, erinnern, vorausschauen, unterscheiden, denken, planen und lernen, einprägen, Kontrolle der Körperbewegungen. Das Ich stellt den bewußten Bezug zur Wirklichkeit her und paßt die Handlungen der Realität an.

»Eine wichtige Möglichkeit des Ich ist seine Fähigkeit zur Angstentwicklung: Das Ich ist die eigentliche ›Angststätte‹. Durch seine Funktionen wird es, zum Beispiel gegenüber dem ungestüm-blinden Anspruch des Es, zur Angstentwicklung aufgerufen. Die Angst kann, ähnlich wie die Schmerzentwicklung im Körper, schützende Gegenmaßnahmen mobilisieren« (Elhardt[27]).

Das Über-Ich

Das Über-Ich ist die durch Erziehung und andere soziale Einflüsse entwickelte Kontrollinstanz der Persönlichkeit. Es enthält die Gebote und Verbote der Eltern, die das Kind, besonders in den ersten Lebensjahren, in sich aufgenommen hat. In dieser Lebenszeit werden ihm vielerlei Normen vermittelt. Handelt es denen zuwider, löst das im Kind Angst vor Liebesverlust und Strafe aus. Den Eltern zuliebe handelt das Kind in der von diesen erwarteten Weise. Werte werden hauptsächlich in der Familie durch Identifikation mit den Eltern übernommen; aber sie stammen auch von anderen Autoritäten und der gesamten sozialen Umwelt.

Das Über-Ich arbeitet nach dem Moralitätsprinzip. Man kann in ihm zwei Aspekte unterscheiden: Der eine Aspekt kennzeichnet das Über-Ich im engeren Sinn. Er macht die verbietende, bestrafende Seite aus. Das Über-Ich schreibt dem Ich vor, was es tun und nicht tun darf. Der andere Teilbereich des Über-Ichs ist das *Ich-Ideal*: Es enthält Leitbilder, wie ein Mensch sein möchte, Vorbilder, denen er nacheifert. Der Prozeß, sich solche Ideale einzuverleiben, reicht weit in die späte Kindheit und Jugendzeit hinein. »Da die Eltern mit ihren Normen und Verboten nach wie vor eine Autorität für das Kind verkörpern, wird es auch weiterhin Handlungsprinzipien von ihnen übernehmen. Im Unterschied zu früher ist das vier- bis fünfjährige Kind jetzt aber schon fähig, sich selektiv mit der elterlichen Autorität zu identifizieren... Dazu ist eine Idealisierung der Eltern notwendig; der geliebte und bewunderte Elternteil wird zum mächtigsten Ansporn für das Kind, in einem bestimmten Verhaltens- und Einstellungsbereich so sein zu wollen wie Vater und Mutter« (Mertens[28]).

Wir unterscheiden zwischen einem strengen und einem schwachen Über-Ich. Wenn wir sagen, ein Mensch besitzt ein *strenges Über-Ich*, meinen wir, daß er in sich viele und strenge Verbote aufbauen mußte. Es kommt dann zu Spannungen zwischen dem Ich und dem Über-Ich: Das Ich möchte bestimmte Handlungen vollziehen, aber das Über-Ich verbietet diese. Menschen mit einem strengen Über-Ich leiden unter Gewissensangst, Schuldgefühlen und an übertriebener Selbstkritik. Seelisch gestörte Menschen haben oft ein strenges Über-Ich, das sie fortwährend daran hindert, ihre spontanen Wünsche zu verwirklichen.

Von einem *gut ausgebildeten Über-Ich* sprechen wir, wenn es den Menschen dort hemmt, wo dies für ihn Lebenshilfe ist, um die Realität zu bewältigen – und ihn auf der anderen Seite dort ungehemmt handeln läßt, wo er seine Aktivität, seine Spontaneität entwickelt, um etwas mit Lust und Liebe zu tun. Die Person mit einem eigenständigen Über-Ich hat klare Vorstellungen von dem, was moralisch richtig ist. Oder sie distanziert sich von seinen Wünschen, wenn dies für einen gelungenen Umgang mit der Welt notwendig erscheint.

Ein *schwaches Über-Ich* liegt vor, wenn es Kindern zu wenig möglich war, sich mit Leitpersonen zu identifizieren; sei es, daß solche Leitpersonen fehlten oder daß diese Leitpersonen zu wenig Werte erfahren ließen und keine Grenzen setzten. Man sagt dann zum Beispiel, solche Menschen seien »gewissenlos«. Das heißt: Sie hatten keine Möglichkeit, moralisches Wissen zu ihrem Gewissen zu machen.

Freud hat ursprünglich das Über-Ich mit dem *Gewissen* gleichgesetzt: Das Über-Ich sagt dem Ich ,was gut und was böse ist. Aber das Über-Ich ist nur eine – wenn auch wichtige – Grundlage des Gewissens. Aus dieser vorpersonalen Grundlage kann sich später das personale Gewissen entwickeln. Dieses unterwirft sich nicht sklavisch dem Über-Ich, sondern kann sich in bewußter Entscheidung auch gegen die Inhalte des Über-Ich wenden. Denn die im Über-Ich aufbewahrten Gebote und Verbote der geliebten und gefürchteten Eltern müssen nicht unbedingt »richtig« sein.

Zum Teil ist das Über-Ich eine unbewußte Instanz. Das Ich-Ideal hat dann nicht mehr den Wunschcharakter: »So möchte ich sein«, sondern den nicht greifbaren Zwang: »So muß ich sein.« – Unbewußte Über-Ich-Anteile kommen zum Beispiel auch in unbewußten Strafbedürfnissen zum Ausdruck.

Nachdenken über die eigene Person

- Wie schätze ich mein eigenes Über-Ich ein? Bekomme ich leicht Schuldgefühle oder ein schlechtes Gewissen, wenn ich mich nicht so verhalte, wie die »Eltern« – im erweiterten Sinn – es erwarten?
- Welche Ich-Ideale sind für mich leitend? Wie möchte ich sein? Oder wie muß ich sein – vielleicht gegen meine Person, weil mein Über-Ich so streng ist? Kann ich in einem für mich befriedi-

genden Ausmaß tun, was ich mit »Lust und Liebe« tun möchte? Kenne ich Lebensbereiche, in denen mein Über-Ich besonders streng mit mir verfährt?

- Kann ich mich gegen Teile meines Über-Ich stellen – zum Beispiel mich distanzieren von Inhalten, die den Eltern und Vorgesetzten viel bedeuten? Merke ich vielleicht in bestimmten Situationen zu wenig, daß ich nicht mehr folgsames Kind sein muß, sondern erwachsen handeln kann – und daß die Folge meines »Ungehorsams« eine bessere, nämlich reifere Beziehung ermöglicht?
- Kann ich wegkommen vom fortwährenden Überlegen, was ich »machen« muß um allen Ansprüchen zu genügen – und mehr danach fragen, wie ich leben möchte, um dann zu versuchen, mein Leben sinn-erfüllt zu gestalten?

Schreibkrampf und Lernstörung verhindern das Studium – In passiver Erwartung nicht handeln können

Egon S. hatte eine psychoanalytische Therapie begonnen, weil er sein Studium nicht fortsetzen konnte. Sein Leitsymptom war eine Verkrampfung der rechten Hand, die ihm das Schreiben – und damit das Studium – unmöglich machte. Zuletzt vermochte er nicht mehr zu schreiben, weil er mit der Hand nicht weiterrücken konnte oder weil es ihm die Hand nach rechts wegriß. Diese Störung war in den vergangenen zwei Jahren zunehmend stärker geworden.

Untersuchungen durch Fachärzte, in der medizinischen Poliklinik und in der Nervenklinik, erbrachten das Ergebnis, daß eine organische Ursache der Schreibstörung ausgeschlossen sei. Wiederholte Untersuchungsgespräche und eine testpsychologische Untersuchung in der Klinik ließen vermuten, daß die Erkrankung psychogen und Symptom einer Neurose war. In der nachfolgenden psychoanalytischen Therapie zeigte sich deutlich, daß die Schreibstörung nicht nur durch eine einzige Ursache, sondern durch mehrere Ursachen bestimmt war.

Egon S. steckte in einer ausgeprägten passiven Erwartungshaltung. Diese hinderte ihn daran, sein Studium zu gestalten und sich mit seinen Lebensproblemen eigenständig auseinanderzusetzen. Er war ständig darauf angewiesen, daß »es sich ergibt«, wie er immer sagte. Dabei entstand eine starke Spannung zwischen seinen geheimen Riesenansprüchen und der Unfähigkeit, etwas konstruktiv aufzubauen. Aus seinen unbewußten Erwartungen heraus hoffte er, »irgendwie« würde das Examen schon klappen; es ergäben sich vielleicht »günstige Umstände«; durch Zufälle könnte es gut gehen; die Prüfer würden ihm entgegenkommen oder die Mitstudierenden ihm helfen.

Die Bequemlichkeitshaltung entsprang einer starken Verwöhnung, die seit der oralen Phase – also etwa im ersten Lebensjahr – sein Leben begleitete. Von Anfang an wurde ihm von einer oral verwöhnenden Mutter alles »eingeflößt«. Er konnte nie richtig Hunger entwickeln, weil jede Unlust sofort mit Essen beseitigt wurde. Bevorzugte Speisen waren Brei und Nudelgerichte, weil er da nicht zu beißen brauchte. – Noch heute bereitete die Mutter täglich dicke Weißbrotschnitten mit Butter und Marmelade, verpackte diese, zusammen mit einer Thermosflasche heißen Kaffees und einer Banane in eine eigene Brotzeittasche und reichte sie ihrem Sohn, wenn er aus dem Hause ging. Er brauchte keinen Wohnungsschlüssel einzustecken, denn die Mutter war selbstverständlich immer daheim, wenn er zurückkam.

Durch all dies konnte Egon S. keine Erfahrungen damit sammeln, wie das ist, wenn man sich durch etwas »durchbeißen« muß, sich eigenständig etwas »einverleiben« muß im erweiterten Sinn dieses Wortes. *Er lernte nicht zugreifen und zupacken.* Die Verwöhnungssituation, die bis in die Zeit seines Studiums andauerte, war einerseits bequem und angenehm für ihn. Andererseits aber war er nur noch in der Lage, passiv zu erleben und mußte sich zunehmend hilflos und ausgeliefert vorkommen. Sein Lähmungs-Symptom konnte auch als Ausdruck dieser weitgehenden Aktivitätslähmung verstanden werden: Die Hand als »Zugreif-Organ« war verkrampft und blockierte das Arbeiten.

Auch die Bewegungsimpulse von Herrn S. wurden stark behindert. In der motorisch-aggressiven Entwicklungsphase des zweiten und dritten Lebensjahres ist es für Kinder ein existentielles Bedürfnis, sich zu bewegen. Das Kind kann nun stehen, laufen, auf die Welt zugehen und bekommt dadurch einen neuen, unmittelbaren Kontakt zu Menschen und Dingen. Sich frei bewegen zu können wird begleitet von Gefühlen der Freude, der eigenen Kraft und Freiheit. Deshalb ist die Bewegung bedeutsam dafür, wie sich das Selbstvertrauen entwickelt.

Ursprünglich war Egon S. ein lebhaftes Kind gewesen, was aber zu Konflikten mit den Eltern geführt hatte. Diese konnten das »unruhige Wesen« nicht vertragen und taten alles, um die ungestüme Entfaltung der Bewegungsimpulse zu bremsen. Zur Zeit seiner Erkrankung war er ein Mensch, der wie eine Marionette lief; es sah aus, als müßte er jeden Schritt kontrollieren. Alle Körperbewegungen hatten etwas Unrhythmisches an sich. Die Mitbewegung der Arme – soweit überhaupt vorhanden – war nicht in die natürliche Bewegung beim Gehen eingebettet, sondern lief wie isoliert ab.

Der Student konnte in körperlicher wie seelischer Hinsicht *keine »eigene Bewegung« herausbilden.* Die Motorik wurde gleichsam von ihm entfremdet und nicht in seine Persönlichkeit einbezogen. So erlebte er es als etwas Fremdes, daß ihm, wie er sagte, »die Hand nicht gehorchte«. Seine Eigenbewegung war aber nicht nur im Körperlichen gestört, auch geistig wurde er zunehmend unbeweglicher. Er war schwerfällig im Denken und empfand keine Freude, sich intellektuell auseinanderzusetzen.

Außerdem zeigte sich bei ihm eine stark gehemmte Aggression. Er wurde von klein auf zum Bravsein erzogen. Die aggressiven Handlungen, an die er sich aus der Kindheit erinnerte, wurden von der Mutter mit tagelangem »Betrübtsein« bestraft und vom Vater durch Mißachtung. Weil das Kind seine gesund-aggressiven Impulse niederdrückte, lernte es nicht, sich zu wehren oder gar fordernd und an-greifend auf die Welt zuzugehen. In der Schule galt Egon S. deshalb als »Waschlappen« und wurde von den anderen nicht in die Gruppe planender, scherzender, spielender und raufender Jungen aufgenommen. Die Lehrerin hingegen hatte viel Freude an dem »immer braven, stillen und folgsamen Kind«. In Schulzeugnissen wurde er gelobt: »brav und fleißig«, »bescheiden und ordentlich«, »der ruhige Schüler erfreute durch ein stets tadelloses Benehmen«.

So lernte der Heranwachsende nicht, sich durchzusetzen. Er mußte sich ausnützen lassen, wo es gegolten hätte, eigene Rechte zu beanspruchen. Unbefangen zuzupacken und sich zu wehren, war für ihn angstbesetzt und mußte vermieden werden. Daß die rechte Hand lahmgelegt war, drückte körperlich aus, wie es ihm seelisch ging: Er konnte nicht handeln und nicht gestalten.

Die Wechselbeziehung zwischen psychischem Erleben und den körperlichen Erscheinungen wurde in manchen psychotherapeutischen Stunden besonders deutlich. Bei aggressiven Themen zeigten sich Körperempfindungen, die der Student als »komisches Gefühl« in der rechten Hand beschrieb: Es ziehe sich etwas zusammen, die Hand rumore, es rühre sich etwas. – In anderen Stunden begann er am ganzen Körper zu beben und zu zittern, wenn aggressive Probleme durchgearbeitet wurden. Er sagte dann: »Sexuelles und Aggressives regt mich besonders auf.« Diese Beobachtungen bestätigen, daß der erkrankte junge Mann dazu neigte, psychisches Erleben unmittelbar in körperliche Reaktionen umzusetzen. Damit konnte sein Schreibkrampf besser verstanden werden: Dieser erschien als *körperliche Entsprechung für den inneren Zwang, sich lahmzulegen.* Verkrampfung und Selbstlähmung traten vor allem dann auf, wenn er sich ärgerte oder wenn er wütend sein wollte.

Die gestörten Entwicklungsphasen und Antriebsbereiche stehen nicht so unverbunden nebeneinander, wie ich es hier darstelle. In Wirklichkeit sind sie eng miteinander verflochten. Bei der aggressiven und oralen Seite stellt sich das zum Beispiel so dar: Orale Verwöhnung kann zugleich Mittel der Aggressionsunterdrückung sein; die Mutter hält ihr Kind durch das orale Überangebot auf der Stufe des Säuglings fest. So ist es für das Kind von vornherein schwierig, aggressive Antriebsimpulse zu entfalten.

Zusammenhänge zwischen Schreibkrampf und sexueller Fehlentwicklung traten deutlich zutage. Egon S. hatte zeitlebens Sexualität als Sünde empfunden; daran konnte bei ihm auch die Flut von Zeitschriftenartikeln, Aufklärungsbüchern und Filmen nichts ändern. Sexuelles war für ihn mit Schuldgefühlen und Strafängsten gekoppelt, weil ihm Eltern und Priester früh mit schlimmen Strafen drohten, für den Fall, daß er sündige. Trotz späterer gegenteiliger Informationen hatte sich die Meinung unkorrigierbar in ihm festgesetzt, Onanieren würde krank machen. Hierbei spielten eng aufgefaßte kirchliche Vorschriften eine Rolle. – Wie problematisch die Sexualität für den jungen Mann war, zeigte die bei Beginn der Behandlung geäußerte Ansicht: Er sei froh, daß das sexuelle Verlangen im letzten halben Jahr nachgelassen habe. Das war genau jenes Halbjahr, in welchem der Schreibkrampf sich bis zur Schreibunfähigkeit gesteigert hatte.

Um der von ihm befürchteten Bestrafung zu entgehen, mußte Egon S. alles tun, um sexuelle Regungen zu unterdrücken. Es schien, als hätten sich bei ihm Sexualität und Aktivität unbewußt verknüpft: Nur wenn ich in jeder Hinsicht passiv bin, kann ich nichts Verbotenes tun. Seine Träume konnte der junge Mann allerdings nicht »abstellen«, wie er das gern getan hätte. Die häufigen sexuellen Traumbilder waren ihm besonders unangenehm. Aber nur noch im Traum konnte das Verdrängte hochkommen.

Auch die Wißbegierde wurde durch die verdrängte Sexualität geschädigt. Der Student klagte über seine immer größer werdende Interesselosigkeit: »Es ist, als dürfte ich überhaupt nichts sehen.« – Im Zusammenhang damit, daß er gern eine Freundin mit Busen gehabt hätte, erzählte er von seinen Wünschen, Bardamen anzusehen. Dazu sagte er im gleichen Atemzug: »Aber es wäre mir lieber, wenn mir weniger an den Bardamen läge, wenn ich gleichgültiger und nicht so neugierig wäre.« Unterdrückte Schau-Impulse wurden zu einem Nicht-sehen-Können und Nicht-wissen-Dürfen.

Egon S. mußte in seiner Entwicklungsgeschichte ein strenges Über-Ich aufbauen: Die elterlichen Ge- und Verbote, die er in sich aufgenommen hatte, waren unerbittlich. Deshalb war zu vermuten, daß neben den bereits erwähnten Verursachungsmomenten ein starkes Strafbedürfnis den Schreibkrampf mitbestimmte. Der junge Mann selbst war davon überzeugt, daß seine Erkrankung die Folge sexueller »Verfehlungen« darstellte. So hatte er auf den Beginn der Onanie – etwa im elften Lebensjahr – mit einem Ausschlag am ganzen Körper reagiert. Diese Hauterkrankung betrachtete er als folgerichtige Strafe für seine »schwere Sünde«. Auch eine spätere Hodenentzündung war für ihn nichts anderes als die verdiente Heimsuchung für das Onanieren. Den Schreibkrampf hatte er von anfang an als *Bestrafung für seine sexuellen Wünsche* – eben die Selbstbefriedigung mit der rechten Hand – erlebt.

Wie unmittelbar psychische Problematik und Körpersymptom zusammenhängen, zeigte sich oft in Behandlungsstunden. So erzählte er zum Beispiel von seinen geheimen Wünschen, eine vollbusige Frau zu haben und sie berühren zu dürfen. Dazu sagte er: »Aber vor der Berührung meiner Bekannten würde ich mich hüten; sie weist es zurück, wenn ich sie am Busen anfassen möchte.« – Nach wenigen Minuten berichtete er, daß ihm jetzt seine rechte Hand eingeschlafen sei.

Manche Träume deuteten darauf hin, daß der Schreibkrampf womöglich auch mit Eigentumsdelikten – wenn auch harmloser Natur – zu tun hatte. Die Vermutung eines unbewußten Strafbedürfnisses lag nahe, weil auch bei der Besprechung dieser Thematik die rechte Hand zweimal eingeschlafen war. – So konnte der Schreibkrampf vielleicht auch hier die unbewußte Aufgabe einer Sühneleistung haben.

Was den Studenten krankmachte, war also auch der Konflikt zwischen intensiven Wünschen und moralischen Anforderungen. Er wünschte sich sexuelles Erleben; er hegte starke aggressive Gedanken. Aber diese vertrugen sich nicht mit den strengen Verboten und Geboten seines Über-Ich. Im Lahmsein und »Nicht-folgen« der rechten Hand mag zwar noch der Impuls zum Onanieren oder Stehlen oder »Busen berühren« enthalten sein. Die »böse Tat« wird jedoch durch die Verkrampfung der Hand verhindert; gleichzeitig bestraft diese den »Täter«.

Für viele Patienten mit unerklärlichen und einer Therapie widerstehenden Schmerzen oder Behinderungen scheint *Krankheit als Strafe* ein wesentlicher psychologischer Vorgang zu sein, »der zu einem seelischen Gleichgewicht zwischen Es und Über-Ich führt... Bei Migräneanfällen ist bekannt, daß diese oft einsetzen, wenn der Betroffene von heftigen aggressiven Vorstellungen und Gefühlen einer nahen Bezugsperson gegenüber ergriffen ist... Man könnte sagen, solchen Patienten geht es nur gut, wenn ihnen etwas weh tut, wobei bevorzugt die Organe betroffen sind, die tatsächlich oder nur in der Phantasie ›gesündigt‹ haben« (Overbeck[29]).

Selbstbestrafung aus unbewußten Schuldgefühlen heraus ermöglicht die spannungsfreie Beziehung zwischen Ich und Über-Ich. Die Strafe erlaubt ein relatives Wohlbefinden und ein erträgliches psychisches Gleichgewicht. Der Patient fühlt sich nach der Bestrafung wie nach einer Bußübung wieder wohl. Mit dem Leiden büßt er für die vom Über-Ich abgelehnten Wünsche und Handlungen.

Krankheitsgewinn – Vermeiden, sich mit Konflikten auseinanderzusetzen

Eine Ursache dafür, daß die Symptomatik des Studenten aufrecht erhalten wurde, war der Krankheitsgewinn. Herr S. bezog Vorteile aus seiner Schreibstörung; diese machte ihm den Krankheitsrückzug möglich. Er konnte sich von vielem fernhalten, was für ihn schwierig war. So paßte es ihm zum Beispiel, die Examensvorbereitung aufzuschieben. Er wurde sehr fordernd gegenüber Ärzten und dem Therapeuten, wenn es galt, neue ärztliche Atteste vorzulegen, die bestätigen sollten, daß er nicht studieren könne.

Die engere Umgebung »schonte« ihn. Seine Krankheit wurde respektiert, und er bekam auch noch mitleidvolle Zuwendung. Besonders die Mutter wandte sich dem Sohn fürsorglich zu und festigte so die symbiotische Beziehung, in der sich beide befanden. So konnte Egon S. verhältnismäßig entlastet und konfliktfrei leben. Er wurde als Kranker akzeptiert und genoß die Vorteile, die ihm aus der Krankenrolle zuflossen. Von der Verantwortung des Studiums und künftiger beruflicher Verpflichtungen war er befreit. Dazu kamen zweitweilig wohltuende medizinische Behandlungsmaßnahmen wie Massagen, Bäder und Bestrahlungen. All dies führte dazu, daß der Leidensdruck des Erkrankten gering war.

Was wir zum Krankheitsgewinn sagten, bezieht sich nicht auf ein bewußtes Verhalten des Erkrankten, etwa im Sinne der Vortäuschung einer Krankheit (Simulation). Es ist eine unbewußte Konfliktlösung für die nicht akzeptierten Passivitäts- und Abhängigkeitswünsche, die unerlaubten aggressiven und sexuellen Impulse. Das Schonklima, in dem sich der Student befand, verstärkte gleichzeitig die Symptomatik.

Die Psychotherapie wurde für den Patienten zur größten Bedrohung. Sie mußte ja dazu führen, sich von der Mutter abzulösen, die Verwöhnungssituation aufzugeben, mit den Anforderungen der Realität konfrontiert zu werden, sich mit den angstmachenden aggressiven Regungen und sexuellen Wünschen auseinanderzusetzen. Das weckte so große Ängste in dem jungen Mann, daß er die begonnene Psychotherapie nicht fortsetzen wollte.

Der Krankheitsgewinn kann auch bei anderen psychosomatischen Erkrankungen eine für die Behandlung hinderliche Rolle spielen: »Für den Magenkranken werden nur bestimmte Speisen gekocht, die er mag; Kopfschmerzen erlauben es, eine Einladung abzusagen oder sich einer unangenehmen Aufgabe zu entziehen und sie anderen zuzuschieben; das asthmakranke Kind lernt, daß es noch nicht zu Bett muß oder nicht allein zu schlafen braucht, wenn sich möglicherweise ein Asthmaanfall abzeichnet... Wenn zum Beispiel ein Ulcuskranker durch die Krankheit eine Sonderrolle erreicht, daran festhält und sich darin verwöhnen läßt, entspricht das... der schuldfreien Erfüllung der konflikthaften oralen Bedürfnisse, die ursprünglich zur Krankheit führten. Wenn die Ehefrau eines Patienten, der einige Zeit nach der Operation wieder Beschwerden bekommt, von ihrem Mann ärgerlich sagte, daß er scheinbar ›seine Krankheit brauche‹, so macht sie gerade darauf aufmerksam, daß sich ihr Mann offensichtlich mit seiner Krankheit – und auch nur über diese – bestimmte Wünsche nach liebevoller

Zuwendung, Rücksichtnahme und Schonung über Pflege und besondere Diätzubereitungen erfüllen konnte« (Overbeck[29]).

Auf der anderen Seite des Krankheitsgewinns steht eine umfassende Persönlichkeitseinschränkung, wie wir am Beispiel des an Schreibkrampf erkrankten Egon S. sehen. Menschliche Lebensmöglichkeiten wie das Lieben- und Arbeitenkönnen sind zerstört. Der Kranke ist nicht in der Lage, die Schwierigkeiten der äußeren Realität so zu verändern, daß er besser leben kann, sondern er verändert seine eigene Person durch das Kranksein. Wichtige menschliche Erlebnisbereiche werden von der Person abgespalten. Sie schädigt sich selbst und verzichtet darauf, eigenständig zu leben.

Es ist eine Allmachtsphantasie, zweifelsfrei erklären zu wollen, wie menschliches Kranksein zustande kommt. Unumstößlich ist jedoch, daß die soziale Umwelt des Kranken für seinen Weg in die Krankheit bedeutsam ist. »Für Diagnose und Therapie wurde es zu einem Leitsatz, daß man etwas von den Verflechtungen eines Kranken mit seiner unmittelbaren und weiteren Umwelt wissen müsse, um eine zutreffende Beurteilung, sei es seiner psychischen, sei es seiner vordringlich körperlich sich äußernden Störungen wagen zu können« (Mitscherlich[30]).

»Das macht mich noch krank!« – Hintergründe einer Magenschleimhautentzündung

Am folgenden Beispiel möchte ich die jeweils vielfältig verflochtenen Ursachen psychosomatischen Krankseins erläutern. Der Seufzer »Das macht mich ganz krank« bezieht sich meist nicht darauf, daß ein Mensch unmittelbar körperlich beeinträchtigt ist; er verweist vielmehr auf eine belastende psychische Situation. Für Lehrerinnen in der Schule kann dies so aussehen: Der Direktor nörgelt an Kleinigkeiten herum; ein Schüler schreit dauernd aggressiv dazwischen; die Klasse ist uninteressiert an den Lerninhalten, und der Lehrer muß gegen eine Wand von Gleichgültigkeit anrennen; im Kollegium herrscht eine Atmosphäre des Mißtrauens und heimlicher Machtkämpfe; Schülereltern beklagen sich zu Recht oder zu Unrecht.

Bei einer Lehrerin, Frau L., erfüllte sich dieses Wort. Sie sollte Beamtin werden und erwartete deshalb den Schulrat zu der für sie entscheidenden Visitation. Wegen früherer Erfahrungen befürchtete sie, daß mit dem Vorgesetzten nicht gut zu reden sei. Sie rechnete eher damit, machtbehauptend zensiert zu werden und meinte, ihre pädagogische Einsatzfreude würde zu wenig zählen. Der Schulrat könnte ihren mangelnden Ordnungssinn rügen und ihre unterrichtliche Spontaneität nicht akzeptieren. Ihr erschien die Lernbereitschaft der Schüler wichtig, aber das würde vermutlich zu wenig beachtet. Wegen all dieser Vorurteile, Befürchtungen und der damit verbundenen Angst vor einer schlechten Note, lag der Lehrerin die bevorstehende dienstliche Beurteilung »im Magen«.

Jeden Morgen spürte sie einen »Druck in der Magengegend«. Schließlich ließ sie sich wegen einer Magenschleimhautentzündung ärztlich behandeln und kommentierte ihre Erkrankung mit dem Satz: »Jetzt kommt auch das noch dazu!« – Sie sah ihre Magenschmerzen nicht im Zusammenhang mit ihren Ängsten, ihrer Anspannung, ihrem unterdrückten Ärger. Denn sie hatte jenes trennende Denken eingeübt, das auf körperliche *oder* seelische Vorgänge bezogen ist. Die leib-seelische Gleichzeitigkeit nahm sie nicht wahr.

Durch konfliktbearbeitende Gespräche in einer Fallbesprechungsgruppe (Balint-Gruppe) vermochte sie allerdings deutlicher wahrzunehmen, was sie erlebte und wie sie sich verhielt. Sie merkte, wieviel sie in diesen Tagen in sich »hineinfraß«. Die Gruppengespräche lockerten die Abwehr gegen ihre Angst. So konnte sie den Zusammenhang zwischen der bevorstehenden »Prüfungssituation« und ihren Magenschmerzen deutlicher spüren. Das »flaue Gefühl« im Magen und der nachfolgende Druck kamen immer dann auf, wenn sie sich in Gedanken mit der gefürchteten Situation befaßte. – Weil sie aber meinte, sich stark zeigen zu müssen, konnte sie mit niemandem darüber sprechen, wie beunruhigt sie war. Was sie nicht sagen konnte, »sagte« schließlich ihr rebellierender Magen.

Die Lehrerin scheute sich davor, den ängstlichen Konflikt deutlich wahrzunehmen und ihn auszutragen. Deshalb tat sie so, als sei alles in Ordnung. Ihre unterdrückte Angst bezog sich auch darauf, daß sie dem Vorgesetzten eigentlich mitteilen wollte, wie anders sie denkt und wie schlecht sie sich in den früheren Begegnungen von ihm behandelt gefühlt hatte. Am liebsten hätte sie sich gewehrt und ihm ins Gesicht gesagt, wie erbittert sie wegen ihm war. Aber damit hätte sie gegen ihr »allseits geschätztes freundliches Wesen« verstoßen. Sie mußte befürchten, nicht mehr angenommen zu werden. Die Fragen in dem Gedicht von Peter Turrini [31] waren ihre Fragen:

Wie lange noch
werde ich alles hinunterschlucken
und so tun
als sei nichts gewesen?

Wie lange noch
werde ich auf alle eingehen
und mich selbst
mit freundlicher Miene
vergessen?

Wie lange
müssen sie mich noch schlagen
bis dieses lächerliche Grinsen
aus meinem Gesicht fällt?

Wie lange noch
müssen sie mir ins Gesicht spucken
bis ich mein wahres
zeige?

Wie lange
kann ein Mensch
sich selbst nicht lieben?

Es ist so schwer
die Wahrheit zu sagen
wenn man gelernt hat
mit der Freundlichkeit
zu überleben.

Die Lehrerin meinte zunächst, ihre Magenschleimhautentzündung sei nur Sache des Magens. Sie überlegte, was sie Unbekömmliches gegessen haben könnte. Erst als sie sich in psychologischen Gesprächen genauer mit der Situation einließ, merkte sie, daß ihr Kranksein mehrfach bedingt war:

- Die Magenschleimhautentzündung war ein körperliches Problem insofern, als bei dieser Lehrerin gerade der Magen besonders empfindlich auf Angespanntsein reagierte.
- Die Erkrankung war ein individuelles psychisches Problem. Frau L. hatte leicht Angst: und zwar aus der lebensgeschichtlichen Erfahrung heraus, daß sie nur dann akzeptiert wird, wenn sie tüchtig ist und sich anpaßt. Weil sie ihre Angst nicht ausdrücken durfte, sondern »tapfer« bei sich behalten, also »runterschlucken« mußte, schlug es sich ihr auf den Magen, daß sie beunruhigt war.
- Die psychische Seite der Erkrankung hatte auch Beziehungsaspekte. Die Lehrerin sagte zum Beispiel: »Ich würde mich schämen, über meine Angst vor dem Schulrat mit anderen zu reden; die würden mich ja doch nur auslachen.« Sie konnte nicht darauf vertrauen, von den anderen mit ihrer Not angenommen zu werden. Und sie fühlte sich offensichtlich der gesellschaftlich verbreiteten Norm verpflichtet, sich stark und nicht »schwach« zu zeigen.
- Zum gesellschaftlichen Problem der Erkrankung gehört, daß sich erwachsene Menschen überwachen, kontrollieren und reglementieren lassen müssen, obwohl sie ihre Berufsausbildung erfolgreich abgeschlossen und bereits viel Erfahrung haben. Lehrerinnen und Lehrer werden fortlaufend mit fragwürdigen Maßstäben gemessen und oft recht willkürlich zensiert. Diese institutionalisierte, angstmachende Kontrolle führte bei der Lehrerin zu

psychosomatischen Reaktionen. Ihre Erkrankung ist überdies auf dem Hintergrund der gesellschaftlichen Bedingung »Arbeitslosigkeit« zu sehen, die einen unbarmherzigen Leistungs- und Rivalitätsdruck ausübt.

- Bei der Magenschleimhautentzündung der Lehrerin handelte es sich demnach auch um eine psychosoziale Erkrankung. Die sozialen Bedingungen der Schule wirkten sich auf das psychische Erleben störend aus: nämlich die Bedingung der Spontaneitätsunterdrückung durch die Schulbehörde, der Drohung, nicht angestellt zu werden, falls sie sich nicht an die Vorschriften hielte und des Angstdrucks, dem sie sich ausgeliefert fühlte.
- Dies verweist auf das politische Problem: auf die Frage, wie sich die Person im staatlichen Bereich entfalten kann; ob ihre Entwicklung geschützt, gefördert oder unterdrückt wird. Im Falle der Lehrerin ist die kleinmachende Visitation und Zensur Ausdruck staatlicher Überwachung. Macht- und Ohnmachtspositionen bildeten einen wesentlichen Hintergrund dafür, daß sie krank wurde.

Das Beispiel kann zeigen: Überlegungen zu den Ursachen körperlicher Erkrankung führen zu psychischen Hintergründen, sozialen Bedingungen und politischen Verhältnissen. Eine ursachenorientierte Therapie darf folglich nicht nur den körperlichen oder den individuell-entwicklungsgeschichtlichen Aspekt im Auge haben, sondern muß auch den psychosozialen und gesellschaftlichen berücksichtigen. Das heißt: Psychotherapie begnügt sich nicht damit, die Angst zu »beseitigen« oder die Lehrerin angepaßter zu machen. Sie schließt ein, die Person aus dem Zustand der Abhängigkeit zu befreien, ihr zu Selbständigkeit zu verhelfen. Frei gewordene individuelle Kräfte erhalten die Chance, sich gegen gesellschaftliche Einschränkungen zu wehren und auch selbst in die Gesellschaft hinein zu wirken.

Es ging in den Gesprächen mit Frau L. zunächst darum, ihre Ängste anzunehmen, damit auch sie selbst sie besser annehmen konnte. Die zugelassenen Ängste wurden in Beziehung gesetzt zu der individuellen Lebensgeschichte. Durch die Angstwahrnehmung wurde es möglich, die Gefahren ausfindig zu machen, von denen sich die Lehrerin bedroht fühlte. Bei dieser Realitätsprüfung zeigte sich zum einen, daß die Ängste nicht der tatsächlichen Bedrohung entsprachen. Zum andern wurde für die Lehrerin begreifbar, daß sie nicht in kindliche Ohnmacht fallen mußte, sondern »erwachsene« Möglichkeiten hatte, die bedrohliche Wirklichkeit zu verändern.

Denkanregungen

- Kenne ich von mir selbst auch Aussprüche wie : »Das macht mich noch ganz krank«? In welchen Situationen sage ich diesen Satz?
- Kann es sein, daß es mir manchmal wie der Lehrerin Frau L. ergeht: Ich leide unter einem Körpersymptom und nehme womöglich nicht wahr, daß dieses mit einer belastenden Lebenssituation zusammenhängt?
- Schaue ich bestimmte Konflikte in der Familie oder im Beruf nicht hinlänglich an oder verleugne ich sie gar? – Der Sinn psychosomatischen Krankseins kann dann darin liegen, aus starren, eingefahrenen Geleisen herauszutreten und neue Lebensmöglichkeiten zu entdecken.
- Wie tief steckt die leistungsgesellschaftliche Haltung in mir, der Mensch sei hauptsächlich an seiner Stärke und Leistungsfähigkeit zu messen – Schwäche hingegen und alles, was mit Gefühlen zu tun hat, seien Minusmerkmale?

7. Die in den Körper verschobene Angst

Angst kann uns aktiv machen – und sie kann uns lähmen. Angst ist immer Signal und Warnung bei Gefahren; sie enthält gleichzeitig einen Aufforderungscharakter, nämlich den Impuls, sie zu überwinden. Das Annehmen und Meistern der Angst bedeutet einen Entwicklungsschritt, läßt uns reifen. Das Ausweichen vor der Angst und vor der Auseinandersetzung mit ihr läßt uns dagegen stagnieren; es hemmt unsere Weiterentwicklung und läßt uns dort kindlich bleiben, wo wir die Angstschranke nicht überwinden.

Fritz Riemann

Es kann aus Angst in die Hose gehen – Weinen durch die Blase

Bei allen psychosomatischen Erkrankungen gehört Angst zur wesentlichen Ursache des Krankseins. Jeder Mensch spürt die Angst auch im Körper. Mancher hat sein spezielles »Angst-Organ«, an dem sich die Angst ausdrückt. In Redewendungen ist festgehalten, daß *Angst und Körperreaktion gleichzeitig ablaufen:*

Dem einen bleibt vor Angst die Luft weg, während dem andern die Angst schier den Magen abdrückt oder er »Schiß« bekommt. Ein weiterer wird bleich vor Angst und gibt keinen Tropfen Blut mehr her.

Es gibt Menschen, die sind vor lauter Angst ihres Wortes nicht mehr mächtig, können kein Glied mehr rühren, sind vor Entsetzen gelähmt, stehen wie versteinert da oder erstarren zur Salzsäule. Manche zittern vor Angst und werden weich in den Knien; oder sie klappern mit den Zähnen. Vielen bleibt vor Angst die Spucke weg; oder es schnürt ihnen vor lauter Angst die Kehle zu; oft sitzt die Angst im Nacken. Während dem einen der Angstschweiß ausbricht, bekommen andere eine Gänsehaut; oder es läuft ihnen kalt den Rücken hinunter. Manche bekommen Herzklopfen, es erstarrt ihnen das Blut in den Adern, sie sind zu Tode erschrocken, oder es bleibt ihnen vor Angst das Herz stehen; womöglich sterben sie gar vor Angst.

Kinder leben ihre seelischen Stimmungen stark im Leiblichen. Erst wenn sich ihre Sprache zunehmend entwickelt, tritt die Körpersprache zurück. Ein Säugling kann zum Beispiel nicht Nein sagen – aber er kann dieses Nein körperlich ausdrücken: etwa indem er erbricht.

Manche machen vor Angst in die Hose, so wie dies Cordelia Edvardson in ihrem Buch »Gebranntes Kind sucht das Feuer« aus ihrer Kindheit berichtet:

Das Kind sollte Kind unter anderen Kindern sein. Mit Schaudern erinnert sie sich der Gelegenheit, als man sie zwang, die Eintrittskarte zu der verhaßten Welt des Kameradenkreises zu bezahlen.
Vor dem Haus gab es ein Rasenplätzchen mit einem kaum halbmeterhohen Zaun. Die Kinder der Nachbarschaft balancieren auf dem Zaun und hopsen hinauf und hinunter, flink wie die Eichhörnchen – oder Wiesel. Das Mädchen steht abseits und wagt es nicht. Kindereien, die mitzumachen ich keine Lust habe, damit tröstet sie sich. Der Stiefvater beobachtet die Szene vom Fenster aus, kommt heraus und hebt sie mit festem Griff auf den Zaun: »Spring doch! Es ist nicht gefährlich. Alle andern tun's doch auch!« Aber sie ist nicht wie alle anderen, sie will nicht, kann nicht, traut sich nicht. Vorsichtig und so unauffällig wie möglich klettert sie wieder vom Zaun hinab, aber es gibt kein Erbarmen, sie wird wieder hinaufgehoben, die anderen Kinder haben aufgehört zu springen und gucken das komische, neue Mädchen erstaunt an. Sie spürt, daß die Großmutter wieder einmal die nassen Schlüpfer heimlich wird waschen müssen. Sie macht die Augen zu und springt. Sie fühlt keinen Triumph.
Nur wenige Jahre später springt das Mädchen trotz aller Verbote wieder und wieder vom höchsten Sprungbrett der Schwimmhalle. Da sie die Technik nicht beherrscht, schlägt sie sich jedesmal halb zuschanden.

Die Großmutter mußte wieder einmal »die nassen Schlüpfer waschen«. Dem hilflosen Kind war es nicht möglich, seine Angst zu bearbeiten und zu überwinden. Es konnte aus der Angst keine Kraft wachsen lassen, um etwas neu zu gestalten. Vielmehr tat es sich Gewalt an, unterdrückte die Angst und »schlug sich zuschanden«. Hier wird deutlich, wie selbstverletzend es ist, die Angst zu überspringen. Das Mädchen mußte sich – um seelisch zu überleben – gewaltsam »Mut« antrainieren; es konnte seine Angst nicht wirklich überwinden, weil ihm niemand dabei half.

Einnässen ist eine bei Kindern häufig vorkommende psychosomatische Störung. Wie hängt nun eigentlich beim Tag- oder Bettnässen die Gefühls-Situation mit der gestörten Ausscheidung zusammen? – Der Harndrang kann bei unterschiedlicher Füllung der Blase verspürt werden. Daß sich die Blasenmuskulatur dem jeweiligen Füllungsstand anpaßt und die Blase rechtzeitig entleert wird, regelt das vegetative Nervensystem. Diese »nervöse« Regelung spannt die Muskulatur der Harnblase an, und der Schließmuskel erschlafft. Das vegetative Nervensystem reagiert empfindlich auf seelische Konflikte. Daß erregende Gefühle und Blasentätigkeit zusammenhängen, erleben viele Menschen an sich selbst: Sie müssen in aufregenden Situationen öfter aufs Klo gehen.

Bei Kindern, die einnässen, entspannen sich die unwillkürlich arbeitenden Hohlmuskeln der Blase zu wenig, und sie ist deshalb nicht schlaff genug; der vermehrte Spannungszustand führt gleichsam zum »Überlaufen«. *Bettnässende Kinder befinden sich in einem Dauerzustand gespannter und beunruhigender Bereitschaft,* dem der Wunsch nach Entspannung gegenübersteht. Die beunruhigende Dauerspannung hängt oft mit einer gestörten Beziehung zu den Eltern zusammen. Gutmeinende Mütter fordern zu unnachgiebig; andere können sich aus eigenen Schwierigkeiten heraus den Kindern nicht liebevoll zuwenden; überlastete Mütter sind leicht ungeduldig. Konflikte zwischen den Eltern wirken sich beunruhigend auf das Kind aus; abwesende Väter – im Doppelsinn des Wortes – können Kindern keinen Halt geben, andere versetzen sie durch Leistungsdruck in Dauerspannung.

Wenn das Bettnässen nicht – wie man in einem Bild sagen kann – als ein »Weinen durch die Blase« verstanden, sondern als Unart bestraft wird, beispielsweise durch Flüssigkeitsentzug oder Tadel, verschlimmert sich das Symptom, weil der psychische Spannungszustand des Kindes steigt. Das *Bettnässen kann nur geheilt werden, wenn sich die Gefühlslage des Kindes entspannt.* Dies ist oft nur mit Hilfe einer kinderpsychotherapeutischen Behandlung möglich, die die psychologische Beratung der Eltern einschließt. Denn die Entspannung der Gefühlslage setzt voraus, daß sich die Bezugspersonen in anderer Weise als bisher dem Kind zuwenden.

Die Eltern werden allerdings nicht wegen ihrer »Erziehungsfehler« verurteilt und beraten. Vielmehr geht es darum, daß sich die Therapeutin auf die Konflikte und Nöte der Eltern einläßt. Nur wenn durch die therapeutischen Gespräche der Druck, unter dem die Eltern stehen, vermindert wird, müssen die Eltern ihrerseits nicht mehr so viel Druck auf das Kind ausüben.

Den psychosomatisch erkrankten Kindern selbst kann zum Beispiel durch eine Spieltherapie geholfen werden. Spielen wirkt in der kindlichen Entwicklung konfliktverarbeitend und heilend. Dies macht sich die Spieltherapie zunutze. Durch ein vielfältiges Spielangebot regt sie das Kind dazu an, seine Konflikte spielend mitzuteilen, die Probleme zu bearbeiten, neue Erfahrungen zu machen. Das ist für psychosomatisch erkrankte Kinder besonders wichtig, weil diese verlernt haben, ihre Gefühle auszudrücken. Was sie auf Grund ihres Gehemmtseins nicht mehr sagen können, stellen sie »spielend« dar. Es wirkt befreiend für sie, ungehindert zu bauen, zu planschen, zu kneten, zu malen und zu modellieren, mit Puppen zu spielen und in Rollenspielen Konflikte darzustellen und zu bearbeiten. Sie bekommen »Spiel-Raum«, um ihre Bewegungsimpulse zu entfalten und können so ihrem »wahren Selbst« näher kommen.

»Ich hab' keine Angst – ich hab' Bauchweh« – Überfordernde Erwartungen

Oft ist das Angstgefühl weg und ein Körpersymptom da. So ist es bei einem Schüler, der nicht mehr sagen kann, wie ihn seine Schulnöte ängstigen (Wagner-Oswald 1982). Statt dessen »redet« sein Körper. Andreas ist neun Jahre alt. Jeden Morgen spielt sich das gleiche ab: Wenn er in die Schule gehen soll, bekommt er Bauchschmerzen, kann das Frühstücksbrot nur schwer hinunterwürgen, leidet unter Brechreiz und weint. Bereits zuvor steht er ungern auf, trödelt den ganzen Morgen lustlos herum und fordert die Mutter dadurch heraus, ihn ständig zu mahnen und anzuschieben. Andreas sitzt dann vor dem Frühstückstisch und klagt weinerlich über Bauchweh. Er wird weiß im Gesicht und meint, er müsse erbrechen.

Als die Mutter ihm wieder einmal zuredet: »Du bist doch ein guter Schüler, du brauchst doch keine Angst zu haben«, gibt er sein psychosomatisches Kranksein in Worten wieder: »Ich hab' ja keine Angst – aber mir ist so schlecht!« – Damit drückt er vermutlich aus: Ich muß *die unerträgliche Angst in Übelkeit und Bauchschmerzen umwandeln.* Was seelische Spannung ist, wird zur körperlichen Verspannung, mit den damit verbundenen Schmerzen. Wie eng Angst und Bauchschmerzen miteinander verbunden sind, wird auch daraus sichtbar, daß früher in manchen Gegenden das Bauchweh als *Bauchangst* bezeichnet wurde.

Wenn Andreas ermuntert wird, darüber zu sprechen, wie es ihm in der Schule geht, kann er seine Angst mitteilen. Er sagt: »Die Proben machen mir am meisten Angst. Da mein' ich immer: Jetzt krieg' ich eine schlechte Note.« – Seine Gesprächspartnerin fragt: »Aber du bist doch ein guter Schüler – was ist da so schlimm, wenn du einmal eine schlechte Note hast?« Er antwortet: »Erst einmal denke ich an meine Eltern und dann erst an mich. Mir würde die Note 3 oder 4 oder 5 nichts ausmachen, aber meinen Eltern. Deshalb bringe ich immer so gute Noten nach Hause, weil ich so gezwungen bin, weil die Mammi sonst schimpft.«

Von der gefürchteten Prüfungssituation in der Schule sagt er: »Immer wenn eine Probe kommt, dann mein' ich gleich, das schaff' ich nicht. Ich muß unbedingt einen Einser kriegen... Immer bei solch blöden Matheproben wird mir übel, alles dreht sich und dreht sich und dreht sich... Während der Probe da schwitz' ich immer so; mir wird ganz heiß, wenn ich eine Aufgabe nicht weiß. Und wenn ich einen Fehler entdecke, und ich schau' auf die Uhr, und es ist schon so spät, dann glaub ich immer: Oje, das schaff' ich jetzt nimmer... Was wird jetzt das für eine Note werden. Bei der letzten Probe hab' ich einen Zweier gehabt. Jetzt krieg' ich vielleicht einen Fünfer?« – Und von einer anderen Angstsituation sagt Andreas: »Wenn man an die Tafel gerufen wird, dann denk' ich immer: Oje, jetzt ist alles aus...«

Nach diesen Mitteilungen könnte es so erscheinen, als wäre ausschließlich wegen der Eltern für Andreas »alles aus«. Diese hängen durch ihre ehrgeizigen Wünsche mit der schulischen Bedrängnis des Kindes eng zusammen. Letztlich sind es die durch die Gesellschaft vorgegebenen Bedingungen der Schule, mit denen sich die Eltern identifizieren. Sie geben »gutmeinend« den Druck weiter, der von gesellschaftlichen Forderungen, Zwängen und Vorstellungen ausgeht: Stark sein müssen, sich den Gesetzen der Konkurrenzgesellschaft anpassen, besser sein als andere und diese »ausstechen«, sich einem erbarmungslosen Arbeitsschema unterwerfen, normierte Leistungen erbringen und dies ohne die Frage nach dem Sinn der Leistung. Solche Einflüsse können Kinder und Jugendliche krank machen, weil sie ein Übermaß an Angst auslösen.

In der Schule geht es sehr viel mehr um »Sachen« als um die Menschen. Daher kommt es, daß es dort soviel seelisches Unbehagen gibt, das in körperliches Unbehagen umschlägt. Eine vom saarländischen Ministerium für Kultus, Bildung und Sport in Auftrag gegebene Untersuchung über Schulangst zeigt zum Beispiel[32]:
die Hälfte der Schüler leidet beim Frühstück unter Appetitlosigkeit,
ein Fünftel der Kinder teilt mit, daß ihnen manchmal vor der Schule ganz schlecht ist,
22 % klagen über Schlaflosigkeit und
30 % schlafen vor Klassenarbeiten schlecht,
12 % sollen vom Arzt aus etwas einnehmen und
18 % der Eltern geben an, die Schüler bräuchten gelegentlich Beruhigungsmittel,
61 % bekommen Herzklopfen, wenn die Klassenarbeitshefte verteilt werden,
67 % haben ein komisches Gefühl im Magen, wenn geprüft wird und
46 % verspüren dann Händezittern.

Diese Zahlen zeigen auf, daß für einen Teil der Schüler die *Schule zum gesundheitlichen Risiko wird* – so etwa für die Schülerin, die von sich berichtet: »Wenn ich mir zuhause vorstellte, ich ›käme dran‹, zog es mir schon den Magen zusammen – und ich hatte von dieser Zeit an gehäuft Magenschleimhautentzündung.« – Die Psychosomatik kann uns im Hinblick auf die Schule lehren, wie Menschen durch überfordernde psychosoziale Bedingungen in eine hilflose

Lage geraten. Viel Kummer und Erniedrigung könnten Kindern und Jugendlichen erspart werden, wenn wir unseren Blick dafür schärfen würden, wie psychosomatisch verletzlich sie sind.

Das zurückgewiesene Gefühl – »Brauchst keine Angst haben«

Häufig kommen Kinder mit ihrer Angst nicht an oder müssen sich deretwegen schämen. So fühlen sie sich erst recht alleingelassen und verdrängen die Angst. *In Körpersymptomen kehrt diese Angst entstellt wieder.* Magen- und Bauchschmerzen – oft als »Schulbauchweh« bezeichnet – kommen bei Kindern im Zusammenhang mit Schulnöten häufig vor. – Am Beispiel von Andreas' freundlicher und wohlmeinender Mutter wird das alleinlassende Beschwichtigen deutlich. Im folgenden bringe ich einen Ausschnitt der quälenden täglichen Frühstückssituation[33]. Die Mutter ermuntert Andreas zum Essen:

ANDREAS Ich hab' jetzt kein' so rechten Hunger.
MUTTER Aber ein Ei geht doch immer, oder? Das rutscht doch.
ANDREAS Ich hab' aber trotzdem keinen Hunger.
MUTTER Aber ein bisserl was mußt schon im Magen haben... Wirst seh'n, in der Schul' wird's besser.
ANDREAS Aber wenn ich jetzt in der Schul' brechen muß? Dann brech' ich ja die Bank voll.
MUTTER Dann saust halt schnell raus. Habt ihr kein Waschbecken im Zimmer?
ANDREAS Doch, aber das ist so weit weg.
MUTTER Dann saust halt schnell... In fünf Minuten mußt in die Schule geh'n, verschiebst es wieder auf die letzte Minute...
ANDREAS Ich hab' so Bauchweh, glaub' mir's doch endlich!
MUTTER Ja, ich glaub' dir ja, aber probier's halt. Du hast bloß Angst vor der Schule, oder?
ANDREAS Nein, ich hab' nicht Angst vor der Schule, aber mir ist so schlecht.
MUTTER Das wird schon wieder; es war dir doch schon so oft schlecht in der Früh, oder?
ANDREAS Ich muß brechen... Mir ist so kalt...
MUTTER Das meinst bloß...

Die beiden sprechen fast nur noch von Körpersymptomen, nicht von der dahinterliegenden Angst und Anspannung. Die Mutter sagt: Du hast doch *bloß* Angst. Vermutlich flüchtet der Junge in körperliche Krankheit, weil er erlebt hat, daß seine Angst nicht akzeptiert wird. Mit körperlichem Unwohlsein kann er eher angenommen werden und auf Mitleid hoffen. Wird bei einem Kind ein *psychischer* Konflikt sichtbar, dann wird von Leistungsforderungen sehr viel weniger abgesehen als wenn es körperlich krank ist.

Andreas' Mutter nimmt die Angst des Kindes nicht wahr. Das heißt nicht, daß sie hartherzig wäre. Vielmehr muß sie *ihre eigene Angst abwehren*; die könnte spürbar werden, wenn sie sich von ihrem Jungen »anstecken« ließe. Daß die Mehrzahl der Eltern krankmachende Bedingungen der Schule so gleichgültig hinnehmen, hängt stärker mit der Abwehr eigener Ängste zusammen, als mit mangelnder pädagogischer Einsicht. Deshalb hilft es wenig, Eltern darüber zu belehren, wie Schule sein muß, damit Kinder nicht geschädigt werden. Wichtig ist, die Erwachsenen zu ermutigen, sich mit eigenen Schul- und Lebensängsten einzulassen. Nur dann werden sie wahrnehmungsfähiger für Schulnöte von Kindern.

Im vorliegenden Fall gälte es, den Eltern ihren eigenen Leistungsdruck zu nehmen, dann könnten sie sich selbst und den Jungen mehr »gehen lassen«. Sie wünschen sich, ihr Kind »solle es einmal besser haben« als sie; deshalb müsse er gut lernen. Die Mutter sagte einmal: »Mein Wunschtraum wäre halt, daß er Arzt wird.« – Elterliche Erwartungen sind zwar alltäglich und natürlich. Aber wenn sie starr, ohne individuelle Neigungen und Möglichkeiten wahrzunehmen, an ein Kind herangetragen werden, wirken sie lebenseinschränkend.

In der Beziehung zwischen Erwachsenen und Kindern fällt oft der Satz: »Du brauchst doch keine Angst zu haben«. Dieses Beschwichtigen hilft wenig weiter, weil sich der Geängstigte mit seiner Angst nicht angenommen fühlt. Er muß sich sagen: Eigentlich dürfte ich keine Angst haben. Hilfreicher ist, den anderen mit seiner Angst zu akzeptieren, ihn diese mitteilen zu lassen und sie einfühlsam aufzunehmen. Das führt eher dazu, daß die Angst bearbeitet und vielleicht überwunden wird, als wenn wir sie gleichsam »verbieten«.

Wie notwendig die *Angst als Schutz* ist, veranschaulicht folgende

Begebenheit. Eine Mutter erzählt: »Wir waren zum ersten Mal mit unserer Familie am Meer. Unser sechsjähriger Sohn konnte schon gut schwimmen. An unserem heimischen Weßlinger See verspürte er keinerlei Angst, hinauszuschwimmen, er fühlte sich dabei ganz sicher. Jetzt aber, am Mittelmeer, zeigte er sich unerwartet ängstlich. Er schien plötzlich wasserscheu und traute sich nicht, ins Tiefe zu schwimmen. Wir redeten ihm gut zu: ›Das Wasser ist doch genauso wie bei uns der Weßlinger See... Brauchst Dir nur vorzustellen, Du schwimmst bei uns zu Hause...‹ Tatsächlich war das Meer ruhig, der weiche Sandstrand fiel flach ab; alles erschien absolut gefahrlos. Im Zusammenhang mit meinen Beschwichtigungsversuchen« – erzählt die Mutter weiter – »sagte ich dann auch: ›Du brauchst doch keine Angst haben!‹ – Darauf entgegnete der Junge: ›Doch, ich brauch' die Angst!«

Dieses Kind spürte, daß Angst als Gefahrensignal notwendig ist. Mit Hilfe der Angst konnte es die neue Situation allmählich bewältigen und ging – später mit Freude im Meer schwimmend – gestärkt aus der Angstsituation hervor.

Anregung zum Nachdenken

- Kenne ich aus meiner Erfahrung den Satz »Du brauchst doch keine Angst haben«? – Wie wirkt er auf mich? – Und in welchen Situationen sage ich selbst diese beschwichtigenden Worte?
- Was erwarte ich mir in Angstsituationen und wie könnte es für mich aussehen, die Angst anderer anzunehmen, weil »geteilte Angst halbe Angst« ist?
- Beobachte ich an mir ein persönliches »Angst-Organ«? – Wie erlebe ich die Gleichzeitigkeit von Angstgefühl und Körperreaktion?
- Habe ich eigene Beobachtungen dazu, daß sich Angst auf die Blasen- und Darmentleerung auswirkt? Erinnere ich Situationen, in denen Kindern »der Schlüpfer naß geworden« ist, – oder sie aus Angst in die Hose machten oder ins Bett näßten?
- An wen könnte ich mich in meiner Angst wenden – damit ich sie nicht in den Körper verschieben muß? Oder habe ich mir womöglich den gefühls-abspaltenden Satz zu eigen gemacht, daß man seine Angst nicht zeigt – und daß es überhaupt besser ist, sich die eigene Schwäche nicht anmerken zu lassen?

- Gibt es für mich gefühlsverneinende gesellschaftliche Einflüsse, die mir die Einsicht verbauen, daß Angst ein lebenswichtiges Signal ist, das mir dabei hilft, Gefahren wahrzunehmen und zu bestehen? Denn »Angst ist eine Kraft«, wenn wir sie annehmen und konstruktiv machen.

Wenn einem vor Angst die Luft wegbleibt – Asthma bronchiale

Die Umgangssprache drückt aus, wie Atmen und Erleben zusammenhängen:

Die Luft kann beklemmend, bedrückend oder »geladen« sein. Es gibt Situationen, in denen man vor Angst kaum zu atmen wagt oder einem der Atem stockt.

Man kann jemanden in Atem halten: ihn in Spannung versetzen und nicht zur Ruhe kommen lassen.

Mancher hält vor Spannung den Atem an, oder es verschlägt ihm vor Schreck die Sprache, ihm bleibt die Luft weg, und er ist sprachlos.

Es gibt Erlebnisse, die atemberaubend sind, also einem vor Erregung den Atem nehmen; man muß dann nach Atem ringen. Man kann aber auch mit vollen Zügen atmen, also genießen. Es ist befreiend, seinem Herzen Luft zu machen. Mancher ist so erschrokken oder geschockt, daß ihm die Luft wegbleibt.

Bestimmte Personen nehmen einem die Luft zum Atmen weg, sie engen einen im Handeln ein.

Wo »dicke Luft« ist, herrscht eine gespannte oder gereizte Stimmung.

Jemand muß »nach Luft schnappen«.

Im Zustand der Trauer oder Sehnsucht seufzen wir. Wenn wir unseren aufgestauten Ärger aussprechen, können wir uns »Luft machen« und uns dadurch erleichtern.

Auf sprachliche Formulierungen zu hören hilft dabei, etwas von dem zu entschlüsseln, was Symptome bedeuten können. Zumindest führt das sprachlich ausgedrückte bildhafte Denken näher an das Erleben heran, das mit der Krankheit verbunden ist.

Die Gleichzeitigkeit von Erleben und Atemfunktion legt es nahe, bei Menschen, die unter Asthma bronchiale leiden, nach dem seelischen Befinden zu fragen. Sie spüren ein Engegefühl in der Brust, geraten im Anfall in Kurzatmigkeit und schwere Atemnot, haben Erstickungsgefühle, ringen nach Luft, atmen keuchend. Dabei wird große Angst erlebt. Der Erkrankte steht ganz im Banne seines gestörten Atems und verhält sich Kontakten gegenüber abweisend. – Physiologisch gesehen verengen sich die Bronchien durch eine entzündliche Schwellung der Schleimhaut. Asthma kann durch infektiöse und allergische Faktoren entstehen. In dem hier erörterten Zusammenhang ist nur von den psychischen Faktoren die Rede.

Bei Menschen, die unter Asthma bronchiale leiden, findet sich in der Regel eine konflikthafte Beziehung zur Mutter. Das Kind fühlt sich bedroht davon, die Mutter zu verlieren. Deshalb versucht es, sich stark an sie zu klammern; aber gleichzeitig möchte es unabhängig von ihr werden. Dieser Konflikt erwächst aus einer früh gestörten seelischen Entwicklung. Die Nähe zur Mutter wird mit Angst besetzt, weil Mütter asthmatischer Kinder oft überfürsorglich sind, das Kind einengen – ihm »zu wenig Luft lassen«. Das Kind darf nicht weggehen und sich abgrenzen, dadurch kann es auch seine motorischen und aggressiven Impulse nicht gesund entfalten. Gleichzeitig mit der fürsorglichen, besteht aber auch eine zurückweisende und ablehnende Haltung der nächsten Bezugsperson gegenüber dem Kind. Daher bleibt auch später die Vertrauensbeziehung zur Mutter oder zu Mutterfiguren gestört.

Wie sehr das Mutter-Kind-Verhältnis durch starke Spannungen gekennzeichnet ist, zeigt eine Schilderung von Marcel Proust, der an schwerem Asthma litt und daran gestorben ist. In der allabendlichen Szene drückt sich aus, wie tief die Beziehung zur Mutter bedroht war[34]:

Mein einziger Trost, wenn ich schlafen ging, war, daß Mama heraufkommen und mir einen Kuß geben würde, wenn ich bereits lag. Aber dies Gutenachtsagen dauerte nur so kurze Zeit. Sie ging so bald schon wieder, daß der Augenblick, da ich sie heraufkommen und dann in dem Gang mit der Doppeltür das leise Rascheln ihres Gartenkleides aus blauem Musselin mit kleinen strohgeflochtenen Quasten hörte, für mich ein schmerzlicher Augenblick war. Er kündigte schon den nächsten an, der auf ihn folgen sollte, wo sie mich verlassen haben und wieder unten sein würde. Das ging so weit, daß ich mir beinahe wünschte, dies von mir so heiß ersehnte Gutenachtsagen möge erst so spät wie möglich stattfinden, und die Gnadenfrist, in der Mama noch nicht gekommen wäre, zöge sich recht lange hin. Manchmal, wenn sie, nachdem sie mich geküßt hatte, die Tür öffnete, um zu gehen, wollte ich sie zurückrufen und ihr sagen: Gib mir noch einen Kuß, aber ich wußte, daß sie dann auf der Stelle ihr strenges Gesicht zeigen würde, denn das Zugeständnis, das sie meiner Trauer und Aufregung machte, indem sie heraufkam und mit diesem Friedenskuß Gutenacht sagte, verdroß jedesmal meinen Vater, der das Zeremoniell übertrieben fand; viel lieber hätte sie mich diesen Wunsch, diese Gewohnheit aufgeben sehen, als mich auch noch darin zu unterstützen, daß ich einen zweiten Kuß von ihr wollte, wenn sie schon an der Tür war. Hatte ich sie nun aber erzürnt, so machte das die ganze Beschwichtigung meines Herzens zunichte, die sie mir einen Augenblick zuvor geschenkt hatte, als sie ihr liebevolles Antlitz über mein Bett neigte und es mir darbot, wie die Hostie einer Friedenskommunion, bei der meine Lippen ihre leibhafte Gegenwart und die Kraft, einzuschlafen, von ihr empfingen.«

Aus der von Marcel Proust beschriebenen Mutter-Kind-Szene wird verstehbar, daß psychosomatische Forscher das Asthma als Angstkrankheit aufgefaßt haben: als »Hilfeschrei nach der Mutter« oder als »unterdrückten Wutschrei gegen die Mutter«, sowie als »Bruchstücke eines Weinens«.

Herzphobie – Trennungskonflikt und gestörte Selbstsicherheit

Eine Form der Angstneurose wird als Herzphobie oder Herzneurose bezeichnet. Sie äußert sich in *Angstanfällen mit nervösen Herz- und Atembeschwerden*, manche angstneurotische Menschen befürchten einen Herzschlag. Sie können sich auch in den Zeitabständen zwischen den Angstanfällen von ihren hypochondrischen Ideen nicht lösen: übertrieben beobachten sie den eigenen Gesundheitszustand und fürchten sich davor, krank zu werden. Sie sind innerlich unruhig, niedergedrückt, matt und unbestimmt ängstlich. Etwa 2 bis 5 Prozent der Gesamtbevölkerung sollen in den USA und in der Bundesrepublik von dieser Neurose betroffen sein. Sie tritt am häufigsten zwischen dem 21. und dem 45. Lebensjahr auf.

»Angstneurotische Menschen stehen meistens unter dem Eindruck eines für sie als belastend empfundenen Trennungsproblems. Viele... Erkrankungssituationen lassen sich unter dem Begriff eines Trennungskonfliktes charakterisieren. Die Erkrankung fällt oft damit zusammen, daß ein beschützendes Abhängigkeitsverhältnis bedroht ist, das der Erkrankte bis dahin aufrechterhalten hatte«. – Die Herzneurose bricht in dem Augenblick aus, »in dem sich entweder die wesentliche Bezugsperson zurückzieht oder der Patient die Beziehung löst oder zumindest in Gefahr bringt. Dabei zeigt sich, daß die Kranken – ohne daß es vor der Erkrankung schon deutlich geworden sein muß – nur eine äußerst schwache Selbstsicherheit haben. Sie fühlen sich fast nicht mehr lebensfähig, wenn sie glauben, daß sie den Partner verlieren, auf den sie sich in ihrer Phantasie völlig angewiesen glauben«[35].

Erhebungen in der Gießener Psychosomatischen Klinik von Horst Eberhard Richter an über 100 herz- oder angstneurotischen Kranken führten zu folgenden Erkenntnissen:

Menschen, die an einer Herzneurose erkranken, waren in der Kindheit daran gehindert worden, Selbstsicherheit zu entwickeln. Einflüsse dieser Art gehen offensichtlich von Müttern aus, die ihre Kinder eng an sich binden und einschüchtern mußten. Dafür spricht eine Reihe von Hinweisen:

- Viele Kranke berichten aus ihrer Kindheit von beherrschenden und gleichzeitig ängstlichen Müttern. Die Beziehung wurde deshalb verunsichernd erlebt.
- Es gibt Beobachtungen darüber, daß derartig enge und verunsichernde Mutterbeziehungen bis in die Gegenwart hinein fortgesetzt wurden, zum Beispiel als »ewiger Sohn« oder »ewige Tochter«.
- In psychotherapeutischen Behandlungen neigen angstneurotische Menschen stark dazu, auf den Therapeuten eine ängstlich-beherrschende Mutterrolle zu übertragen. Die Erkrankten wiederholen dabei ein symbiotisches Rollenspiel, das sie in der Kindheit gelernt und nie überwunden haben.

– Außerdem fällt auf, daß die Mütter herzneurotischer Menschen ihrerseits gehäuft Herzneurosen haben.

Angstneurotische Mütter klammern sich häufig an ihre Kinder und versuchen, sie unbewußt von sich abhängig zu machen. Oft nutzen sie ihre eigenen Beschwerden als Druckmittel aus, um die Kinder an sich zu binden: ›Wenn du böse bist, machst du meine Krankheit schlimmer!‹ »Dabei lernt das Kind, sich nicht nur wegen irgendwelcher besonderen Unartigkeiten böse zu fühlen. Es provoziert bereits Rügen der Mutter, wenn es sich nur zu weit von dieser entfernen will. Für die Mutter ist es schon gefährlich, wenn das Kind allmählich ein normales Verlangen nach erweiterter Selbständigkeit entwickelt. Sobald das Kind nicht mehr auf ihren Schutz angewiesen ist, kann sie nicht mehr sicher sein, ob es ständig verfügbar ist, um ihre eigene Isolationsangst zu beschwichtigen« (Richter[35]).

Ein junger Mann berichtet von seiner Angst, die Mutter herzkrank zu machen. Er hatte ein enges Verhältnis zu ihr; es gab kaum Konflikte. Die Mutter war immer fürsorglich und verständnisvoll ihm gegenüber, und er verhielt sich der Mutter gegenüber zuvorkommend und hilfsbereit. Ein nachwirkendes Erlebnis berichtet er aus seinem sechzehnten Lebensjahr: Er hatte zu dieser Zeit seine erste Freundschaft mit einem Mädchen. Nach dem Nachmittagsunterricht in der Schule verspürte er spontan den Wunsch, mit diesem Mädchen noch an den Schaubudenreihen und Karussells des Oktoberfests vorbeizuschlendern. Dadurch kam er nicht, wie gewohnt, um sieben Uhr nach Hause, sondern erst gegen neun Uhr abends. Zu dieser Zeit lag die Mutter bereits mit einem schweren Herzanfall im Bett; der Arzt wurde gerufen und diagnostizierte eine »Herzneurose«.

Die Mutter hatte sich aufgeregt, weil der Sohn nicht rechtzeitig nach Hause gekommen war: Es könnte ihm etwas Schlimmes passiert sein. Der Herzanfall war so heftig, daß der Vater meinte, seine Frau müsse sterben. Und so kommentierte er dann auch den Vorfall mit einem Satz, der sich dem Jugendlichen unauslöschlich einprägte: »Bub, wenn du das nochmal machst, hast du keine Mutter mehr.« – Diese Hypothek belastete ihn schwer: Wenn ich zu weit weg von der Mutter und meine eigenen Wege gehe, töte ich meine Mutter, wo diese sich lebenslang für mich aufgeopfert hat.

In der Folgezeit kam es immer wieder zu Herzattacken der Mutter, zum Beispiel als der Sohn mit seiner Freundin zusammen eine Fahrradtour machen wollte; dann wieder, als er sich weigerte, den sonntäglichen Kirchgang mitzumachen – und bei ähnlichen Anlässen, bei denen der Jugendliche eigenständig Schritte wagte, mit denen er versuchte, sich von der Mutter abzulösen. Er sah dabei nur die einengende und festhaltende Seite seiner Mutter und nicht, wie sehr er selbst sie brauchte und an ihr »hing«. Erst als er seine eigene Angst, die Mutter könne ihn verlassen, bearbeitete, konnte er die wechselseitig erpresserische Situation allmählich auflösen. Er schaffte es, eigenständiger zu leben, und mußte nicht mehr befürchten, kindlich hilflos zu werden, wenn ihn seine Mutter verließ. Dadurch war er durch die angstneurotischen Zustände der Mutter nicht mehr »erpreßbar«. Das half aber nicht nur ihm, sondern auch der Mutter. Die wachsende Eigenständigkeit ihres Sohnes gab ihr den Anstoß dazu, selbst unabhängiger zu werden.

Vom Sinn des Krankseins

8. Fragen nach dem Sinn

Körperliche Krankheiten stellen oft einen Versuch dar, eine seelische Verletzung auszugleichen, einen inneren Verlust zu reparieren oder einen unbewußten Konflikt zu lösen. Körperliches Leiden ist dann ein seelischer Selbstheilungsversuch.
Wenn die Körperkrankheit einer seelischen Neuerfahrung dient, erlebt sich der Patient nach dem Leiden als anderer Mensch, echter und wahrer. Manchmal hat er den Eindruck, daß er erst jetzt ganz zu sich und seinen Gefühlen stehen kann.

Dieter Beck

Fieber und steifes Genick durch unterdrückte Konflikte – Entscheidungsaufschub und Ich-Stärke

Es kommt vor, daß ein nicht zu bewältigender Konflikt durch eine Störung im Körper abgelöst wird. Das psychische Problem tritt dann für die erkrankte Person in den Hintergrund. Der untersuchende Arzt erkennt nur noch die schmerzbereitende Körpersymptomatik. Daß die treibende Kraft für das Kranksein im Erleben liegt, bleibt verborgen – jedenfalls dann, wenn beide nicht nach dem Sinn des Krankseins fragen, sondern die Krankheit möglichst schnell beseitigen wollen. Das folgende Fallbeispiel zeigt, daß der junge Mann mit Hilfe einer plötzlich hereinbrechenden Körpersymptomatik eine angstvoll belastende Konfliktsituation hinter sich lassen konnte.

Der siebenundzwanzigjährige verheiratete Lehrer erkrankte an einer fieberhaften Infektion. Er bekam einen steifen Nacken, so daß er sich nicht mehr rühren konnte; die kleinste Bewegung bereitete ihm unaushaltbare Schmerzen. Das Fieber stieg täglich auf 40 °C an. Der Hausarzt dachte an einen grippalen Infekt. – Als sich durch die medikamentöse Behandlung nichts änderte, wurde der Patient ins Krankenhaus eingeliefert. Dort hatte man den Verdacht auf Kinderlähmung und Hirnhautentzündung, suchte aber nach allen Ursachen vergeblich.

Herr N. beschrieb seinen Zustand in der Klinik so: »Ich zog mich vollkommen in mich zurück; die Mitpatienten im Zimmer nahm ich überhaupt nicht wahr. Meine Apathie war unheimlich groß – und trotz des beunruhigenden und schmerzhaften Zustandes genoß ich, mich total zurückzuziehen. Ich kam mir oft wie tot vor, und einmal meinte ich, jetzt setze das Herz aus und ich müsse sterben... Zum Schönsten an dieser Krankenhauszeit gehörte, wenn in der Nacht die Schwester kam, mich versorgte, sich kurz an mein Bett setzte und meine Hand hielt. Diesen Augenblick sehnte ich jede Nacht herbei...« So lag der Erkrankte fünf Wochen in der Klinik; es konnte weder eine klare Diagnose gestellt, noch eine Therapie angewandt werden. Allmählich ließen Fieber und Steife nach, und Herr N. konnte mit seinem unverstandenen Kranksein nach Hause gehen.

Die rätselhafte Erkrankung erschien erst verständlich, als sie in einer nachfolgenden Psychotherapie im gesamten Lebenszusammenhang des Erkrankten betrachtet wurde. Herr N. hatte drei Monate vor Beginn seiner Erkrankung geheiratet. Da das Paar noch keine Wohnung gefunden hatte, lebte es in einem Zimmer bei den Eltern des Ehemannes. Dieser hatte zu seiner Mutter eine enge Beziehung, die von gegenseitiger Idealisierung – »gute Mutter – guter Sohn« – geprägt war. Er wurde weiterhin von der Mutter versorgt; seine Ehefrau war berufstätig. Die Mutter hätte die Heirat ihres Sohnes gern verhindert. Nachdem ihr das nicht gelungen war, trachtete sie nun mit aller Energie danach, ihn wenigstens zusammen mit der Schwiegertochter zu behalten. Ihr Plan war: Die Eltern und das junge Ehepaar sollten gemeinsam in eine größere Wohnung ziehen.

Der Sohn konnte sich dem Wunsch seiner Mutter schwer entziehen, obwohl er innerlich mehr dazu neigte, eine eigene Wohnung zu haben. Aber es befiel ihn Angst, wenn er sich vorstellte, die Mutter zurückzuweisen und sie womöglich zu verlieren. Gleichzeitig war da der entschiedene Wunsch seiner Frau, eine eigene Wohnung zu mieten und nicht mit den Schwiegereltern unter einem Dach zu leben. Auch ihr gegenüber wäre es ihm unmöglich gewesen, ihren Wunsch abzuschlagen – zumal er verstandesmäßig erkannte, daß es für seine Ehe nicht günstig wäre, im Elternhaus zu bleiben und von der Mutter abhängig zu sein.

So war er in einer ausweglosen Klemme: Der Mutter konnte er nicht abschlagen, mit ihr in eine gemeinsame Wohnung zu ziehen, und der Ehefrau nicht, eine eigene zu nehmen. Er litt unter dem inneren Druck, auch weil er sich mit seinem Konflikt niemandem anvertrauen konnte. Zwischen den aktiv planenden Frauen geriet er in hilflose und angespannte Passivität. Zudem war seine Ehefrau inzwischen schwanger geworden, was von der Mutter mißbilligend aufgenommen wurde und ihn noch ratloser machte. Schließlich hatte seine Frau eine Wohnung gefunden, die in vier Wochen zu beziehen war. Jetzt konnte er nicht mehr aufschieben, die Mutter zu enttäuschen. Das versetzte ihn in panische Angst. Genau zu diesem Zeitpunkt verfiel er in die medizinisch unerklärliche hochfieberhafte Erkrankung mit der Genickstarre.

Durch sein Kranksein hatte er unbewußt erreicht, sich zumindest jetzt nicht gegen die Mutter entscheiden zu müssen. Angesichts seines beängstigenden Fieberzustandes konnte sie ihm nicht böse sein, sondern mußte die Fürsorge verstärken. Es wurde ihm erspart, »treulos« von der Mutter wegzugehen; denn er kam ins Krankenhaus. Dort lag er bewegungslos und fiebernd. Es schien, als sei sein aggressives Gehemmtsein der Mutter wie der Ehefrau gegenüber angewachsen, bis er unfähig war, sich zu bewegen. Aber zugleich »kochte« es auch in ihm, was sich vermutlich in seinem hohen Fieber ausdrückte. Wochenlang bewegungslos dazuliegen und sich von allem abzuschließen, mutet in diesem Erlebenszusammenhang wie ein Totstellreflex an, mit dessen Hilfe er die Gefahr überstehen wollte.

Während seines Krankenhausaufenthaltes zog seine Frau mit grollender Hilfe der Mutter und der verständigen seines Vaters in die inzwischen leergewordene Wohnung um. Aus der Klinik entlassen, kehrte Herr N. unmittelbar in das neue Heim ein. Jetzt schien die Spannung von ihm gewichen. Er konnte sich darüber freuen, mit seiner Frau allein zusammenzuleben. Als seine Mutter neuerlich versuchte, ihn für eine gemeinsame Wohnung zu gewinnen, konnte er sich fest dagegen aussprechen. Und es gelang ihm auch, sich dagegen zu wehren, daß sie sich in seinen eigenen Hausstand einmischte. Es schien, als wüßte er nach seiner Erkrankung genauer, was er wollte, und als hätte er auch mehr Kraft, seine Wünsche durchzusetzen. Die Mutter stellte enttäuscht fest, daß »ihn die Krankheit so verändert habe«. Wie kam diese Veränderung zustande?

Aus vielem, was er klinisch beobachten konnte, bestätigt Mitscherlich[36], daß *infektiöse Erkrankungen eine psychosomatische Funktion erfüllen* können: »Wir haben zahlreiche Fälle hochfieberhafter Infekte gesehen, bei denen wir den Eindruck gewannen, durch die Erkrankung sei dem Patienten ein Moratorium, das heißt ein Entscheidungsaufschub, gewährt worden. Vor dem Ausbrechen der Krankheit befand er sich in einem Konflikt, der nicht lösbar erschien, der seine infantilen Fixierungen aktiviert und seine regressiven Tendenzen gefördert hatte. Nach der Erkrankung erwies es sich, daß die integrative Leistungsfähigkeit des Ichs gewachsen war, daß es realitätsgerechter entscheiden konnte.«

Wie durch einen angsterweckenden Konflikt die Körperkrankheit entsteht und wie sie dazu beiträgt, daß die Person psychisch gestärkt aus ihr hervorgeht, kann man sich so vorstellen:

1. Am Anfang steht eine *Konfliktspannung*. Sich widerstrebende Impulse und Über-Ich-Forderungen können nicht ausgeglichen werden. Die Person gerät unter inneren Druck. Das Unerledigte läßt die Konfliktspannung ansteigen und löst Angst aus; denn der Konflikt wird als übermächtig und nicht zu bewältigen erlebt. Herr N. wollte die enge Mutterbindung nicht aufgeben. Er kam sich der idealisierten Mutter gegenüber als Verräter vor, wenn er die elterliche Wohnung verließ. Aber er wollte gleichzeitig auch seine ihm frisch angetraute Frau nicht verraten: Für sie mußte er ein ebenso guter Ehemann sein, wie für die Mutter »guter Sohn«. Die unrealistische Erwartung, beides erfüllen zu müssen, ließ die Konfliktspannung zur Erlebniskatastrophe anwachsen.
2. Die übermäßige *psychische Belastung schwächt die körpereigenen Abwehrkräfte*. Die Widerstandskraft des Körpers wird herabgesetzt; dadurch kann sich die Infektion ausbreiten. Alle noch vorhandenen körperlichen Abwehrkräfte werden aktiviert, der Erkrankte

bekommt Fieber. Durch das körperliche Kranksein erlebt er eine wirkliche Gefahr, die sich bis zur Lebensgefahr steigern kann. Die Angst gilt nun nicht mehr dem psychischen Konflikt, sondern der körperlichen Bedrohung.

3. Im Zustand körperlicher Schwäche kann sich der Kranke von den konflikterregenden Personen und Situationen zurückziehen. Es kommt zur Regression: dem Zurückfallen von Vorstellungen und Gefühlen auf frühere Entwicklungsstufen. Die Erkrankung stellt eine »Resomatisierung« dar, einen *Rückzug auf den Körper*: Bei Kindern drückt sich im Körper aus, was noch nicht gesagt werden kann. Auf diese Reaktionsweise fällt der Erkrankte zurück. Er wendet sich dem eigenen Körper zu. Die Pflegepersonen befriedigen mit Körperpflege und nahen Kontakten Wünsche nach Zuwendung und Geborgenheit; der Kranke wird von Alltagsproblemen entlastet. Dadurch wird die Konfliktspannung vorübergehend gemildert, es setzt eine Beruhigung ein. Während des Entscheidungsaufschubs, den die Regression in die Körperkrankheit ermöglicht, *kann das Ich Selbstheilungskräfte entwickeln.* »Damit ist die Fähigkeit des Ich gemeint, im Körper vorhandene Bereitschaften zu krankhaften Reaktionen zur Reparation von Störungen im Bereich des Ich, Über-Ich oder Selbst heranzuziehen. In der Regression gelingt dem Ich mit Hilfe der Körperkrankheit eine seelische Umstrukturierung« (Beck[37]).
4. Nachdem das Fieber zurückgegangen ist und sich der Erkrankte allmählich erholt, kann der Konflikt distanzierter eingeschätzt und wirklichkeitsgerechter wahrgenommen werden. Die Konfliktspannung »ist gemildert, das Erlebnis der körperlichen Bedrohung hat eine größere Bereitschaft angebahnt, auf unrealistische Erwartungen zu verzichten; zugleich schwächen sich die irrationalen Schuldängste ab. Dadurch wird die Entscheidung in der aktuellen Lebenssituation erleichtert« (Mitscherlich[36]). – So gesehen erscheint *körperliche Krankheit als Versuch, einen Konflikt zu bewältigen* und das Leben neu zu gestalten. Sie drückt nicht nur Konfliktvermeidung aus, sondern kann einen produktiven Neubeginn einleiten.

Damit Krankheit zu einem Weg der Erkenntnis werden kann, ist eine veränderte Arzt-Patient-Beziehung vonnöten. In ihr wird der Erkrankte nicht als Weisungsempfänger ärztlicher Ratschläge gesehen, sondern als gleichberechtigter und mitverantwortlicher Partner. Er bekommt genaue Informationen und verschafft sich selbst solche. Sie dienen dazu, den Selbstheilungswillen zu wecken. Durch Mitsprache kann der Erkrankte seine Vorstellungen davon einbringen, wie die Krankheit entstanden sein mag, wie er sich fühlt mit seiner Krankheit und wie er damit umgeht.

Ein Sinn des Krankseins kann darin bestehen, daß Krankheiten Konsequenzen erzwingen: »Auf der einen Seite hindern uns Symptome daran, Dinge zu tun, die wir gern täten, und auf der anderen Seite zwingen sie uns, etwas zu tun, das wir nicht wollen ... Unterstellen wir der Krankheit Absicht und Sinnhaftigkeit, so lassen gerade die verhinderten und erzwungenen Verhaltensänderungen Schlüsse auf die Absicht des Symptoms zu. Eine erzwungene Verhaltensänderung ist eine erzwungene Korrektur und sollte ernst genommen werden ... Wir halten es für wichtig, sich von einer Störung erst einmal wirklich stören zu lassen ... Krankheit ist immer eine Krise, und jede Krise will Entwicklung«[38].

Symptome können zum Beispiel Einseitiges in der Lebensführung korrigieren. Jemand, der in hektischer Überaktivität lebt, wird gezwungen, innezuhalten. Wer sich ständig überfordern läßt, *kann* sich durch eine Krankheit nicht mehr so leicht überfordern lassen. Verhält sich einer seinem Körper – und damit sich selbst gegenüber – rücksichtslos, so wird er jetzt unerbittlich auf seinen Körper verwiesen. Wähnt sich jemand mit Allmacht und unbezwingbarer Stärke ausgestattet, erlebt er sich im Kranksein ohnmächtig und schwach. – Bestimmte Krankheitsanzeichen können auf *nicht gelebte Seiten des Menschen aufmerksam machen* und diesen an bedeutsame Lebensthemen heranführen. Deshalb ist es hilfreich, sich seiner Krankheit zuzuwenden, sich mit ihr auseinanderzusetzen und sie zu seiner eigenen Sache zu machen.

Im Gegensatz zu dieser teil-nehmenden Einstellung verhalten

sich manche Menschen ihrem Kranksein gegenüber unbeteiligt und abschiebend: so, als hätten sie nichts damit zu tun, als wäre es ihnen auf geheimnisvolle Weise zugeflogen. Der »Fachmann« soll sehen, was er herausfindet und wie er die Symptome am schnellsten beseitigt. – Diese Passivität wird oft durch eine ärztliche Haltung unterstützt, den Kranken übermäßig zu versorgen: mit Medikamenten, mit passiv machenden – anstatt aktivierenden – Anwendungen, mit unmündig machenden Verhaltensanleitungen, die dem Patienten ersparen, mitzudenken, mit apparativer Behandlung, wo persönliche Eigenbewegung nötig wäre.

Weil medizinische Technik und chemische Therapie überbewertet werden, gerät der psychosomatische Aspekt aus dem Blickfeld. Viele Menschen übergehen ihre Selbstheilungskräfte, weil sie Tabletten, Spritzen und andere »Anwendungen« zum Verbrauchsgut machen: Ich muß nur entsprechend konsumieren, dann wird meine Krankheit verschwinden. Sie verknüpfen diese Haltung mit der Vorstellung, die Person sei technisch reparierbar. Lediglich die Apparatur der Medizin »macht« dann etwas mit dem Menschen; dieser schließt sich jedoch als Person aus. Gesundheit und Krankheit sind keine natürlichen Erfahrungen mehr, sondern eher technische Pannen, die technisch behoben werden müssen. Die auf möglichst großen finanziellen Gewinn ausgerichtete Werbung der pharmazeutischen Industrie tut alles, um die Bürger auf ihre chemischen und physikalischen Angebote auszurichten.

In der Haltung des »Medizin-Konsumenten« werden die Krankheitszeichen in ihrer möglichen Bedeutung verleugnet und nicht in einen persönlichen Sinnzusammenhang gestellt. Dadurch spaltet der Mensch den Teil seiner Person ab, der unter etwas leidet, was mehr ist als das Körpersymptom. Er hört die Signale nicht mehr, die ihm durch die Krankheit mitgeteilt werden. »Wer seine Krankheit nicht ernst nimmt, begibt sich damit auch der Möglichkeit des Fragens an sich selbst und der daraus folgenden aktiven Lebensveränderung ... Beispiele dafür finden sich unter den Herzschrittmacherpatienten. Es gibt immer wieder Kranke mit Herzrhythmusstörungen, die die Ärzte dazu bringen, ihnen einen Schrittmacher einzupflanzen, ohne daß das medizinisch gerechtfertigt wäre. Statt sich damit auseinanderzusetzen, was sie aus dem Rhythmus gebracht hat, wird das sensible Organ stillgemacht, überschrien durch einen technischen Impulsgeber« (Overbeck[39]). Der *signalgebende Sinn der Krankheit* wird nicht angenommen.

Auch Georg Groddeck[40] betont im Zusammenhang mit der Frage nach dem Sinn der Krankheit deren Signalcharakter: »Zunächst – und die Gültigkeit dieses Satzes beanspruche ich für alle Erkrankungen, Erkrankungen jeder Art und in jedem Lebenszeitraum – ist der Sinn der Erkrankung die Mahnung: Lebe nicht so weiter, wie du es beabsichtigst, und diese Mahnung verstärkt sich, je nachdem bis zum Zwang ... Im Krankwerden erklingt die befehlende Stimme des Es (wobei bei Groddeck das Selbst gemeint ist) an Seele und Leib, Organe, Gewebe und Zellen, an alle seine Schöpfungen: Bis hierher und nicht weiter!«

So wird Krankheit nicht als körperlicher Feind gesehen, sondern als Helfer. Sie kann als »geistige Zurechtweisung« genommen werden, die dazu auffordert, Lebensziele zu überdenken, das Selbst zu entfalten, menschliche Freiheit zu entwickeln, die Wahrheit zu suchen. Das »Erkenne dich selbst« ist unverbrüchlich damit verbunden, sich mit dem Kranksein auseinanderzusetzen. Ergebnis dieses Prozesses ist nicht nur Gesundheit, sondern Heilwerden in einem weiteren Sinn.

Psychosomatische Signale – Das produktive Prinzip der Ver-körperung

Im Verlauf mancher Krankheit wird erlebbar, daß Kranksein nicht zufällig, sondern sinn-voll ist. Zum Sinnhaften gehört die Chance, Lebenssituationen besser zu bewältigen. Der ins Körperliche verschobene Konflikt drückt aus, daß ein seelischer Konflikt vermieden wird. Er fordert die Person heraus, sich produktiv mit ihm auseinanderzusetzen. So kann Kranksein der Anfang eines seelischen Selbstheilungsversuches sein. Es gibt viele Beispiele für diesen Vorgang.

Frank Kafka war fünf Jahre mit Felice verlobt und zögerte immer wieder zu entscheiden, ob er die Beziehung fortführen oder abbrechen sollte. In seinen Briefen an die Braut wird die Qual spürbar, die ihm seine unsichere Einstellung zur Frau bereitete. Gleichzeitig war die Beziehung kreativ anregend, zum Beispiel für sein Werk »Der Prozeß«.

Zwei Tage bevor Kafka die Verlobung nach langem Ringen mit sich beenden wollte, hatte er einen Blutsturz. Nach dieser schweren körperlichen Krankheit fühlte er sich plötzlich seelisch erleichtert und konnte kurz darauf die Verlobung endgültig lösen. In einem Brief an seinen Freund Max Brod beschreibt Kafka, wie für ihn der Blutsturz damit zusammenhing, die Verlobung aufzulösen: »Immerfort suche ich eine Erklärung der Krankheit... Manchmal scheint es mir, Gehirn und Lunge hätten sich ohne mein Wissen verständigt: ›So geht es nicht weiter‹, hat das Gehirn gesagt, und nach fünf Jahren hat sich die Lunge bereit erklärt zu helfen.« – Etwas später schreibt er: »Willst Du eine Laiendiagnose? *Die körperliche Erkrankung ist hier nur ein Aus-den-Ufern-Treten der geistigen Krankheit*; will man sie nun wieder in die Ufer zurückdrängen, wehrt sich natürlich der Kopf, er hat ja eben in seiner Not die Lungenkrankheit ausgeworfen...«[41].

Kafka betrachtete sein Kranksein nicht als etwas, das außerhalb seiner Person liegt. Er erkannte, daß es mit seinen unlösbaren Problemen verknüpft ist. Da er einen Partnerkonflikt psychisch nicht bewältigen konnte, mußte der Körper nachhelfen. Vermutlich wäre es für Kafka unmöglich gewesen, sich zu trennen, wenn nicht sein Körper eingegriffen hätte.

Sein Freund Max Brod schrieb über ihn zu den »Maßnahmen wegen Kafkas Krankheit«: Er stellt die Krankheit »als psychisch dar, gleichsam als Rettung vor der Heirat. Er nannte sie eine endgültige Niederlage! Doch schläft er seither gut. Befreit – gequälte Seele!... Es war so, daß das Gehirn die ihm auferlegten Sorgen und Schmerzen nicht mehr ertragen konnte. Es sagte: ›Ich gebe es auf; ist hier aber noch jemand, dem an der Erhaltung des Ganzen etwas liegt, dann möge er mir etwas von meiner Last abnehmen, und es wird noch ein Weilchen gehen.‹ Da meldete sich die Lunge, viel zu verlieren hatte sie ja wohl nicht. Diese Verhandlungen zwischen Gehirn und Lunge, die ohne sein Wissen vor sich gingen, mögen schrecklich gewesen sein.« – Die Krankheit hatte den Sinn, auf eine Lebensfrage Antwort zu finden. Kafka konnte nur mit Hilfe des Körpers entscheiden: seine Verlobung lösen und die geplante Heirat aufgeben.

Demnach wäre beim Kranksein auch zu fragen: Kann es sein, daß sich Körper und Seele womöglich »ohne mein Wissen verständigt« haben? Krankheit ist dann als »kreative Leistung« anzusehen. Das Ich wird nicht als »Opfer seines ich-fernen Körperleidens betrachtet«, sondern als »engagierter Mitgestalter dieses Werkes«. Bisher ging man »fast immer stillschweigend davon aus, daß das Leiden an sich ein schädliches und für das Ich des Patienten feindliches Prinzip sei. Wenn sich die These, körperliche Krankheit sei manchmal ein seelischer Selbstheilungsversuch, als stichhaltig erweist, dann hat dies für die Einstellung von Arzt und Patient zu der Krankheit Konsequenzen. Die gängige Anti-Krankheits-Einstellung wird dann in Frage gestellt« (Beck[42]).

Suchen wir die Ursachen des Krankseins nur außerhalb unserer Person, bleiben wir das Objekt eines für uns unverständlichen Schicksals. Beziehen wir hingegen unsere Person mit ein, dann können wir uns selbst bemühen, das Kranksein zu verstehen und unsere Selbstheilungskräfte zu unterstützen.

Dem Kranksein einen Sinn geben

Es gibt Krankheiten, die dem Menschen aufgezwungen werden, unabhängig von seiner persönlichen Lebensgeschichte und seinem aktuellen Erleben. Hier ist allerdings nicht die Rede von schweren Erbkrankheiten, von lebensbehindernden Leiden im Alter, von bösartigen Krebserkrankungen, von AIDS und anderen unheilbaren Leiden. Schicksalskrankheiten dieser Art gehen über den Rahmen dieser Einführung in psychosomatisches Denken hinaus. – Hingegen kann jeder Mensch betroffen werden von Infektionskrankheiten, gegen die die körperlichen Abwehrkräfte keine Chance haben, weil zum Beispiel die Viren unmittelbar in die Blutbahn geraten sind; oder von Unfällen, die ihn für lange Zeit krank machen; oder von Störungen bestimmter Organe und Körperteile durch äußere Einwirkungen.

Außerdem gibt es Erkrankungen, die womöglich seelisch mitbedingt sind, aber der Erkrankte kann dies nicht erfassen und muß die Krankheit hinnehmen, ohne sie zu verstehen. In Fällen also, in denen Kranksein körperlich bedingt ist oder – weil unverstanden – körperlich aufgefaßt werden muß, geht es nicht darum, den verborgenen Sinn zu ergründen. Die körperlich verursachten oder unverstandenen Körpersymptome können dann nicht in einen ursächlichen Erlebniszusammenhang gebracht werden. Möglich ist hingegen, jedem Kranksein einen Sinn zu *geben*. Dieser Sinn ist Ergebnis des individuellen Sich-Einlassens der Person mit ihrem Kranksein. Was dabei herauskommt, hat nur Wert für Einstellung und Handeln dieses Erkrankten. Nicht objektive Ursachen müssen aufgedeckt werden; der Kranke setzt etwas in sich in Bewegung. Krankheit wird dabei als Lebensäußerung verstanden, die nicht abnorm ist, sondern zum Leben gehört wie Gesundheit.

Auch Krankheiten, die nicht erlebnisbedingt sind, lassen dem Menschen die Freiheit, sich mit ihnen auseinanderzusetzen: die Krankheit anzunehmen oder sich dagegen aufzulehnen, sie als aufgezwungenes feindliches Geschehen abzulehnen oder lebensbejahend zu gestalten, sie passiv zu erdulden oder Selbstheilungskräfte zu entwickeln, um sie zu überwinden. – Krankheit zeigt an, daß den Menchen etwas Lebenswidriges ergriffen hat. Sich davon zu befreien bedeutet, das Lebensrichtige für diese Person zu finden. Dazu ist hilfreich, den in jeder Krankheit enthaltenen Sinngehalt zu ergründen.

Sinn-gebende Aspekte bei körperlicher Krankheit sind zum Beispiel:

- Krankheit kann bisher nicht bekannte, neue Erlebnisweisen ermöglichen. Abgespaltene Persönlichkeitsanteile werden dem Erleben zugänglich.
- Der Erkrankte erfährt »am eigenen Leibe« Gefühle, die er bisher verdrängte. Er kann z. B. lernen, das Geschehen-Lassen zu akzeptieren, körperliche Schwäche anzunehmen, die Kraftlosigkeit zu spüren, die oft durch Aktivität überdeckt wird.

- Kranksein kann dazu verhelfen, einen Neubeginn in der Lebensführung zu riskieren, der als befreiend erlebt wird.
- Der Erkrankte hat die Chance, Ohnmacht als Teil des Mensch-Seins anzunehmen und Allmachtsphantasien zu korrigieren, das wirkt sich entlastend auf ihn aus. Passivität und Nicht-mehr-Können zu erleben, kann ihn verständnisvoller und duldsamer sich selbst und anderen gegenüber machen. Erfahrungen der Selbst-Grenzen werden in das Selbstbewußtsein aufgenommen und erweitern das Ich.
- Durch das Kranksein gehen bisher hoch geschätzte Eigenschaften verloren wie Leistungsfähigkeit, Stärke, berufliche Tüchtigkeit, Schönheit. Das kann eine Krise im Selbst-Verständnis auslösen und dazu anregen, eine neue Identität zu finden. Einseitig entwickelte und überwertig gewordene Haltungen, mit denen der einzelne zu ausschließlich gelebt hat, werden durch die Zäsur des Krankseins besser wahrgenommen und können eine andere Entwicklung einleiten. Die Stille des Krankseins ermöglicht Besinnung und In-sich-hinein-Horchen. Die Flucht vor sich selbst kann angehalten und zur Begegnung mit sich selbst werden. Vielleicht merkt der Erkrankte durch die erzwungene Besinnungspause, daß er zwar bei Verstand, aber nicht ganz »bei Sinnen« ist.
- Die mit Hilfe des kranken Körpers erzwungene »Bedenkzeit« kann die Suche nach der Wahrheit anregen und die religiöse Besinnung. Schicksalsbedingtes Kranksein führt dazu, sich mit Sterben und Tod auseinanderzusetzen – und stößt damit zu einem bewußteren Leben an. Kranksein läßt etwas vom Geheimnisvollen des menschlichen Lebens aufleuchten, das sich der Erklärung oft entzieht.

Zur Wahrnehmung meiner persönlichen Situation
Krankheit als Selbstheilungsversuch fordert den Erkrankten heraus, sich bewußt mit seinem Kranksein zu befassen.

- Welche »freien Einfälle« kommen mir zu meinem Kranksein? Ich muß nicht gleich schlüssige Zusammenhänge zu meiner Krankheit aufdecken. Es ist bereits hilfreich, alles, was mir zu meiner Erkrankung in den Sinn kommt – auch Un-sinniges oder Befremdliches – in mir aufsteigen zu lassen, auf meine Träume zu achten, meine Phantasien während des Krankseins wahrzunehmen – also gleichsam die »freie Assoziation« zuzulassen.

- Weshalb bin ich gerade jetzt krank? Wie war meine Lebenssituation bei Beginn der Krankheit: Wie ging es mir da? Was bewegte oder bekümmerte mich? Hatte sich etwas besonderes – vielleicht unbemerkt – ereignet? Auch wenn ich auf manche Fragen keine Antwort finde, so können mir diese doch dabei helfen, mich mit der Krankheit sinnvoll auseinanderzusetzen.
- Kann das Kranksein mit meiner lebensgeschichtlichen Entwicklung zusammenhängen? War ich früher schon einmal in einer ähnlichen Situation? Welche seelische Verletzung kann dem Kranksein zugrundeliegen oder welcher unbewußte Konflikt? Welche Vorstellungen habe ich darüber, wie die Krankheit entstanden ist?
- Weshalb bin ich in dieser Weise erkrankt? Welche »Zeichen« kann mir die Art meiner Erkrankung für die Zukunft geben? Möchte ich anders weiterleben?
- Bin ich bereit, mich für mein Kranksein verantwortlich zu fühlen. Ich gewinne dadurch vielleicht die Fähigkeit, einen Lebensabschnitt oder eine Lebenskrise besser zu bewältigen. Erlebe ich mich nur als »Opfer« der Krankheit, so als wäre diese wie eine Naturgewalt über mich »hereingebrochen« – und versäume ich es dadurch womöglich, mich als Person mitgestaltend in den Krankheitsprozeß einzuschließen?
- Kann ich einen verborgenen Sinn des Krankseins wahrnehmen? Woher kommt meine Krankheit, warum bin ich krank geworden? Wozu kann mir das Kranksein dienen? Was für ein »Anliegen« möchte mir meine Krankheit »nahe-legen«? Was will mir die Krankheit mitteilen und welche Signale – »Lebe nicht so weiter!« – gibt sie mir?
- Wenn ich den Sinn der Krankheit nicht verstehe: Welchen Sinn kann ich dem Kranksein-Müssen *geben*?

9. Kopfschmerzen durch seelisch-leibliche Verspannungen

Ein Grieche hörte zu, wie Sokrates mit einem jungen Mann über dessen Kopfweh sprach. Er sagte darauf: »Da wäre ja, Sokrates, für den jungen Mann sein Kopfweh ein wahres Glück geworden, wenn er genötigt würde, seinem Kopf zuliebe auch in seinem Geistesleben besser zu werden!«

Platon

Migräne und Muskelspannungs-Kopfschmerz – Nur körperlich?

Man schätzt, daß zehn Prozent der Menschen in der Bundesrepublik unter häufigen Kopfschmerzen leiden. 20% der Gesunden nennen Kopfschmerzen als Allgemeinbeschwerden. Frauen sind stärker betroffen als Männer. Etwa 70–80% der Bevölkerung haben einmal oder öfter im Jahr Kopfweh. Ungefähr 90% aller Kopfschmerzen sind nicht körperlich verursacht. Personen, die in Konfliktsituationen leben, zum Beispiel in Ehekonflikten, sind mehr mit Kopfweh geplagt als andere. Auf unbewältigte Belastungen bei Kopfschmerzpatienten weisen manche statistische Daten hin. So sind zum Beispiel Frauen, die in den letzten zwei Jahren geheiratet haben, unter den Kopfschmerzpatienten nachweislich häufiger zu finden[13].

Wir unterscheiden zwischen Migräne und Muskelspannungs-Kopfschmerz. Bei der *Migräne* handelt es sich um anfallartig auftretende, meist halbseitige Kopfschmerzen. Die Betroffenen sind geräusch- und lichtempfindlich, spüren Augenflimmern, haben keinen Appetit; es ist ihnen übel bis zum Erbrechen. Auch Magen- und Darmbeschwerden, zum Beispiel Durchfall, treten hinzu. Es kommt zu Gesichtsblässe und Schwindel. Der Erkrankte ist depressiv gestimmt und gereizt. Oft hat er den Wunsch, allein zu sein und sich in ein dunkles Zimmer oder ins Bett zurückzuziehen. – Die Schmerzen werden als hämmernd oder pochend beschrieben;

sie treten meist in der Schläfenregion oder über einem Auge auf und dauern mehrere Stunden, können sich aber auch über Tage hinziehen.

Der *Muskelspannungs-Kopfschmerz* äußert sich in Schmerzen drückender Art und in Angespanntsein. Oft ist er gekoppelt mit schmerzhaft verspannten Muskeln, besonders im Nacken und in den Schultern. – Spannungs-Kopfschmerz geht häufig mit beruflichen oder familiären Belastungen einher.

Es gibt zwei entgegengesetzte Haltungen dem Symptom gegenüber, ob es sich um Kopfschmerzen, Magenverstimmungen, Erschöpfungszustände oder eine andere Erkrankung handelt. Die eine Haltung besteht darin, Kopfschmerzen ausschließlich auf äußere und körperliche Bedingungen zurückzuführen: auf das Wetter, die schlechte Luft, auf Überarbeitung, zuviel Alkoholgenuß, auf die Monatsregel oder zu wenig Schlaf, auf die abgenützte Halswirbelsäule oder zu hohen Blutdruck und vieles andere. – Diese Einstellung kann auf Unwissenheit beruhen. Vielen Menschen ist die Erkenntnis, daß Psyche und Körper eine Einheit sind, nicht zugänglich. Als »Medizin-Konsumenten« haben sie die schulmedizinische Einstellung übernommen, daß es lediglich den erkrankten Körperteil zu »behandeln« gilt, damit er wieder richtig »funktioniert«.

Dann gibt es Kopfschmerz-Kranke, die aus psychischer Abwehr heraus, an körperlichen Schmerzursachen festhalten. Es ängstigt sie, die Vorstellung an sich heranzulassen, daß ihre Kopfschmerzen ursächlich etwas damit zu tun haben, wie sie leben. Zu ihnen gehören auch jene, die es nicht ertragen können, einen »Defekt« zu haben und sich mit diesem auseinanderzusetzen. Deshalb müssen sie auf materiellen Ursachen der Schmerzen bestehen.

Ein anderes Extrem bilden Menschen, für die alles »nur psychisch« ist. Für sie kommt nicht in Frage, daß Kopfschmerz entstehen kann, wenn jemand zu starker Sonneneinstrahlung oder zu großem Lärm ausgesetzt war. Sie neigen dazu, alles psychologisch zu erklären und dadurch ihr Blickfeld einzuengen; oder sie haben die Größenvorstellung, es gäbe keine äußeren Einflüsse, die Kopfschmerzen verursachen könnten.

Zu den Menschen, die alle Ursachen im Psychischen sehen wollen, gehören auch jene, die mit dem Satz: »Das ist ja nur psychosomatisch« dem anderen eine Schuld zuweisen. Die Ursache wird damit erklärt, daß der Kranke selbst »die Schuld« für seine Kopfschmerzen trägt: Bei dem stimmt in der Lebensführung etwas nicht; er bräuchte sich nur nicht so aufzuregen oder er müßte sich lediglich nicht so unter Druck setzen lassen...

Sicher ist auch bei Kopfweh, daß es mehrere Ursachen hat. In jedem Fall ist zu fragen: Was macht mir Kopfschmerzen? Haben die Schmerzen etwas mit meinen Gefühlen zu tun? – Wenn eine körperliche Ursache auszumachen ist, muß diese medizinisch aufmerksam verfolgt werden. Aber selbst dann kann es hilfreich sein, nach psychischen Hintergründen zu fragen. Denn Krankheit ist nicht anonymer Zufall, sondern bedeutet für den Kranken persönlich etwas. Sie bricht nicht als erlebnis-unabhängiges Naturgeschehen über ihn herein; vielmehr ist sie eng mit seiner Person verbunden.

Welche körperlichen Vorgänge laufen beim Kopfschmerz ab? – Bei der *Migräne* kann das Blut nicht ungehindert durch das Gehirn strömen, weil sich die Gefäße verengen. Nach dieser verminderten Durchblutung erweitern sich die Gefäße wieder; das erzeugt bei jedem Pulsschlag den pochenden Schmerz. Der Gefäßkrampf selbst wird durch psychische Erregung ausgelöst, die mitbedingend dafür ist, ob sich die Adern verengen oder erweitern.

Es handelt sich um einen komplizierten Vorgang, der zwar genau erforscht ist, aber dessen Ursachen letztlich unbekannt sind: Die Hormondrüsen senden Adrenalin und Noradrenalin aus; dadurch verengen sich die Gefäße innerhalb und außerhalb des Schädels. Gleichzeitig laufen biochemische Prozesse im Körper ab. Sie verändern die Konzentration der Stoffe im Blut, die die Gefäßweite regulieren. Durch die biochemischen Veränderungen verengen sich die kleinen Arterien, die sich in die feinsten Blutgefäße, die »Haargefäße« verzweigen. Dadurch kommt es zu einer Unterversorgung mit Sauerstoff, und das Blut wird übersäuert; schmerzauslösende Stoffe werden freigesetzt, die das Kopfweh bedingen.

Muskelspannungs-Kopfschmerzen entstehen als Folge anhaltend angespannter Muskeln. Sie gehen von einem steifen Genick mit

Muskelverspannungen im Bereich der Halswirbelsäule aus, wahrscheinlich weil dort Substanzen angereichert werden, die die Schmerzfasern chemisch aktivieren.

Als *kopfschmerz-auslösende Situationen* im körperlichen Bereich werden genannt: Nahrungs- und Genußmittel mit bestimmten Substanzen, etwa in Rotwein, Schokolade, bestimmten Käsesorten. Physikalische Auslöser können grelles Licht sein, verbrauchte oder trockene Luft und vieles andere. Auch bioklimatische Verhältnisse wie der Fön, das »Niederdruckwetter« oder bestimmte Jahreszeiten, etwa Frühling oder Herbst, lösen bei manchen Menschen Kopfschmerzen aus. – In der Hauptsache sind es allerdings psychische Auslöser, also seelische Spannungen, die zu Kopfweh führen.

Auch den Kopf betreffend gibt es Redensarten, die auf psychosomatische Zusammenhänge verweisen:

Konflikte, von denen wir befürchten, wir könnten sie nicht lösen, bereiten uns Kopfschmerzen.

Über schwierige Probleme müssen wir uns den Kopf zerbrechen.

Wegen einer schwer zu bewältigenden Aufgabe zermartern wir uns das Hirn.

Manchem ist etwas zu Kopfe gestiegen, worunter er leidet.

Es gibt Menschen, denen schwillt die Zornesader an, oder sie befürchten gar, ihr Kopf könnte zerspringen.

Andere müssen immerfort den Kopf hoch oder den Nacken steif halten, besonders dann, wenn ihnen die Arbeit über den Kopf wächst.

Es kann ihnen dabei die Wut im Nacken sitzen.

Aber womöglich sind sie so verkopft, daß sie ihre Gefühle nicht mehr spüren.

»Dieser pausenlose Druck« – Kopf-Schmerz einer Jugendlichen

An einem Beispiel möchte ich darstellen, wie seelisches Erleben beteiligt sein kann, wenn Kopfschmerzen entstehen. Die Jugendliche Hildegard G. klagte über ständige Kopfschmerzen, die bereits morgens begannen und oft so stark wurden, daß sie von der Schule nach Hause gehen mußte. Die gute Schülerin verrichtete ihre Schularbeiten bereitwillig und sorgfältig. Hausaufgaben machte sie schon als Kind immer von sich aus. Bald wurde Lernen für sie wichtiger als Spielen, obwohl die Eltern sie nie zu schulischer Leistung zwangen oder vom Spiel abhielten. Mutter und Vater sahen es allerdings gern, daß Hildegard sehr nach guten Noten strebte und – wie es hieß – nichts als das Lernen »im Kopf« hatte. Beunruhigt waren sie lediglich, weil sich die Tochter nicht unbefangen über ihre Schulerfolge freute.

Die Kopfschmerzen nahmen zu, wenn Hildegard angestrengt arbeitete, zum Beispiel, wenn sie eine Facharbeit zu verfassen oder ein bestimmtes Lernprogramm durchzuführen hatte. Sie ließ nicht von dem Anspruch ab, immer sehr tüchtig zu sein. Schon die Note 2 konnte sie verzweifeln lassen. Alles, was sie tat, machte sie perfekt. Bekam sie einmal nicht die ersehnte Anerkennung, war sie bedrückt; wurde sie anerkannt, strengte sie sich noch stärker an. Sie übte immer noch mehr Druck auf sich aus und klagte dann über den »pausenlosen Druck«.

Bei der Suche nach den Ursachen für die Kopfschmerzen fiel eine ausgeprägte *Identifikation* mit den Leistungsidealen des Vaters auf; die Jugendliche wollte so werden wie er. Dieser verlangte von sich selbst sehr viel, »ging in seiner Arbeit auf« und war wegen seines beruflichen Aufstiegs anerkannt. Zu seiner Tochter hatte er eine freundlich-zugewandte Beziehung. Hildegard lebte allerdings in dem Gefühl, sich des Vaters Zuneigung nur sicher sein zu können, wenn sie so tüchtig war wie er. Sie machte die Leistungsideologie der Eltern voll zu ihrer eigenen; so mußte sie sich immer größtmöglich anstrengen. Das ging an den Rand ihrer Kräfte, zumal sie insgesamt eher zart war.

In den tiefenpsychologischen Gesprächen zeigte sich, wie sie sich anspannen mußte, um die selbstauferlegten Leistungsziele zu erreichen. Sie war so auf Dauerarbeit eingestellt, daß sie sich auch in Ferienzeiten nicht erholen konnte. »Sich gehen lassen«, locker spielen, behaglich genießen: All das kannte sie nicht.

Dem verinnerlichten Leistungsanspruch war sie auch deshalb ausgeliefert, weil sie sich nicht wehren konnte. Spürte sie zu hohe Erwartungen oder zu strenge Leistungsanforderungen von Eltern oder Lehrern, antwortete sie nicht mit aggressivem Protest, sondern verdrängte diesen. Weil die Jugendliche *aggressiv gehemmt* war, blieb sie dem Leistungsanspruch ausgesetzt, der an sie gestellt wurde und von dem sie annahm, daß sie ihn zu erfüllen hatte. Stolz und Anerkennung der Eltern »belohnten« sie zwar; aber das entspannte sie nicht, sondern spornte sie an, sich noch mehr zu fordern.

An Hildegards Beispiel kann man wesentliche Merkmale der Erkrankungsgeschichte und der Psychodynamik bei Muskelspannungs-Kopfschmerz erkennen:

- Spannungs-Kopfschmerz tritt häufig unter Leistungsdruck auf, zum Beispiel als »Schulkopfschmerz« oder »Bürokopfschmerz«.
- Er kann oft verstanden werden als Reaktion auf Überforderung in Ausbildung und Beruf.
- Werden die individuellen Kräfte überfordert, muß letztlich ohne entsprechenden Erfolg gelernt oder gearbeitet werden; die sich daraus ergebende Spannung wird nie aufgelöst.
- Ausgeprägtes Abhängigsein von Erfolg und Anerkennung bedingt fortwährend, sich weiterhin überstark anzustrengen.
- Das die Person überfordernde Leistungsstreben bringt eine einseitige Lebensführung mit sich, die nicht mehr zuläßt, sich zu entspannen. Immer steht das ehrgeizige Lösen von Erfolgsproblemen im Vordergrund.
- Perfektionistisches Streben läßt wenig Freude am Erfolg erleben; denn nie ist etwas so gut, wie es eigentlich sein sollte.
- Bei aggressiver Gehemmtheit ist es besonders schwierig, sich den äußeren und inneren Leistungsanforderungen zu widersetzen. Die Person ist diesen wehrlos ausgeliefert.

In Gefäßverengung und Muskelkrampf verborgene Anspannung – Konflikte bei Kopfschmerzen

Bei der Untersuchung von Kopfschmerz-Kranken fallen bestimmte Persönlichkeitsmerkmale auf, die häufig vorkommen. Allerdings darf man nicht so weit gehen, verallgemeinernd von einer »Kopfschmerzpersönlichkeit« zu sprechen; denn das psychische Erleben von Menschen mit Kopfweh ist unterschiedlich. Folgende wiederkehrende Beobachtungen wurden gemacht: Nach klinischen Erhebungen sind Menschen mit *Migräne* oft leistungsstrebig, erfolgsorientiert, überordentlich, perfektionistisch, ausdauernd, leicht irritier- und kränkbar; sie gestalten soziale Beziehungen eher unpersönlich, die Sexualität kann gehemmt sein. In anderen Untersuchungen finden sich häufig Passivität und geringe Fähigkeit, Belastungen zu ertragen. Dagegen sind Patienten mit *Muskelspannungs-Kopfschmerz* oft abhängig, depressiv und leiden gehäuft unter Konflikten mit der Umwelt. Migränekranke wie auch Personen mit Muskelspannungs-Kopfschmerz haben Untersuchungen zufolge im Vergleich zu einer schmerzfreien Kontrollgruppe eine höhere Leistungsmotivation und mehr Furcht vor Mißerfolg. Ergebnisse solcher klinischer Erhebungen dürfen jedoch nicht zu Vor-Urteilen führen, sondern können die Wahrnehmung schärfen.

Nach tiefenpsychologischer Auffassung bilden seelische Konflikte die Grundlage des psychisch bedingten Kopfschmerzes. Über den neurotischen Bewältigungsversuch kommt es zur psychosomatischen Erkrankung. Kopfschmerzen sind dann körpersprachlicher Ausdruck eines zugrundeliegenden Konfliktes. In ihnen drücken sich Wünsche, Gedanken, Ängste, Phantasien aus, die vom Bewußtsein der Person nicht akzeptiert werden und daher nicht in ein situationsveränderndes Handeln eingehen, – Ich habe bereits eine Reihe möglicher psycho-dynamischer Hintergründe des Kopfschmerzes angeführt; sie sollen hier zusammengefaßt und ergänzt werden.

Gehemmte Aggression

Kopfschmerzen können aus gehemmter Aggression entstehen. Aggressive Wünsche, feindselige Gedanken oder sadistische Vorstellungen dürfen nicht hochkommen. Die verdrängten Impulse werden jedoch für die Person umso gefährlicher, je mehr sie sich anstauen. Die Angst vor überschießendem, zerstörerischem Handeln verstärkt die Abwehr der aggressiven Wünsche und damit den inneren Druck. Dieser kann sich in Kopfschmerzen äußern: »Mir zerspringt der Kopf ... Es ist, als explodiere mein Kopf.« Man kann also die Migräne als Folge eines gehemmten aggressiven Aktes sehen. Dieser geht körperlich einher mit erhöhter Blutzufuhr zum Gehirn; gleichzeitig werden jedoch die Muskelaktionen blokkiert. Die Person möchte aggressiv sein, aber gegengerichtete Impulse hemmen das aggressive Handeln.

Nach Wilhelm Reich sitzt die Wut im Nacken. Deshalb kann sie eine Ursache für Kopfschmerzen sein. Müssen zudem die Wutimpulse nach außen hin als Gelassenheit demonstriert werden, kann innere Verzweiflung und Angst immer größer werden. Deshalb gilt es beim tiefenpsychologischen Bearbeiten von Kopfschmerzen, die unterdrückte Wut erlebbar zu machen.

Abwehr sexueller Wünsche

Kopfschmerzen können für vielerlei abgewehrte Wünsche stehen. Durch frühkindliche Erfahrungen kann zum Beispiel der sexuelle Bereich als verboten oder schmutzig oder niedrig erlebt werden. Er bildet dann einen Gegensatz zum »höherstehenden Geistigen«. Sexualität gilt in solchen Fällen nicht als Teil des sich liebend einander Zuwendens und der damit verbundenen Sinnenfreudigkeit, sondern muß abgespalten werden. Der schmerzende Blutdrang zum Kopf kann die in den Kopf verschobene Sexualität symbolisieren. Die Person muß sich gegen den erotisch-sexuellen Lebensbereich sperren; oft wird dieser bereits in der Vorstellung blockiert. Das führt zu verkrampftem und verengtem Denken und Leben. In der tiefenpsychologisch orientierten Therapie geht es darum, die blockierende Abwehr der sexuellen Wünsche aufzusuchen, zu verstehen und zu bearbeiten. Dann kann die Sexualität als Teil der Gesamtpersönlichkeit angenommen werden.

Über-Ich-Abwehr und Selbstbestrafung

Verbotene Triebimpulse, etwa aggressive oder sexuelle, mobilisieren die Über-Ich-Abwehr der Person: Das strenge Über-Ich verbietet dem Ich die Triebwünsche. Dieser Konflikt kann sich in Schuldgefühlen äußern, die dazu führen können, sich durch Schmerz selbst zu bestrafen. Die aggressiven Regungen werden dann zum Beispiel gegen die eigene Person gerichtet. Dies kann bis zu unbewußten oder teilbewußten Selbstmordneigungen gehen. Kopfschmerzen symbolisieren so die Verschiebung von Schuldgefühlen ins Körperliche und dienen der Selbstbestrafung. – In der Psychotherapie ist es wichtig, die vermeintliche oder tatsächliche Schuld nicht zu beschwichtigen, sondern ihre Entwicklungsgeschichte aufzudecken und den Schuldkomplex zu bearbeiten.

Überforderung und Leistungskonflikte

Kopfschmerzen haben oft Leistungskonflikte als psychodynamischen Hintergrund. Die Erkrankten glauben, Anerkennung und Liebe könnten nur durch hervorragende Leistungen erreicht werden. Daraus ergeben sich übergroße Ansprüche an sich selbst und Riesenerwartungen in bezug auf Erfolg und Akzeptiertwerden. Übermäßiges Streben nach Disziplin und Ordnung unterbindet die Seite des Sich-gehen-Lassens. Durch das leistungsorientierte Leben muß sich die Person immerfort unter Kontrolle halten. Sogar während der Kopfschmerz-Anfälle muß sie sich »zusammenreißen«: Die anderen sollen ihr »nichts anmerken«, weil sie ihnen nicht »zur Last fallen« will. Gleichzeitig stehen dahinter die entgegengesetzten Wünsche nach Zuwendung. Aber diese Gefühle und Wünsche dürfen nicht geäußert werden.

Das überhöhte Anspruchsniveau und die starke Erfolgsorientierung sind oft durch die Identifikation mit den Eltern bedingt; deren hohe Leistungsideale werden übernommen. Die Person fordert unter Umständen so viel von sich selbst, daß sie diesen eigenen Ansprüchen nicht mehr gewachsen ist. Aber sie kann sich nicht davon befreien, weil sie den Liebesverlust fürchtet, der nach ihren Vorstellungen damit verbunden wäre.

Flucht in die Krankheit

Bei Kopfschmerzen kann es sich, wie bei anderen psychosomatischen Erkrankungen, um eine »Flucht in die Krankheit« handeln. Da der innerseelische Konflikt unbewußt bleibt, ist der Kopfschmerzkranke zwar von seinen Anfällen gequält, muß sich aber nicht den belastenden Gefühlen von Angst, Scham oder Bedrükkung aussetzen, die hinter den Kopfschmerzen stehen. Das bewußte Erleben des Konfliktes würde genau die abgewehrten Gefühle auslösen. Daß dem Erkrankten durch das Symptom erspart wird, sich mit den unerträglichen Konflikten auseinanderzusetzen, bezeichnet man in der Psychoanalyse als »primären Krankheitsgewinn«. Das Symptom vermindert die *psychische Spannung*, so körperlich schmerzhaft es auch sein mag. Die »Flucht in die Krankheit« erläßt der Person, Konflikte auszutragen, denen sie sich nicht gewachsen fühlt.

Krankheitsgewinn

Wenn die Schmerzen im Kopf weg sind, tritt zunächst der eigentliche Schmerz der Seele zutage. Zum Beispiel Gefühle des Minderwertigseins, die hinter dem anspannenden Leistungsehrgeiz auftauchen; oder depressives Verstimmtsein, das dem Erleben von Sinnlosigkeit entspringt. Die körperlichen Schmerzen ersparen dem Erkrankten psychischen Schmerz. Dieser *primäre* Krankheitsgewinn macht verständlich, weshalb Erkrankte und deren Bezugspersonen unbewußt gegen die Behandlung und das Gesundwerden Widerstand leisten. Durch die Krankheit ist der Konflikt materialisiert. Das entlastet die Person und ihre Umwelt.

Eine Psychotherapie stellt hingegen den körperlichen Lösungsversuch in Frage. Die Person und ihre Umwelt befürchten zu Recht, daß durch die Behandlung der eigentliche seelische Konflikt hervortritt. Die damit verbundenen psychischen und sozialen Spannungen sind schwerer zu ertragen als die körperliche Krankheit. In der Psychotherapie ist es deshalb wichtig, den aus dem unbewußten Krankheitsgewinn erwachsenden Widerstand aufzudekken und durchzuarbeiten.

Der Krankheitsgewinn hat noch eine andere Seite: Bezugspersonen des Erkrankten werden durch die Kopfschmerzen zu Rücksichtnahme ermahnt. Durch ihr mit-leidiges Verhalten erfährt die erkrankte Person etwas von jener Zuwendung, die sie insgeheim anstrebt, aber sich nicht bewußt eingestehen darf. Unbewußt arrangiert sie sich mit dem Symptom und zieht aus ihm den größtmöglichen Vorteil. Diese äußeren Vorteile, die ein Erkrankter aus bereits bestehenden neurotischen Symptomen ziehen kann, nennt man den *sekundären* Krankheitsgewinn. Da er der Heilung im Wege steht, ist es unerläßlich, ihn therapeutisch zu bearbeiten.

»Seinem Kopf zuliebe ... auch in seinem Geistesleben besser werden?«

Die Anschauung, daß Seele und Geist auf den Körper einwirken, war in der griechischen Philosophie ein wichtiges Thema. Die Ganzheit des Menschen sollte für das Handeln des Arztes leitend sein. Deutlich drückt dies Platon im Dialog »Charmides« aus. Darin läßt er Sokrates mit einem jungen Mann sprechen, der an Kopfweh leidet. Sokrates sagt in diesem Gespräch, »daß man, wenn es den Augen wieder gut gehen solle, den ganzen Kopf und wenn es dem Kopf wieder gut gehen solle, den ganzen Leib und wenn es diesem gut gehen solle, auch den Leib nicht ohne die Seele behandeln dürfe. Denn ... von dieser Seele gehe alles, sowohl Gutes als Böses aus für den Körper und den ganzen Menschen ... Die Seele aber ... müsse durch gewisse Heilssprüche behandelt werden; diese Heilssprüche seien die guten Reden. Durch Reden dieser Art erwachse Besonnenheit in den Seelen.

Platon läßt einen zuhörenden Griechen in diesem Dialog etwas sagen, was das psychosomatische Denken und Handeln bis heute auszeichnet: ›Da wäre ja, Sokrates, für den jungen Mann sein Kopfweh ein wahres Glück geworden, wenn er genötigt würde, seinem Kopf zuliebe nun auch in seinem Geistesleben besser zu werden!‹«[45]. Sokrates brachte Kopfweh in Zusammenhang mit Fragen nach dem Sinn des Kopfschmerzes und damit nach der Lebensweise des Menschen.

Anregungen zur Selbstreflexion

- Welche der nachfolgenden Sinn-Fragen sprechen mich besonders an? Von welcher Frage meine ich, daß ich sie am meisten scheue? Komme ich durch solche Fragen – auch wenn ich nicht Kopfschmerzen habe – auf Widersprüche in meiner Lebensführung, die ich gern verringern möchte?
- Leide ich selbst unter gelegentlichen oder häufigen Kopfschmerzen? Bei welchen äußeren oder inneren Anlässen treten sie auf? Welche persönliche Ursachenerklärung habe ich dafür? Was sind die schmerzauslösenden Situationen – vielleicht solche, die mir »Kopfzerbrechen« machen? Kann ich sie vermeiden oder anders gestalten?
- Erlebe ich mein Fühlen, Denken, Handeln in Einklang miteinander? Wo möchte ich in meinem Leben Fühlen, Denken und Handeln näher miteinander verbinden? Bringt mich womöglich in Spannung, daß ich einseitig das Denken betonen und die Gefühle abspalten muß? Gehe ich an Probleme zu ausschließlich mit dem Kopf heran und lasse dabei meine Gefühle zu kurz kommen?
- Will ich in mancher Hinsicht »mit dem Kopf durch die Wand«? Kann ich mich zu wenig »lassen« und insgesamt zu wenig »loslassen«?
- Lasse ich mein spontanes Handelnwollen und die persönlichen Wünsche zu sehr von den »Umständen« einengen – ohne danach zu fragen, wie ich diese Umstände verändern kann?

- Fühle ich mich in der Beziehung mit meinem Partner wohl, kann ich darin auch meine Sexualität als Teil der nahen Beziehung leben?
- Gibt es in meinem Leben Widersprüche, die mich belasten? Leide ich vielleicht an der zu großen Kluft zwischen meinen Ansprüchen und der gelebten Wirklichkeit? Wie kann ich diese Kluft verringern?
- Muß ich – mich ständig überfordernd – ehrgeizig »nach oben« streben – oder sollte ich mehr »zur mir kommen« und »bei mir bleiben«? Ist mir etwas »zu Kopf gestiegen«, das mich daran hindert, ohne dauernde Spannung leben zu können?
- Wie harmonisch verläuft mein Alltag? Wie »gemischt« sind Arbeit, Spiel, Anspannung und Entspannung, Wachen und Schlafen? Ist mein Leben von Rhythmus bewegt oder von Takt bestimmt?
- Entspricht mein Leben einer ganzheitlichen Auffassung und den Erkenntnissen über natürliche Ernährung? Kann ich den Gedanken akzeptieren, daß mein »Haupt nicht immer die Hauptsache« sein muß?
- Mit wem möchte ich am ehesten darüber sprechen, worüber ich mir den »Kopf zerbreche«?

Mit solchen Fragen können wir dem »Kopf zuliebe« unsere Geisteshaltung klären, danach fragen, welchen Sinn wir dem Leben geben möchten – und welche Lebenswünsche daraus entspringen. So kann der Kopfschmerz für die Person sinn-voll werden.

Die helfende Beziehung

10. Schmerz und Lebensführung in Zusammenhang bringen – Ganzheitliche Therapie

Denn das ist der größte Fehler bei der Behandlung der Krankheit, daß Leib und Seele allzusehr voneinander getrennt werden, wobei es doch nicht getrennt werden kann – aber das gerade übersehen die griechischen Ärzte, und darum entgehen ihnen so viele Krankheiten; sie sehen nämlich niemals das Ganze. Dem Ganzen sollten sie ihre Sorge zuwenden, denn dort, wo das Ganze sich übel befindet, kann unmöglich ein Teil gesund sein.

Platon, 427–347 v. Chr.

Medikamente wirken nicht ursächlich – Medizinische Therapie

»Was kann man gegen Kopfschmerzen tun?« wird häufiger gefragt als »Was haben die Kopfschmerzen mit meinem Leben zu tun?« – Viele Kopfschmerzkranke nehmen Medikamente, um sich von ihren Schmerzen zu befreien. Die Arzneimitteltherapie hat allerdings Nachteile:

- Kopfschmerzmittel können mißbraucht werden. Die Patienten nehmen übermäßig viel ein, oft schon vorbeugend und bei geringfügigen Anlässen.
- Fast alle Medikamente haben Nebenwirkungen. Sie können den Körper schädigen, jedenfalls wenn sie fortgesetzt eingenommen werden.
- Schmerzmittel bergen die Gefahr in sich, abhängig zu machen. Sie bewirken zum Kopfweh hinzu noch eine zweite Krankheit, die Tablettensucht.
- Bestimmte Medikamente wirken selbst schmerzerzeugend, wenn man sie längere Zeit einnimmt: Sogar Kopfschmerzmittel können Kopfschmerzen verursachen: Bestimmte Stoffe in ihnen rufen die Beschwerden hervor, die sie vertreiben sollen.
- Medikamente bekämpfen nur die Symptome der Krankheit,

nicht deren Ursachen. Sie lindern den Schmerz allenfalls kurzzeitig, aber helfen nicht auf Dauer. Tabletten decken die Frage nach dem Sinn des Kopfschmerzes zu.

So kann zum Beispiel das in der Bundesrepublik am häufigsten verschriebene Schmerzmittel bei langfristigem Gebrauch zu schweren Nierenschäden führen. Andere Präparate sind noch problematischer: »Nebenwirkungen wie Magenbeschwerden, Blutbildveränderungen, Neigung zu erhöhtem Blutdruck, Leber- und Nierenschädigungen, Gewichtszunahme, Müdigkeit, Mundtrokkenheit und vieles andere mehr sind bei diesen Präparaten, von denen in der Bundesrepublik jährlich 5,6 Millionen Verordnungen vorgenommen werden, nicht selten«[46].

Viele Menschen unterwerfen sich bereitwillig der medikamentösen Therapie oder wünschen sie; sie erspart ihnen, sich mit ihren seelischen Konflikten auseinanderzusetzen. Eigentlich bräuchten sie einen Arzt, der sich nicht nur um ihre Organe kümmert, sondern auch um ihre Lebensumstände und die damit verbundenen Gefühle, die das Kranksein mitbedingen. Aber hier sind viele Ärzte selbst hilflos. Eine Frau berichtet zum Beispiel in der Sprechstunde von ihren Kopfschmerzen. Sie tut das ausführlich und man gewinnt den Eindruck, sie erzähle auch Nebensächliches. Als sie ihre Schmerzen schildert, beginnt sie zu weinen. Sie spricht von den Sorgen, die sie wegen ihres Kindes bedrücken, weil es in der Schule nicht mitkommt. Und sie deutet Probleme an, die sie mit ihrem Mann hat. Dann lacht sie schnell wieder, entschuldigt sich, weil sie sich hat »gehen lassen« und wischt die Tränen ab.

Der Arzt übergeht in der Regel bei solch einer Schilderung das Wichtigste: das Weinen, das mit dem Lachen rasch zugedeckt wird. Aber gerade der Wechsel zwischen Lachen und Weinen könnte den Weg zu den Ursachen der Kopfschmerzen aufdecken helfen. Die Ursachen liegen vermutlich auch darin, daß die Erkrankte ihren Kummer nicht herauslassen und deshalb nicht bearbeiten kann. Ihr Weinen und Lachen verweist auf ein wirksameres Heilmittel für ihr Kopfweh als Tabletten: das Sich-Auseinandersetzen mit ihren Sorgen. Die Hilfe der Ärztin oder des Arztes könnte sein, sie zu dieser Auseinandersetzung zu ermutigen.

Darauf sind Ärzte in der Regel nicht vorbereitet. Sie lernen in ihrer Ausbildung viel Chemie und Physik; sie lernen alles über Bau und Funktion des menschlichen Organismus – meist an Leichen oder an Modellen; sie lernen den Umgang mit komplizierten Apparaten kennen. Aber sie lernen nicht, mit Menschen zu sprechen, sie ganzheitlich wahrzunehmen. Deshalb wird das Weinen und Lachen der vorher beschriebenen Patientin wohlwollend, vielleicht auch tröstend, übergangen; damit geht eine heil-same Möglichkeit verloren.

Zu oft werden Patienten mit dem »kurzen Prozeß« der Medikamentenverschreibung, der Spritze oder der apparativen Behandlung allein gelassen. Sie bekommen kaum Einblick in die über sie verfügte Heilmethode. Ärzte lernen während ihres Studiums vor allem, ihr Wissen einzusetzen. Hingegen werden sie zuwenig angeleitet, auch das seelische Befinden der Patienten wahrzunehmen, mehr davon zu verstehen, was Körper und Seele und Geist in der Arzt-Patient-Beziehung bedeuten.

Es geht auch darum, nach Ursachen in der Lebensführung zu suchen. In einem ganzheitlichen Arzt-Patient-Verhältnis kann der Arzt die Ratsuchenden umfassender wahrnehmen. Dazu gehört, auf die Nöte der Menschen einzugehen und diese zu eigenständigerem Umgehen mit ihrem Kranksein zu ermutigen. Diese Art des Wissens und Einfühlens ist nicht durch naturwissenschaftliche Methoden zu erwerben.

Christa Wolf[47] sagt in einem Vortrag vor Medizinern, wie wichtig es sei, daß Ärzte die »einfache Selbstbeobachtung« erlernen: »Ich frage mich also, frage auch Sie, ob es eigentlich zweckmäßig ist, daß bis heute der Mediziner nicht nur die... Selbstbeobachtung nicht erlernt – nein, daß es ihm geradezu abverlangt wird, seine Erfahrung mit sich selbst, mit seinen Krankheiten, mit seiner Gesundheit aus dem Spiel zu lassen, zugunsten eines Fetischs, der sich ›Objektivität‹ nennt. Und ob nicht dieses Sich-aus-dem-Spiel-lassen-Können... das zwingendste Motiv ist für die beinahe ausschließliche Konzentration der Schulmedizin auf die Entwicklung von immer neuen Apparaten, technischen Methoden, Pharmaka, nun auch noch von Computern – die hier, daran darf es keinen

Zweifel geben, alle ausdrücklich *auch* gepriesen sein sollen... Ob nicht... die Versachlichung des Denkens und die damit immer stärker verbundene Ausschaltung, Unterdrückung der Gefühle ein meist unbewußtes Bedürfnis geschaffen haben, sich den Patienten, die Patientin vom Leib zu halten und seine Zuflucht vor der hautnahen und seelennahen Begegnung mit ihm oder ihr zu den scheinbar objektiven Aussagen und Leistungen seiner Apparate zu nehmen.«

Zum Überlegen

- Überversorgung unterstützt eine passive Erwartungshaltung, in welcher die Person nur noch konsumierender Patient ist und nicht fragt: Was ist mir meine Gesundheit eigentlich wert? Was bin ich einzusetzen bereit, damit es mir wieder besser geht?
- Liefere ich mich zu sehr den Angeboten der Pharmaindustrie aus, weil ich mir nicht zutraue, nach meinem gestörten Gleichgewicht zu fragen und zu versuchen, dieses wieder herzustellen: indem ich mich mit den Konflikten einlasse, die womöglich mit meinem Kranksein verknüpft sind? Bin ich in mancher Hinsicht »Medizin-Konsument«, der seine Krankheit gleich mit Medikamenten »bekämpft«, anstatt sich von ihr persönlich herausfordern zu lassen, zum Beispiel dazu, in der Lebensführung etwas zu verändern?
- Unterstütze ich bei aktuellen Erkrankungen die Selbstheilungskräfte in mir oder versuche ich gleich, die Symptome zu unterdrücken? Denke ich beispielsweise bei einer Erkältung zunächst vor allem daran, was ich selbst tun kann – etwa durch Kräutertees, kalte Wickel, Schwitzen, Waschungen, leichte, vitaminreiche Kost, Bettruhe – und die Frage, ob meine Erkältung womöglich auch noch einen verborgenen Sinn hat? Oder laufe ich gleich um ein Rezept?
- Erlebe ich Kranksein als eigenen Mangel und kann deshalb meine »leib-haftigen« Gefühle gar nicht annehmen? Darf ich mich »fallen lassen« und dabei kindliche Wünsche spüren, die mir vielleicht unangemessen erscheinen, aber zu mir gehören?

Neben den medizinischen gibt es eine Reihe alternativer Verfahren, zum Beispiel die *Akupunktur*. In Studien zeigt sich, daß durch diese Methode Kopfschmerzen erfolgreich behandelt werden können – ohne die Nachteile des medizinischen Vorgehens.

Sanfte *Massagen* der Muskelpartien des Rückens und der Schulter können den Schmerz lindern. Außerdem gibt es *krankengymnastische Übungen*, durch die die Schulter-Nacken-Muskulatur gelokkert werden kann. Bei dieser Methode kommt hinzu, daß der Erkrankte selbst aktiv zu seiner Heilung beitragen kann. Alles, was entspannend auf den Körper wirkt, kann die Therapie von Kopfschmerzen zumindest unterstützen. Dazu gehören Formen der Bewegungstherapie, Yogaübungen, Saunen und ähnliches.

Zu den *naturheilkundlichen Maßnahmen* zählen Kneippsche Anwendungen: Kalte oder heiße Auflagen auf Stirn oder Nacken. Bei Blutandrang zum Kopf werden ableitende Maßnahmen empfohlen, zum Beispiel Wassertreten, Knie- und Schenkelgüsse, Wechselfußbäder. Kneipp erzählt ein Beispiel für die Heilung von Kopfschmerzen. Es verdeutlicht, daß es vermutlich nicht nur die »ableitenden Maßnahmen« waren, die geholfen haben, sondern die entkrampfte Lebenssituation: »Zwei Studenten mußten die Anstalt verlassen, ehe das Schuljahr zu Ende war. Sie hatten beide so viel Kopfleiden und Blutdrang in den Kopf, daß sie nicht mehr studieren, selbst nur einige Minuten lesen konnten. Beide haben durch alle angewendeten Mittel keine Hilfe gefunden. Ich gab diesen Studierenden den einfachen Rat, sie sollten die meiste Zeit des Tages mit Barfußgehen, besonders im Tau, zubringen; sie sollten womöglich im Wald oder in irgendeinem Bächlein jede Stunde einige Minuten hineinstehen; sich dazu noch täglich zwei, bei warmer Witterung drei Obergüsse geben lassen. Die beiden Jungen befolgten diesen Rat... Sie gingen am Schluß der Vakanz gesund und freudig wieder in ihre Lehranstalt«[48].

Zwar setzen solch alternative medizinische Behandlungsversuche oft nur am Symptom und nicht ursächlich ein. Aber sie verweisen auf eine veränderte, ganzheitliche Lebensweise und damit können sie die Ursachen treffen. Ausschließlich medikamentöse Behandlung hingegen deckt die Ursachen zu.

Die homöopathische Krankheitslehre trachtet vor allem danach, die Abwehr des Körpers gegen Störungen zu stärken. Sie möchte innere Energien wachrufen und den Selbstheilungsprozeß des Menschen unterstützen. Homöopathische Auffassungen lassen mehr von der »subjektiven Krankheit« zu, als die herkömmlichen Heilmethoden, die gegen die Krankheit mit entgegengesetzt wirkenden Medikamenten »kämpfen«. Die Homöopathie versucht dadurch zu heilen, daß sie die Ganzheit des Organismus wahrnimmt und die ihr innewohnenden Kräfte fördert. Sie möchte Krankheit nicht nur unterdrücken oder technisch beseitigen, sondern den Organismus stärken, damit er die Krankheit überwindet.

Beim *Autogenen Training* handelt es sich um ein übendes, konfliktzudeckendes Verfahren, das sich auf vegetative Abläufe konzentriert und der seelisch-leiblichen Entspannung dient. Der Organismus soll in einen Zustand der Ruhe versetzt werden, durch den Angst und Schmerzen abnehmen. Allerdings kann diese Methode dann nicht wirken, wenn der Kranke wegen ungelöster psychischer Probleme dauernd angespannt ist. In diesem Fall bedarf er einer ursächlichen Behandlung durch die seine Konflikte entspannt werden. Die »konzentrative Selbstentspannung« beim Autogenen Training macht sich die Fähigkeit des Menschen zunutze, sich selbst zu beeinflussen. Die Autosuggestion erfolgt durch verschiedene Konzentrationsübungen. Diese entspannen die Muskeln und Blutgefäße; aber auch Herzschlag, Atmung und Körperwärme werden beeinflußt.

Die Übungen erfolgen im Liegen oder bequemen Sitzen. Eine davon ist zum Beispiel die Schwereübung. Der Übende konzentriert sich mit der Formel »Der recht Arm ist ganz schwer« vollkommen darauf, den rechten Arm zu entspannen. Er wiederholt in konzentrativer Entspannung diese Formel etwa sechsmal. Das Schweregefühl weitet sich bei fortschreitendem Üben – etwa dreimal täglich ein bis zwei Minuten – auf den ganzen Körper aus.

Ähnliche Übungen gibt es, um die Blutgefäße zu entspannen, den Herzschlag zu spüren, die Atmung »geschehenzulassen«, den

Bauch zu erwärmen und den Kopf zu entkrampfen. Das Autogene Training wurde von I. H. Schultz begründet. Die Übungen setzen Spannungszustände herab und lindern Symptome wie Schlafstörungen oder Kopfschmerzen – vorausgesetzt, wie gesagt, es handelt sich nicht um eine psychische Dauerspannung durch unbewußte Konflikte. Allerdings können solche suggestiv-zudeckende Methoden auch Ausgangspunkt für konfliktorientierte, aufdekkende Gespräche sein.

Bei der *Bioenergetik* ist das Grundprinzip ebenfalls, durch Übungen und Massagen die Dauerverspannung aufzuheben. Sie betrachtet das körperliche Erleben als einen wichtigen Ursprung persönlicher Erfahrung. Die chronisch verspannten Muskeln erschweren es, Lustgefühle zu erfahren und begünstigen das Risiko, psychosomatisch zu erkranken. In der Bioenergetik wird vom »Charakterpanzer« gesprochen, der sich in ständiger Angespanntheit einzelner Muskeln ausdrückt. In dieser Panzerung sind lebendige biologische Energien eingesperrt. Sie sollen durch bioenergetische Maßnahmen wieder befreit werden. Übungen im entspannten Stehen und Gehen, Liegen und Sitzen, Laufen und Hüpfen, Strecken und Dehnen und dergleichen mehr sollen die ganze Person beleben, die Atmung verbessern, von Fehlhaltungen befreien und den persönlichen Ausdruck ermöglichen. Das Körpergeschehen und der Körperausdruck stehen im Zentrum des Interesses, verbunden mit dem »Hier-und-Jetzt« des Erlebens. Der Therapeut geht einfühlsam auf Körperempfindungen und Körperausdruck des Patienten ein. Dieser konzentriert sich auf den eigenen Körper durch aktives Erspüren, Ertasten, Sich-Bewegen, Entspannen. Der Panzer der chronischen Verspannungen soll abgelegt und ein »Sich-Öffnen« möglich werden.

Die *Gesprächstherapie* arbeitet konflikt- und erlebnis-orientiert vor allem im »Hier-und-Jetzt«. Gefühlserfahrungen werden unter anderem durch das »Spiegeln« gefördert. Der Therapeut stellt den Patienten konfrontierend dem gegenüber, was dieser unmittelbar in seinem Verhalten äußert. Gesprächstherapie geht davon aus, daß die Person durch Gespräche mit dem Therapeuten zu einer »Übereinstimmung mit dem Guten« in sich kommen kann. Bei den Gesprächen übernimmt der Klient selbst die Führung. Der Therapeut bringt diesem Wärme, Wertschätzung, Offenheit und Verständnis entgegen und hilft ihm dadurch, seine augenblicklichen Gefühle und Wünsche aufzuspüren. Anders als bei der Psychoanalyse deutet der Therapeut das Gesagte nicht; er forscht nicht nach den Ursachen, indem er die Probleme bis in die Kindheit zurückverfolgt. Er bemüht sich vielmehr darum, dem Gesprächspartner durch die auf ihn gerichtete Gesprächsführung zur »Selbstkongruenz« zu verhelfen: zu lernen, sich selbst wahrzunehmen.

Die *Gestalttherapie* ist ebenfalls gegenwarts- und erlebnisorientiert. Zwar geht sie aus der Psychoanalyse hervor, legt aber weniger Wert darauf, lebensgeschichtliche Familienbeziehungen aufzuarbeiten. Die »Gestalt« als sinnvolles Ganzes ist Ausgangspunkt des Wahrnehmens und Denkens. Konflikte, die diese Ganzheit stören, sollen dem Bewußtsein näher gebracht und bearbeitet werden. Dabei stehen die gegenwärtigen psychischen Prozesse, die Erfahrungen des Hier-und-Jetzt im Mittelpunkt. Eindrücke, Gefühle, Traumteile, Phantasien werden in der Gruppe und vor der Gruppe spielend dargestellt. Die Teilnehmer zeichnen, malen und gestalten frei und assoziativ. Dadurch nehmen sie ihre Konflikte unmittelbarer wahr und können diese bearbeiten. Aufmerksam wird verfolgt, wie Erlebnisse und Gefühle sich körperlich-gestalthaft ausdrücken. Der Patient wird ermutigt, sich mit seinem Denken und Fühlen zu akzeptieren. Weil Erregung und Atem eng zusammenhängen, wird das Atmen bewußt gemacht und besonders das Ausatmen aktiv vollzogen. – Teilnehmer an Gestaltgruppen werden dazu ermuntert, selbst zu bestimmen, was sie bearbeiten möchten, zu beschreiben, was sie *jetzt* fühlen und erleben, unmittelbar und offen mit anderen zu sprechen. Sie malen sich aus, was sie von der Zukunft erwarten und spielen immer wieder durch, was sie bewegt und wie sie etwas verändern möchten.

Beim *Psychodrama* begegnet der einzelne seinen Konflikten und Problemen im Rahmen spontanen Rollenspiels. Begebenheiten aus Vergangenheit oder Gegenwart werden dargestellt, ebenso erwartete oder erwünschte Situationen der Zukunft. Szenische Darstellung erfahren auch Situationen, die auf Phantasien und Wunschvorstellungen beruhen. Im spontanen Spiel übernehmen die Mitspieler Rollen von den Personen, mit denen der Spielende ungelöste Probleme hat. Diese Probleme und die damit verbundenen Gefühle werden durch das Spielen deutlicher und können bearbeitet werden. Wichtig ist bei der psychodramatischen Aktion der Rollentausch: der Spielende kann zum Beispiel einmal sich selbst, ein anderes Mal den bedrohlichen Vater oder die überfürsorgliche Mutter spielen. Das Rollenspiel vermittelt Einsicht in das eigene Verhalten und in das der Bezugsperson. Dadurch eröffnet es Wege für ein neues Handeln.

Außer den hier aufgeführten Verfahren gibt es noch eine Reihe anderer, die in ähnlicher Weise versuchen, Kopf- und andere Schmerzen mit dem Erleben und der Lebensführung in Zusammenhang zu bringen. Ziel ist dabei, das Leben anders führen zu lernen.

Ein Verhalten lernen, das keine Schmerzen bereitet – Verhaltenstherapie

Die Verhaltenstherapie erklärt und behandelt psychosomatische Störungen auf der Grundlage psychologischer Lerntheorien. Sie geht von der Grundannahme aus, daß alle Verhaltensstörungen durch unerwünschte oder fehlende Lernprozesse entstanden sind. Deshalb wird durch lerntheoretisch begründete Verfahren versucht, das *Fehlverhalten abzubauen, das zu Störungen führte* und es durch erwünschte Verhaltensweisen zu ersetzen: Das störende Verhalten soll verlernt, das erstrebte neu gelernt werden.

Dabei geht es nicht wie bei den tiefenpsychologisch orientierten Methoden darum, lebensgeschichtliche Hintergründe aufzudekken. Es soll vielmehr das derzeitige Verhalten geändert werden, zum Beispiel durch nach festgelegten Regeln erfolgendes Verstärken des erwünschten Verhaltens, durch Modell-Lernen, durch Vermeidungslernen, durch Selbstsicherheitstraining und Rollenspiel. Selbstbeobachtung und gezielte Übungen führen dazu, ein neues Verhalten aufzubauen.

Die Verhaltenstherapie beginnt mit der *Verhaltensanalyse*. In ausführlichen Gesprächen finden Patient und Therapeut heraus, wie sich die Kopfschmerzen äußern, wie häufig sie sind, wann und in welchen Situationen sie auftreten, wodurch sie ausgelöst werden. Dann beginnt – bezogen auf ein festgelegtes Therapieziel – die therapeutische Arbeit. Alexa Franke[49] bringt ein Beispiel für das verhaltenstherapeutische Vorgehen:

»Herr S., 28 Jahre alt, leidet seit sieben Jahren an heftigen Kopfschmerzen. Diese wurden von mehreren Ärzten als Spannungskopfschmerz diagnostiziert; organische Ursachen wurden ausgeschlossen. Die Kopfschmerzen treten fast täglich auf, zumeist sind sie vor der Frühstückspause (zwischen 9 Uhr und 9.30 Uhr) und nach der Mittagspause (12 Uhr bis 12.30 Uhr) besonders heftig. An den Wochenenden treten sie seltener auf. Manchmal ist Herr S. auch abends beschwerdefrei, insbesondere dann, wenn er sich mit interessanten Dingen beschäftigt.

Herr S. arbeitet gemeinsam mit fünf Kollegen als Kraftfahrzeugmechaniker in einer Autowerkstatt. Er ist seit beinahe acht Jahren in der gleichen Werkstatt beschäftigt und hält sich für einen durchschnittlich guten Mechaniker.

In der Verhaltensanalyse stellte sich für Herrn S. schwierig dar, die auslösenden Situationen zu bestimmen; das ist typisch für Patienten mit psychosomatischen Störungen. Herr S. ist überzeugt, ›fast immer‹ Kopfschmerzen zu haben. Es gelang jedoch, über die Angaben zur Intensität des Symptoms genaueren Aufschluß über *die auslösenden Bedingungen* zu erhalten: So waren die Schmerzen immer dann besonders stark, wenn zu erwarten war, daß der Meister seinen Rundgang durch die Werkshalle machen würde; dies geschah im allgemeinen zweimal täglich, und zwar vor der Frühstückspause und am frühen Nachmittag.

In dem ersten therapeutischen Gespräch wurde Herrn S. ausführlich die Vorgehensweise erklärt, und er führte in der folgenden Woche ein Tagebuch über Zeitpunkt, Dauer und Intensität der Schmerzen und die Situationen, in denen sie auftraten. Die Analyse der folgenden Woche ergab: Die auslösende Situation war gegeben, wenn der Meister die Halle betrat. Als Reaktion zeigten sich bei Herrn S.

- physiologisch: Kopfschmerzen, starke Anspannung der Nakken- und Schultermuskulatur,
- kognitiv: ›Herrje, da ist er ja schon wieder! Hoffentlich fällt mir nicht wieder eine Schraube aus der Hand, wenn er neben mir steht; hoffentlich geht er ganz schnell vorbei‹;
- emotional: Unsicherheit, Aufregung, ein Gefühl des Ausgeliefertseins;
- motorisch: Herr S. guckt stur auf das jeweilige Teil, an dem er arbeitet.

Nachfolgend geschah immer folgendes: Der Meister bleib jeweils eine Zeitlang stehen, beobachtete Herrn S. und ging, ohne etwas zu sagen, weiter.

Man sieht, die Störung von Herrn S. äußert sich vorwiegend auf der körperlichen Ebene. Nach allen Erkenntnissen über Spannungskopfschmerz ist es wahrscheinlich, daß der Schmerz durch eine muskuläre Verspannung... entsteht. Als geeignete Therapiemethode würde sich hier auf den ersten Blick eines der vielen Entspannungstrainings... anbieten: Herr S. würde lernen, in den jeweils kritischen Situationen nicht mit Anspannung, sondern mit Entspannung zu reagieren.

Unter Umständen könnte dies auch bereits zu wesentlichen therapeutischen Erfolgen führen... Jedoch: was nützt es Herrn S., sich zu entspannen, in einer Situation, in der er sich weiterhin unwohl und ausgeliefert fühlt und in der er sich nicht zu verhalten weiß? Wie die Verhaltensanalyse zeigte, interpretiert Herr S. die Situation so, daß der Meister herumgehe und ihm Fehler nachweisen wolle. Herr S. muß somit lernen, mit seinen Gefühlen und Gedanken besser umzugehen. Es wurde mit ihm ein Kognitionstraining durchgeführt.«

Unter *Kognitionstraining* versteht man in der Verhaltenstherapie das Bemühen, Situationen und Vorgänge zutreffend zu erkennen. Die Gedanken, Vorstellungen, Vermutungen und Erwartungen einer Person werden wahrgenommen und in Beziehung zur realen Umwelt gesetzt. Dabei kann zum Beispiel deutlich werden, daß die Erwartungen das Verhalten in eine bestimmte Richtung steuern. Den Zusammenhang zwischen gedanklichen Vorwegnahmen und dem Verhalten gilt es zu erkennen, damit das Verhalten verändert werden kann. Eine Verhaltensänderung ist nur möglich, wenn das Denken verändert wird.

Der an Kopfschmerzen leidende Kraftfahrzeugmechaniker lernte die Situation an seinem Arbeitsplatz anders, nämlich zutreffender zu beurteilen. »War es wirklich so, daß der Meister ihm eins auswischen wollte? Daß er ihn kontrollieren wollte? Gab es dafür konkrete Anhaltspunkte? Herr S. sah, daß er sich ohne realen Grund bedroht gefühlt hatte. Auf der motorischen Ebene lernte Herr S., den Meister zu begrüßen, wenn dieser kam, mit ihm ein kurzes Gespräch anzufangen, ihm zu zeigen, was er gemacht hatte, und ähnliches. Dieses Lernen geschah in *Rollenspielen*, in denen Herr S. abwechselnd seine eigene Rolle und die des Meisters übernahm. Diese Rollenspiele nahmen jedoch nur einen geringen Teil der Therapiedauer ein.« Es zeigte sich, daß die neue, zutreffende Wahrnehmung der Situation bei Herrn S. der entscheidende Schritt war. Danach konnte er sein Verhalten verändern.

Bei dieser Behandlungsweise wird *symptom- und situationsorientiert der Zusammenhang zwischen dem Erleben und den Kopfschmerzen hergestellt.* Durch Erkennen und Einüben situationsangemessener Verhaltensweisen kann der Erkrankte den Problemsituationen künftig weniger angespannt begegnen – das ist eine Voraussetzung dafür, daß sich die Kopfschmerzen auflösen.

Das Zu-Kopf-Gestiegene rückverwandeln in den Konflikt

Die analytische Psychotherapie sucht nach dem verborgenen Sinn der Kopfschmerzen. Sie möchte *erlebbar machen, welches verdrängte Geschehen sich hinter dem Symptom verbirgt.* Der Erkrankte mußte in die Kopfschmerzen ausweichen, weil er einen psychischen Schmerz nicht ertragen und nicht mehr in Sprache und Handeln umwandeln konnte. Der Kopfschmerz steht für eine Krise, die nicht bewältigt wurde und nun die Person dauerhaft belastet.

In der psychoanalytischen Therapie soll der Konflikt aufgesucht und bewußt ausgetragen werden. Das geschieht durch die freien Einfälle, das Mitteilen der Träume und Bearbeiten der Widerstände, durch die Auseinandersetzung zwischen dem Therapeuten und Analysanden in Übertragung und Gegenübertragung. Der Konflikt kann sich, nach einer Falldarstellung von Alexander Mitscherlich[50], so darstellen:

»Ein junger Mann wird vom ersten Migräneanfall seines Lebens auf dem Rückweg von seiner kirchlichen Trauung überrascht. Die schmerzhafte Krise bewahrt ihn fürs erste vor dem Eintritt in die Gemeinschaft, die zu halten er soeben gelobt hat. Sie bewahrt ihn aber auch vor der Verwirklichung einer unwahren Rolle. Sie schützt ihn vor dem Handeln gemäß dem Gelöbnis und damit vor einer Unwahrhaftigkeit. Denn diese Eheschließung ist die Konsequenz früheren Ausweichens vor einer uneingestandenen Einsicht, daß er sich lossagen sollte; sie ist die Konsequenz eines lässigen Nachgebens, des Verzichtes auf Mitteilung kontrastierender Gefühle zu denen, die gezeigt werden – ohne daß dieser Ausdrucksverzicht die Gefühle hätte beeinflussen können. Mit anderen Worten: Der Migräneanfall gibt eine Schmerzpause, aber er ist auch als Anzeichen des vermiedenen Ausdrucks eines gequälten Zustands zu verstehen: als Ausdruck in der Sprache des Leidens auf der Ebene des leiblichen Schmerzes...«

Der Ehemann konnte nicht bewußt zu seinem Wunsch stehen, von der Eheschließung zurückzutreten. Sich gegen die Konvention, gegen die Umgebung und gegen eigene Schuldgefühle zu wehren, dazu fehlte ihm die Kraft. So flüchtete er unbewußt in die Krankheit. Durch diese konnte er sich von dem unerträglichen Druck befreien – um den Preis der Migräne.

Auch wenn dieser Vorgang nicht bei Bewußtsein geschehen ist, muß er verantwortet werden – »und wie man sieht, sehr schmerzlich verantwortet werden. Die Verantwortung freilich ist nun verdeckt hinter einem biologischen Geschehen, einem scheinbar subjektivfremden Naturgeschehen und damit ist mit der Vertauschung eine Verfehlung geschehen. Verfehlt wurde die Entscheidung bei klaren Sinnen; die Entscheidung, Angst zu überwinden. Es wurde entschieden, der Patient heiratet, und es wurde nochmals entschieden unter Berücksichtigung der Angst; der Bräutigam erkrankt und kann die Ehe nicht vollziehen.«

Der Erkrankte hatte erklärt, heiraten zu wollen. Aber insgeheim wollte er nicht. Der geheime Vorbehalt gegen die Ehe ging in einen Schmerzanfall über, der weniger verdächtig war. Der Kompromiß zwischen dem geheimen Wunsch, die Ehe nicht einzugehen und dem sich auferlegten Gebot, es dennoch zu tun, ist das Symptom. – Wie kann hier psychoanalytische Therapie helfen?

Zweierlei muß geschehen: Einmal muß die eigentliche Ebene, in der eine Entscheidung fallen soll, wieder aufgesucht werden. Das bedeutet eine *Rückkehr von der Krankheit in die bewußt eingestandene Notlage*. Diese Notlage muß in neuem Anlauf bewältigt werden, und zwar im bewußten Selbstgespräch und im Gespräch der Partner.

Die neue Entscheidung muß beides enthalten, die bewußte wie die bisher unbewußte Einstellung. »Soll der Patient seine Migräne überwinden lernen ..., so würde es nicht genügen, nur die Migräne zu behandeln, sondern es müßte ihm geholfen werden, die Alternative zu erkennen, der er ausgewichen ist, und die ihm nun in der Krankheit als Anruf – freilich als verschlüsselter Anruf – nachgeht« (Mitscherlich[50]).

Die Kopfschmerzen sind ein mißglückter Versuch, eine konflikthafte Lebenssituation zu bewältigen. Es gilt, das hinter der Migräne verborgene Gefühlsproblem aufzudecken und zu bearbeiten, nämlich die unaufrichtige Entscheidung des Ehemannes. Wenn diese problematische Entscheidung nicht gesehen und neu bearbeitet wird, bleibt es vermutlich nicht beim einmaligen Migräneanfall. Es kommt zu chronischen Kopfschmerzen mit all ihren Begleitumständen. Dabei verwischt sich zunehmend der anfangs deutliche Zusammenhang zwischen der aktuellen Lebenssituation, in der die Migräne erstmals auftrat und den wiederkehrenden Schmerzattakken. Dieser Zusammenhang zwischen erlebnisbedingtem Krankheitsanlaß und Symptom bleibt dann verdunkelt. Damit ist die Abwehr erfolgreich geblieben, durch welche sich der Kranke der freien Entscheidung zu entziehen versuchte.

Solche Krankheit ist zugleich als Notwehr zu verstehen, weil sich das innere Erleben gegenüber dem bewußten Ich nicht kundgeben und durchsetzen kann. In der psychoanalytischen Therapie wird diese Notwehr durch die konfliktaufdeckende Arbeit konstruktiv gemacht:

- Es geht darum, das psychische Erleben des Erkrankten aufzuhellen: sein jetziges Befinden, das in der Erkrankungssituation und alle damit verbundenen Gefühle.
- Dabei wird versucht, mit Hilfe der freien Einfälle, Phantasien, Befürchtungen, Träume, den psychischen Beginn der körperlichen Krankheit herauszufinden, einschließlich der unbewußten Motive.
- Ziel dieses Vorgehens ist, die »Verkörperung« des Konflikts rückgängig zu machen in den psychischen Konflikt.
- Das bedeutet, die verdrängten, un-sag-bar gewordenen Ängste und Wünsche wieder zu erleben, sie aus der Körpersprache zu befreien und sagbar zu machen.
- Der Konflikt wird jetzt nicht mehr umgangen, sondern in einer Neuauflage bewußt bearbeitet: Lebenswünsche werden deutlich gemacht, die diesen entgegenstehenden Ängste offengelegt, durchgestanden und überwunden.
- Beim Erlebbar-Machen der psychischen Probleme spielt die lebensgeschichtliche Entwicklung eine wichtige Rolle. Sie muß anhand von Erinnerungen aus Kindheit und Jugend mit ihren Konflikten aufgedeckt und bearbeitet werden.
- Durch diesen psycho-therapeutischen Prozeß erfährt der Erkrankte, daß seine körperlichen Beschwerden nicht zufällig oder äußerlich bedingt auftreten. Er erlebt, daß sie lebensgeschichtlich und aktuell mit seiner Person und seinen Lebensumständen zu tun haben. Dadurch wird er herausgefordert, verantwortlich für das Kranksein und die Gesundung zu sein; diese Sinngebung weckt seine Selbstheilungskräfte.

»Ich bin krank, weil der Staat nicht in Ordnung ist« – Ganzheitlicher Gesundheitsbegriff

Um »subjektive Krankheiten« heilen zu können, bedarf es eines ganzheitlichen Gesundheitsbegriffs. Im übrigen Sinn bedeutet Gesundsein: Das körperliche und geistige Wohlbefinden ist nicht durch Krankheit gestört. Die Weltgesundheitsorganisation bestimmt in der Präambel zu ihrer Charta den Gesundheitsbegriff umfassender: »Gesundheit ist ein Zustand vollkommenen physischen, geistigen und sozialen Wohlergehens und nicht nur das Fehlen von Krankheit und Behinderung.«

Kranksein gehört zum menschlichen Leben. Als Abwesenheit von Krankheit ist Gesundheit eine Idealvorstellung; sie allein stellt kein Charakteristikum des Menschen dar. Gesundheit ist Ergebnis einer Wechselbeziehung zwischen Person und Umwelt. »Die Annahme, eine gute Anpassung an das Milieu sei der einzig entscheidende Faktor der Gesundheit, läßt manche ›normale‹ Vorgänge wie Alter oder Adoleszenz als ›Krankheiten‹ erscheinen. Tatsächlich aber sind sie Phasen oder Aspekte des Lebens, die gesund ausgelebt werden können. Es gibt eine gesunde Art, mit einer Krankheit zu leben (Illich[51]). – Kranksein stört den gesamten Menschen. Nicht nur der Körper des Erkrankten spielt eine Rolle, sondern auch sein Geist, sein Selbstbewußtsein, seine Abhängigkeit von der natürlichen und gesellschaftlichen Umwelt, seine religiöse Beziehung.

Die in diesem Kapitel angeführten Beispiele für Therapieformen beschränken sich nicht auf die körperliche Seite des Krankseins. Die Therapeuten lassen sich vielmehr auf unterschiedliche Weise auch mit dem psychischen Konflikt und der gesamten Lebenssituation ein. Vor allem versuchen sie, Ängste zu mildern und zu überwinden; denn diese spielen beim Kranksein stets eine bedeutsame Rolle. Die Helfer hoffen, durch ihr therapeutisches Sich-Einlassen die Selbstheilungskräfte der Person zu unterstützen.

Wenn wir Gesundheit als Zustand körperlichen, geistigen und sozialen Wohlergehens verstehen, muß der Therapeut auch die soziale Umwelt in das Heilen einbeziehen. Bert Brecht beschreibt Herrn Keuners Krankheit so:

»Warum bist du krank?« fragten Herrn Keuner die Leute. »Weil der Staat nicht in Ordnung ist«, antwortete er. »Darum ist meine Lebensweise nicht in Ordnung, und meine Nieren, meine Muskeln und mein Herz kommen in Unordnung. Wenn ich in die Städte komme, geht alles entweder schneller oder langsamer als ich. Ich rede nur zu Redenden und horche nur, wenn alle horchen...«

Erkrankte und Therapeuten müssen bedenken, daß die für das Gesundsein notwendige Lebensweise nur in Ordnung kommen kann, wenn die Gesellschaft in Ordnung kommt. Diese ist in einer lebensbedrohenden Unordnung, besonders seit es möglich ist, die Menschheit zu vernichten. Das unterscheidet die derzeitige Generation von allen vorherigen. Ganzheitlich-therapeutisches Denken schließt den Willen ein, solche lebensbedrohende Unvernunft zu benennen, sich gegen sie zu wehren und Wege gesellschaftlicher Heilung zu suchen. Wie bedrohlich gesellschaftliche Un-Ordnung wirken kann, zeigt sich an der Gefühlsstumpfheit, mit der wir uns ein »Restrisiko« zumuten lassen, obwohl viele nach Tschernobyl erfahren konnten, wie lebensgefährlich dieses Restrisiko sein kann.

Zwar wußte jeder denkende Mensch, daß gefährliche Ereignisse dieser Art eintreten werden. Aber als der Unfall tatsächlich geschah – nicht durch einen riesigen Knall, sondern durch eine unsichtbare »Wolke« –, war das Erschrecken groß.

Psychologische und psychosomatische Erkenntnisse verweisen uns darauf, daß die Verhältnisse den Menschen gesund- oder krankmachen können. Deshalb reicht es nicht aus, sich um das Kranksein der einzelnen Personen helfend anzunehmen. Es gehört ebenso zu den therapeutichen Aufgaben wie zu den demokratischen Chancen, dabei mitzuwirken, diese *Verhältnisse menschlicher zu gestalten*. Dazu ist es notwendig, sich mit Bürgermut politisch einzumischen; denn – so läßt Dieter Lattmann eine seiner Romanfiguren sagen: »Erst jetzt verstehe ich etwas ziemlich Einfaches, nämlich daß das sogenannte Unpolitische die größte politische Wirkung hat. Weil die Mehrzahl bei uns nicht daran denkt, sich ernsthaft um Politik zu kümmern, überläßt sie die Entscheidung über die Zukunft anderen.«

11. Die Ver-körperung rückgängig machen – Psychoanalyse

Rat und Leitung in den Angelegenheiten des Lebens ist kein integrierendes Stück der analytischen Beeinflussung. Im Gegenteil, wir lehnen eine solche Mentorrolle nach Möglichkeit ab, wollen nichts lieber erreichen, als daß der Kranke selbständig seine Entscheidung treffe . . .

Es muß wohl die Ersetzung des Unbewußten durch Bewußtes, die Übersetzung des Unbewußten in Bewußtes sein, wodurch wir nützen. Indem wir das Unbewußte zum Bewußten fortsetzen, heben wir die Verdrängung auf, beseitigen wir die Bedingungen für die Symptombildung, verwandeln wir den pathogenen Konflikt in einen normalen, der irgendwie eine Entscheidung finden muß.

Sigmund Freud

Die psychosomatische Revolte verstehen – Rheumatisches Fieber durch Kränkung

Der Erkenntnisweg, der diesem Buch zugrundeliegt, ist psychoanalytisch. Deshalb stelle ich im folgenden die Grundzüge psychoanalytischer Behandlung dar. Dadurch wird deutlicher, auf welche Weise die psychosomatischen Einsichten gewonnen wurden, um die es in den bisherigen Kapiteln ging. Außerdem kann jemand, der an einer psychotherapeutischen Behandlung interessiert ist, ein erstes Bild von der analytischen Arbeit gewinnen. Daß es auch andere hilfreiche Wege der Psychotherapie gibt, wurde im vorausgehenden Kapitel aufgezeigt.

Horst-Eberhard Richter[52] erzählt eine persönliche Erfahrung, an der psychosomatische Reaktion und psychosomatische Therapie einsichtig werden. Er war als Soldat im Zweiten Weltkrieg während seiner medizinischen Ausbildung für vier Wochen in ein Lazarett zum Krankenpflegedienst abkommandiert worden. Dieses Lazarett – so berichtet er – wurde für ihn zur Hölle:

Der Kasernenhofton war der gleiche wie einst beim Rekrutendrill. Der mißmutige chirurgische Chef und der autoritäre »Spieß« (Hauptfeldwebel) hatten nach unten hin eine Kettenreaktion von Herumnörgeleien, Sanktionen und kleinen Schikanen in Gang gesetzt. Es wurde verbissen und schwer gearbeitet, aber alles geschah in unfroher Hektik.

Ich hatte von morgens sechs bis abends neun auf einer Schwerverwundeten-Station zu schaffen. Die Versorgung der vielen Patienten, von denen etwa die Hälfte in Beckengips lagen, erschöpfte mich zwar, aber ich hätte sie gern geleistet, wäre nicht das ewige barsche Herumkommandiert- und Zurechtgewiesenwerden gewesen. Vor allem dem Spieß bereitete es sadistische Lust, mich herunterzuputzen und mir immer noch zusätzliche Arbeiten anzuhängen.

Immer weniger konnte ich meine Wut beherrschen. Eines Abends fand mich der Spieß auf dem Bett eines Schwerverwundeten sitzen, den ich gerade versorgt hatte. Unverzüglich herrschte er mich an und ließ mich zur Strafe minutenlang vor dem Bett stramm stehen, als hätte ich Gott weiß was für ein Delikt begangen. Am nächsten Morgen hatte ich eine Angina mit Fieber. Ein paar Tage wurde ich auf der inneren Abteilung behandelt. Dann ging es weiter – mit der Schufterei im Klima eines Militärgefängnisses. Fließbandbetrieb an den Patienten wie in der Fabrik, ständig mißtrauisch kontrolliert und diszipliniert. Meine aufgestaute Empörung war grenzenlos.

Eines Nachts erwachte ich mit so ungeheuren Schmerzen in den Füßen, daß ich nur kniend in den Waschraum rutschen konnte. Auch morgens konnte ich noch nicht gehen. Man schickte mir Krücken und röntgte mich: nichts! Am nächsten Tag taten obendrein Schulter- und Armgelenke weh. Leichtes Fieber trat hinzu. So gern mich Chef und Spieß der Simulation überführt hätten – eine Blutsenkung von 114/120 (ich habe sie nie vergessen) machte ihnen einen Strich durch die Rechnung. So landete ich in einem in der Nähe gelegenen Rheuma-Lazarett – in den Händen eines der halbdutzend psychosomatischen Ärzte, die es damals in Deutschland gab. Stabsarzt Hollmann war Schüler Viktor von Weizsäckers, bei dem er in Breslau gearbeitet hatte.

In wenigen Unterhaltungen hatte er den Hintergrund meines rheumatischen Fiebers herausgearbeitet. Ich konnte den ganzen Wust an Verzweiflung, Verbitterung, Empörung herauslassen und mir dazu darüber klarwerden, wie sehr meine Abspaltungstechnik mich schon lange zuvor an den Rand des Zusammenbruchs gebracht hatte. Wir dachten über die Merkwürdigkeit der Parallele nach: Zwei Jahre zuvor hatte es im Hals angefangen, bevor Arme und Beine gelähmt wurden. Jetzt der gleiche Ablauf: Halsentzündung, dann Gehunfähigkeit. Damals eine echte Diphterie mit echter Polyneuritis. Jetzt eine echte Angina mit echter Gelenkentzündung und echter Blutsenkungserhöhung. Damals möglicherweise, jetzt sicher Ausdruck einer psychosozialen Krise: Schwere Kränkung, wahnsinnige Wut, Unfähigkeit, sich praktisch zu wehren. Dann durch die Krankheit Befreiung aus dem Dilemma, aber Buße in Form der Entzündung und der Schmerzen.

Mir fiel es wie Schuppen von den Augen. Wichtiger noch als die schlagartig erhellende Erkenntnis war die Erfahrung der Restituierung als Person. Ich war diesmal nicht ein Bündel naturwissenschaftlicher Befunde, sondern nach aller elenden Demütigung plötzlich wichtig mit allem, was ich fühlte, erinnerte und dachte. Hollmann war neugierig auf mich, hatte Zeit für mich und schien um so mehr befriedigt, je ausführlicher und vollständiger ich ihm erzählte, was er mir schließlich als den psychogenen Hintergrund meiner Krankheit mit einigen verbindenden Interpretationen zurückspiegeln konnte.

Damit war die Krankheit noch lange nicht behoben. Aber ich war ihr nicht länger nur kläglich ausgeliefert. Sondern ich verstand sie. Ich konnte sie mir gewissermaßen aneignen. Das war ein erster wichtiger Schritt. Aber es folgte ein weiterer, nicht minder wichtiger: Der innere psychosomatische Prozeß war ja bezogen auf die soziale Kränkung. Da war dieser Tyrann von Spieß, da war diese deformierte, inhumane Lazarettstruktur, die diesen Spieß erst ermöglichte. Und da war diese totalitäre Kriegsgesellschaft, die aus Krankenhäusern Wartungsbetriebe zur Remilitarisierung von Beschädigten machte.

Horst-Eberhard Richter verstand durch die psychotherapeutischen Gespräche seine Krankheit nicht nur als Störung, sondern als Aufbegehren der Vernunft gegen eine unvernünftige Destruktion. Die Erkrankung war ein Signal, das den Weg von der psychosomatischen Störung in die Richtung des kritischen sozialen Handelns weist. Von seinem Therapeuten schreibt er:

»Er billigte den Menschen das Recht zu, krank zu sein. Er ließ ihnen Zeit, sich zu fassen, nachzudenken, sich pflegen zu lassen und sich selber zu pflegen. Er stützte die Widerstandskraft... Nicht, als was sie gebraucht wurden, behandelte er sie, sondern als Menschen mit dem Anspruch auf Wohlbefinden. Das war seine ärztlich sittliche Entscheidung, die damals nicht geringen politischen Mut voraussetzte.

Mir hatte er zu entdecken verholfen, daß meine Krankheit aus der unverarbeiteten Empörung hervorgegangen war. Und er hatte mir sichtbar gemacht, wie meine Reaktion durch mancherlei biographische Vorerfahrung gebahnt worden war... Er ließ mir meine Wut über das soziale Hier und Jetzt. Er respektierte, daß ich zu meinem Protest stand, wie immer der auch in der Form mißraten war. Meiner Verantwortung überließ er, was ich daraus machen würde« (Richter[52]). – Die »Psychosomatische Revolte« wurde verstanden. Was in der analytischen Psychotherapie zu diesem Verstehensprozeß gehört, versuche ich im folgenden darzustellen.

Sagen, was einem einfällt – Grundregel der freien Assoziation

Ein wichtiges Element der psychoanalytischen Behandlung ist der freie Einfall. Analysandin oder Analysand werden ermutigt, *alles auszusprechen, was ihnen gerade in den Sinn kommt.* Sie sollen nicht bewußt nachdenken, sondern sich nach innen konzentrieren, alle spontanen Einfälle wahrnehmen und mitteilen: »Gedanken, Bilder, Gefühle, Erinnerungen, Körperempfindungen – kurz, alles, was sie im Daliegen erleben.« Die Erwartung des Therapeuten ist dabei, »daß dieses lockere Assoziieren wie nach dem Gesetz einer seelischen Schwerkraft auf die Erlebniskomplexe hinzielt, die im Kranken nicht verarbeitet sind und daher krankmachend wirken. Im Assoziieren, Wiedererinnern und Wiedererleben können solche Inhalte ins Bewußtsein gehoben und nun verarbeitet werden. Es kommt dabei zum Wiedererinnern vergessener, verdrängter früher Erlebnisse, und damit können nicht erledigte seelische Konflikte nachträglich verarbeitet und aufgelöst werden« (Riemann[53]).

Die psychoanalytische Grundregel zu befolgen, wird begünstigt durch die klassische Anordnung, bei welcher der Patient auf der Couch liegt und der Analytiker seitlich dahinter sitzt. Dem Patienten wird es in dieser künstlich hergestellten Position leichter möglich, seinen spontan auftauchenden Einfällen zu folgen. Er ist nicht versucht, aus dem Gesichtsausdruck des Psychoanalytikers zu erschließen, ob er »Richtiges« oder »Falsches« sagt. Indem er entspannt auf der Couch liegt, kann er sich ganz nach innen wenden. Viele Einfälle, Phantasien, Gefühle, können ungehemmter mitgeteilt werden, wenn man sie dem Psychotherapeuten nicht unmittelbar »ins Gesicht sagen« muß.

Auch dem Psychoanalytiker erleichtert diese Anordnung die introspektive Arbeit. Er begibt sich in jene »gleichschwebende Aufmerksamkeit«, mit der er versucht, *alle Mitteilungen des Patienten gleich wichtig zu nehmen.* In der unbeobachteten Situation kann er seine eigenen Einfälle, Phantasien und Deutungsvorschläge aufsteigen lassen. – In diesem Zusammenspiel zwischen Analysanden und Analytiker wird es möglich, etwas von dem Sinngehalt zu entschlüsseln, der in der neurotischen Störung enthalten ist.

Die psychoanalytische Arbeit ist jedoch nicht an die Couch gebunden. Es gibt Gründe dafür, im Sitzen zu arbeiten, und es gibt Formen psychoanalytischer Arbeit, in denen die klassische Anordnung ohnehin nicht in Frage kommt: Familientherapie, Gruppentherapie oder Krisenberatungen, die Arbeit mit Kindern, Jugendlichen und deren Eltern.

Verbunden mit den freien Einfällen ist vor allem der Traum ein »Königsweg zum Unbewußten«. Was einem »im Traume einfällt, steigt unmittelbar aus dem Inneren auf. Hinter dem Traumtext – mag er sinnvoll oder unsinnig erscheinen –, verbergen sich Wünsche, Gefühle, Befürchtungen, Impulse, Ängste, Konflikte, die der Träumende aus dem Bewußtsein verdrängt hat. *Tag- und Nachttraum enthalten geheime Erwartungen und Phantasien.* Diese setzen sich im Träumenden über die Schranken der Realität hinweg.

Ein verheirateter 30jähriger Buchhalter begab sich wegen häufiger krampfartiger Magenschmerzen und wiederkehrendem »Herzweh« in Therapie. Er galt als sanft, verträglich und zuvorkommend. Eines Nachts träumte er eine Szene, von der er sagte: »Das hat ja überhaupt nichts mit mir zu tun; das ist ja eigentlich Blödsinn. Ich kann nichts damit anfangen: Ich hab jemand in Notwehr erwürgt. Immer wieder hab ich fest zugedrückt. Ich konnte aber nicht sehen, wer es ist. Jemand sagte: Jetzt bringt er ihn um. Ich bin dann davongelaufen und habe mich versteckt. Aber ich dachte mir: Die werden dich erwischen. Mit dem Gedanken, daß es ja Notwehr war, bin ich aufgewacht. So ein Unsinn.«

In den freien Einfällen zum Traum zeigte sich, daß der »Unsinn« doch auch Sinn hatte. Es kam etwas von der versteckten Wut zum Vorschein, die der Ehemann manchmal gegen seine Frau verspürte, wenn er sich gegen deren Wünsche nicht wehren konnte. Er durfte aber die Wut nicht rauslassen, weil ihm sehr an seiner »glücklichen Ehe« lag, und er deshalb manche Enttäuschung »hinunterschluckte«. Er mußte vor allem darauf schauen, daß seine Frau zufrieden war und alles harmonisch blieb. – Auch Einfälle zum Vater kamen: Mit dem habe er ein »nur gutes Verhältnis« gehabt, es gab kaum Konflikte. »Aber wenn ich jetzt sehe, wie der Vater mit meinem jüngeren Bruder umgeht, dann zieht sich mir der Magen zusammen...«

In der Folgezeit kamen weitere aggressive Träume, mit deren Hilfe der Erkrankte seine verdrängten Aggressionen wahrnehmen und die damit verbundenen Ängste bearbeiten konnte. Er mußte lernen, die Kraft der Aggression konstruktiv in sein Leben aufzunehmen, dann brauchte er sie nicht zerstörerisch gegen Mitmenschen und – in seinen Magenkrämpfen – selbstzerstörerisch gegen sich selbst richten. Seine unterdrückten »explosiven Stimmungen« wurden mit Hilfe der freien Einfälle und Träume in Zusammenhang mit den Körperreaktionen gebracht.

Übertragung und Gegenübertragung in der therapeutischen Beziehung

Jeder Mensch erwirbt mit seinen ersten Bezugspersonen – vor allem mit Mutter, Vater, Geschwistern – bestimmte Einstellungen. Mit diesen früh »erlernten« Verhaltensweisen, Gefühlen, Haltungen, Bedürfnissen, Wünschen und Forderungen tritt er später unbewußt auch an neue Bezugspersonen heran. Er überträgt Erfahrungen, die er als Kind mit Bezugspersonen gemacht hat, auf Personen seiner jetzigen Umgebung. Die gegenwärtige Situation wird gefärbt durch das frühere Erleben.

Erst- und Früherfahrungen bilden die Grundlage menschlicher Beziehungen. Sie unterstützen den Heranwachsenden darin, neue Eindrücke wahrzunehmen und sich zu orientieren. Die Übertragung früherer Erfahrungen auf aktuelle Situationen ist normal, solange sie nicht zu unangemessenem Verhalten führt: Bei der »gesunden« Übertragung ist die Person dazu fähig, lebensgeschichtliche Übertragungen an der Wirklichkeit zu korrigieren. Sie verhält sich nicht – gleich einem Wiederholungszwang – wie früher. Der neurotisch erkrankte Mensch hingegen überträgt starr und unkorrigierbar. Er *verwechselt die wirkliche Situation mit seiner Kindheitssituation*, ohne dies zu merken; dadurch gerät er unentwegt in Konflikte mit seiner Umgebung.

Görres[54] beschreibt die Übertragung so: »Wir treten unwillkürlich und oft ohne es zu merken mit Erwartungshaltungen, Einstellungen, Gefühls- und Handlungsbereitschaften an den anderen heran, die wir zum Teil in früheren Erfahrungen erworben haben und die wir auf den neuen Partner und die neue Situation ›übertragen‹... Wer vorwiegend gute mitmenschliche Erfahrungen zu übertragen gewohnt ist, bietet dem Mitmenschen ein Beziehungsklima an, das Angst und Aggression dämpft und freundliche Gefühle fördert. Freundliche Erwartungen fördern freundliche Antworten, ängstliche, mißtrauische Erwartungen fördern feindliche, unwillige Antworten. Hier zeigt sich ein Zusammenhang zwischen Urerfahrung und Schicksal.«

Stehen Verhaltensweisen und Einstellungen eines Menschen in keinem bewußten und stimmigen Bezug zur Realität, wird die Übertragung störend. Es handelt sich dann um Erlebnis- und Verhaltensformeln, die nicht situationsangemessen sind: Angst vor Menschen, die einem wohlgesonnen sind; Aggressivität gegen Personen, die gar nicht angegriffen haben; Mißtrauen gegenüber Bezugspersonen, die vertrauensvoll Kontakt aufnehmen wollen; Haß auf andere Menschen, obwohl diese nichts Böses im Sinn haben. – Die falschen Verknüpfungen der krankhaften Übertragung verzerren Beziehungen. Ein Mensch erlebt sein Gegenüber so, als ob dieses eine ganz andere Person wäre: die Mutter oder jemand, an den er aus seiner Kindheit gefühlsmäßig gebunden ist. Bestimmte Situationen werden nur als Wiederholungen aus der Vergangenheit empfunden. Dadurch wird das Verhalten für die Umgebung unverständlich.

Psychoanalytiker und Analysand durchforschen in ihrer gemeinsamen Arbeit das gesamte Verhalten des Analysanden. Dabei entdecken sie jene beziehungsstörenden Übertragungsvorgänge, die aus verdrängten Konflikten entstehen: Der Erkrankte verhält sich dem sich persönlich zurückhaltenden Therapeuten gegenüber nicht situationsgemäß, sondern so, »als ob« dieser beispielsweise sein Vater wäre. Diese pathologische Übertragung verzerrt die Beziehung zwischen den beiden. Der Therapeut wird durch seine nicht aktiv eingreifende Haltung zum Projektionsschirm für die Übertragung. Das ermöglicht ihm, in den psychoanalytischen Stunden die unbewußt gesteuerten Verhaltensweisen des Analysanden zu entdecken, sie aufzuzeigen und mit ihm durchzuarbeiten.

Übertragungsvorgänge können nur dann begriffen werden, wenn der Psychoanalytiker eine »wohlwollende Neutralität« wahrt. Er ist zwar dem Analysanden voll zugewandt und verhält sich nicht künstlich reserviert oder kühl. Aber er bemüht sich, frei von Selbstdarstellung zu sein. Nur durch die zurückgenommene Haltung des Analytikers wird es dem Analysanden möglich, Verhaltensschablonen und erstarrte Verhaltensweisen an sich zu entdecken, die ihn daran hindern, sich lebendig zu entwickeln.

Bei dem beschriebenen Übertragungsgeschehen achtet der Psychoanalytiker auf seine *Gegenübertragung*: Auch in ihm erwachen Einstellungen und Verhaltensweisen, die aus eigenen unbewußten Konflikten stammen. Verhaltensformen der individuellen Vergangenheit des Analytikers werden auf den Patienten bezogen. Dieser Vorgang stört die psychotherapeutische Beziehung und behindert die Behandlung, wenn er unerkannt bleibt. Deshalb macht sich der Therapeut Gedanken darüber, welche eigenen Schwierigkeiten er in die therapeutische Situation bringt und welche Gefühlsregungen er von sich aus auf den Patienten richtet.

Um die Gefahr unkontrollierter Gegenübertragung zu vermeiden, ist dreierlei notwendig: Die eigene langjährige psychotherapeutische Behandlung des Psychoanalytikers während seiner Ausbildung; die fortlaufende Kontrolle und Selbstkontrolle der eigenen Arbeit in regelmäßigen Fallbesprechungen mit erfahrenen Kollegen; schließlich wird die Gegenübertragung zum Gegenstand der psychoanalytischen Situation selbst. Wenn es durch den Psychoanalytiker zu einer gestörten therapeutischen Beziehung kommt, verleugnet er seine persönliche Reaktion nicht, sondern gesteht sie ein. Er kann dann gemeinsam mit dem Patienten durcharbeiten, was die Anteile der beiden an der augenblicklichen Beziehungsstörung sind.

Der Analytiker kann kein perfekter Mensch sein, aber er muß mit sich selbst und mit anderen Erfahrung darin haben, sich mit Menschen helfend einzulassen, die aus ihren neurotischen Verstrickungen allein nicht herauskommen. Bei dieser Arbeit ist er bereit, sich vom Patienten anzweifeln und kritisieren zu lassen. Beiden erwächst dabei die Chance, sich neu zu sehen und zu verändern.

Überlegungen

Die Psychoanalyse hat die menschliche Fähigkeit weiterentwickelt, andere Menschen und sich selbst besser zu verstehen.

- Gebe ich auf meine Träume acht und nehme ich sie ernst? Kann ich sie – auch wenn sie mir manchmal als »Schäume« oder unsinnig erscheinen – als etwas Persönliches von mir ansehen? Wie gehe ich mit dem um, was mir im Traum einfällt? Kann ich vielleicht durch meine Träume in nähere Berührung mit mir selbst kommen?
- Jeder Mensch hat laufend »freie Einfälle«. Oft werden sie damit abgetan, daß sie »nicht hierher gehören«. Kenne ich solch abwehrende Haltung meinen Einfällen gegenüber? Welche Phantasien und Tagträumereien lasse ich bei mir nicht zu? Stehen sie womöglich für Wünsche, die ich schon aufgegeben habe, aber die in mir doch noch lebendig sind? Wie könnte ich sie wieder in mein bewußtes Wünschen und Handeln aufnehmen?
- Es ist ein normaler psychischer Vorgang, daß wir Gefühle, Erwartungen, Einstellungen, die wir früher erworben haben, auf die Mitmenschen übertragen. Kann ich solche Übertragungsvorgänge bei mir selbst wahrnehmen? In welchen Situationen wird mein Verhalten offensichtlich von früh erlebten Gefühlen mitgeprägt?
- Kenne ich Situationen, in denen vermutlich Übertragungen anderer auf mich gerichtet sind, die eigentlich gar nicht mir gelten? Kann ich bei mir oder in meiner Umgebung Erlebens- und Verhaltensweisen beobachten, hinter denen ich neurotisch getönte Übertragungsvorgänge vermute?

Der Analytiker faßt konzentriert auf, was der Analysand mitteilt. Zudem nimmt er umfassend wahr, wie der Patient spricht, wie er sich bewegt, wie er ihm entgegentritt. So begegnet ihm eine Fülle bewußter und unbewußter Lebensäußerungen, in die er sich einzufühlen versucht. Dabei entdeckt er Zusammenhänge

- zwischen lebensgeschichtlichen Ereignissen und aktuellen Schwierigkeiten,
- zwischen Symptomatik und unbewußten Konflikten,
- zwischen dem Verhalten in der therapeutischen Beziehung und anderen zwischenmenschlichen Beziehungen,
- zwischen Abwehrhaltungen und Lebenswünschen.

Aufgabe der Analyse ist es, diese Zusammenhänge erlebbar zu machen. Der Psychotherapeut fördert die Einsicht des Analysanden: indem er fragt und verdeutlicht, Mitteilungen herausgreift, das augenblickliche Erleben und Verhalten wahrnimmt und aufdeckend zu klären versucht. Er deutet die freien Einfälle und fügt diesen jene vermuteten vorbewußten oder unbewußten Aspekte hinzu, die der Person nicht zugänglich sind. So erleichtert der Analytiker durch Deutungen den Weg von der Analyse zur Synthese: Zerrissene Zusammenhänge werden wiederhergestellt, abgespaltene Erlebnisvorgänge der Person zugänglich gemacht.

Bei seinen Deutungsvorschlägen achtet der Analytiker darauf, wieviel er dem Patienten in der augenblicklichen Situation zumuten kann, ohne ihn in zu große Angst zu versetzen oder ihn zu überfordern. Deutungen werden dem Patienten nicht aufgezwungen, sondern angeboten. Dieser kann dazu weitere Einfälle kommen lassen und sich damit auseinandersetzen. Letztlich sollen Deutungen dazu beitragen, dem Patienten zu einem Bewußtsein seiner Lebenslage zu verhelfen. Er lernt dann seine Beschwerden verstehen, seine Körpersymptome als leiblichen Ausdruck seelischen Befindens wahrzunehmen und sein Selbst-Verständnis zu entwickeln.

Das Deuten freier Einfälle, von Träumen und Phantasien, geschieht letztlich immer durch den Analysanden selbst. Der Analytiker gibt gleichsam »Probedeutungen«, mit denen weitergearbeitet wird. Sie können sich als zutreffend oder unzutreffend erweisen und es kann sich eine ganz neue Be-Deutung daraus ergeben. Jedenfalls wird das Problembewußtsein des Analysanden geschärft. Das in der Therapiestunde Erfahrene und Verstandene kann allmählich auf aktuelle Konfliktsituationen bezogen werden.

Deutungen zielen nicht nur darauf ab, intellektuell etwas zu erkennen, sondern sie regen dazu an, die dazugehörigen Gefühle zu erleben. Nur mit dem Verstand etwas einzusehen, wirkt nicht heilend. Gleichzeitig müssen auch Gefühle zugänglich werden, sonst bleiben die Einsichten ohne Leben. Deshalb ist es wichtig, Motivationen des Denkens *und* Fühlens im Zusammenhang mit der Lebensgeschichte aufzuspüren. Es geht aber nicht nur darum, verlorengegangene Gefühle wiederzubeleben, sondern solche zu entwickeln und zu stärken, die in der bisherigen Lebensgeschichte nicht entfaltet werden konnten. Indem Analytiker und Analysand Zusammenhänge zwischen Erleben und Symptom suchen, aufdecken und deuten, werden psychosomatische Erkrankungen besser verstehbar:

Atemstörungen können ausdrücken, daß sich ein Mensch dauerhaft überfordert fühlt: Dem Erkrankten »bleibt die Luft weg«.

Erbrechen kann mit Ekelgefühlen, Widerwillen und Protest zusammenhängen; oder Abscheu und Widerwillen gegenüber dem Sexuellen ausdrücken; oder mit unbewußten Schwangerschaftsängsten verknüpft sein.

Chronische Verstopfung kann eine körperliche Protestreaktion sein: der Versuch, etwas festzuhalten, um sich anderen zu widersetzen; aber sie kann auch bedeuten, daß etwas angstvoll zurückgehalten wird.

Bei *Eßsucht* und damit verbundener Dickleibigkeit kann es sich darum handeln, auf die frühe Entwicklungsstufe oraler Befriedigung zurückzufallen. Essen wird dann Ersatz für fehlende Liebe. Maßloses Essen wehrt gleichzeitig die Depression ab: das Bedrückt- oder Verzweifeltsein.

Bei *Magersucht* – vor allem der Pubertätsmagersucht bei Mädchen – kann es sich um eine Reifungsneurose handeln. Essen wird abgelehnt, weil sich das Mädchen unbewußt weigert, die weibliche Rolle zu übernehmen. Diese Jugendlichen können sich nicht mit dem Weiblichen identifizieren – aufgrund einer Beziehungsstörung zwischen Mutter und Tochter.

Solche Aussagen weisen auf jeweils einen möglichen Aspekt der psychosomatischen Erkrankung hin. Wo der genaue Zusammenhang zwischen Konflikt und Krankheit liegt, ist erst im Verlauf der psychotherapeutischen Arbeit festzustellen. Dabei kann man einem Symptom nie nur eine bestimmte Ursache zuschreiben. Hinter jeder seelisch-leiblichen Erkrankung verbirgt sich ein individueller Prozeß. Dieser individuelle Prozeß ist nicht zufällig, sondern ein sinnhaftes Geschehen.

Es gibt außerdem keine feste Zuordnung, nach der ein bestimmtes Problem sich in einer bestimmten Störung äußern würde. Ein konfliktgeladenes Lebensthema kann sich an unterschiedlichen Organen und in verschiedenerlei Formen ausdrücken. Wenn sich ein Mensch beispielsweise unter Druck fühlt, können sich die angestauten Affekte als Spannung in der Muskulatur ausdrücken und rheumatische Muskel- und Gelenkerkrankungen begünstigen. Bei einem andern führt der Druck zu Kopfdruck und Spannungskopfschmerz. Ein weiterer reagiert mit hohem Blutdruck und wieder ein anderer spürt den Druck auf der Blase durch die angespannte Blasenmuskulatur. Überall handelt es sich um den gleichen Grundkonflikt.

In den psychotherapeutischen Stunden wird der Konflikt wiederbelebt. Dies ist oft schmerzlich, aber es ermöglicht ein umgestaltendes Neuerleben, das die Symptome überflüssig macht. Dabei ist zu bedenken, daß viele Krankheiten zwar auf psychosomatischem Weg entstanden sind, sich aber allmählich verselbständigt haben. Unter Umständen ist es dann nicht mehr möglich, sie zu behandeln. Deshalb ist es günstig, wenn psychosomatisch Erkrankte frühzeitig in psychotherapeutische Behandlung kommen und nicht erst nach vielen Jahren biologisch-organischer Heilungsversuche.

In der psychoanalytischen Arbeit kommt es regelmäßig zum Widerstand des Patienten, obwohl dieser Hilfe sucht, um von seinem Leiden befreit zu werden. Es gibt Verhaltensweisen des Analysanden, mit denen er sich dagegen wehrt, die verdrängten Wünsche, Gefühle und Triebimpulse bewußt zu machen. Er verhindert, daß Konflikte aufgedeckt werden und stellt sich letztlich gegen die Therapie insgesamt. Dieser Widerstand hängt mit der Angst zusammen, die wiederkehrt, wenn die Verdrängung aufgehoben wird. Angst führte ursprünglich dazu, daß bestimmte Motive – etwa aggressive oder sexuelle – aus dem Bewußtsein verbannt wurden. Sollen diese Motive nun freigelegt werden, taucht auch die Angst wieder auf; dagegen richtet sich der Widerstand.

Durch den Widerstand möchte die Person den derzeitigen Zustand aufrecht erhalten. Das heißt allerdings nicht, daß sie krank bleiben will; sie möchte ihr Leben verändern. Aber gleichzeitig wünscht sie unbewußt, jene Aspekte der Neurose zu behalten, die inzwischen einen persönlichen Wert in der Lebensbewältigung bekommen haben. Weil ihr die vertrauten neurotischen Lösungen durch die Therapie weggenommen werden, wird sie unsicher und widersetzt sich der Wandlung.

Bei der Psychoanalyse des Widerstands verbündet sich der Therapeut mit dem Gesundungswillen des Patienten gegen dessen gleichzeitigen »Krankheitswillen«. Dieser »Krankheitswille« bedeutet von der psychischen Not des Patienten her gesehen: Es ist erträglicher für mich, Kopfschmerzen zu haben, als mich dem ängstigenden Konflikt mit meinem Partner auszusetzen; oder: es ist leichter für mich, Magenschmerzen zu haben, als mich mit meinem Einsamsein konfrontiert zu sehen; oder: meine »nervösen Herzbeschwerden« bekommen mir besser als die Trauer und Leere, die dahinter auftauchen könnten... – Zur Widerstandsanalyse gehört, den Erkrankten zu ermutigen, sich mit der Lebenskrise auseinanderzusetzen, die mit seiner Symptomatik verknüpft ist.

Der Widerstand äußert sich zum Beispiel, indem der Patient beharrlich schweigt, unentwegt die psychoanalytische Therapie kritisiert, zur Therapiestunde zu spät kommt oder sie vergißt, die Therapie abbrechen möchte. Er hält die freien Einfälle zurück oder träumt nicht.

Der Widerstand ist Teil des therapeutischen Prozesses. Er wird nicht verboten oder beseitigt, sondern analysiert. Das bedeutet, dem Patienten seinen Widerstand aufzuzeigen, die dahinterliegende Angst wahrzunehmen und dazugehörige abgewehrte Motive erlebnisfähig zu machen.

Gelegentlich kann der Patient durch eine Symptomdeutung mit seinem Widerstand konfrontiert werden. So konnte ein Analysand mehrmals an einer Stelle, an der wichtige Inhalte zur Sprache kamen, nicht mehr weiter assoziieren, weil er einen Hustenanfall bekam. Dieser dauerte jeweils bis zum Ende der Stunde, so daß das Thema für diesen Tag »erledigt« – und die Hoffnung des Analytikers zunichte war, an klärende lebensgeschichtliche Einfälle heranzukommen. Der Therapeut vermutete, daß es sich um einen unbewußten psychosomatischen Widerstand handeln müsse. Beim nächsten Hustenanfall fragte er: »Vielleicht wollen sie mir etwas husten?« – Der Patient lachte befreit und konnte nun näher an seinen Widerstand herankommen. Dieser war damit verknüpft, daß der Analysand mehrmals kritische Einfälle zum Analytiker hatte. Diese mußte er jedoch unterdrücken, weil es ihm zu bedrohlich erschien, solche Einfälle auszusprechen. Mit der nun ausgesprochenen Angst konnten wiederum lebensgeschichtliche Zusammenhänge klarer werden.

Erinnern – Wiederholen – Durcharbeiten – Das gemeinsame Entdecken

Die psychoanalytische Methode wurde von Freud als »Erinnern, Wiederholen und Durcharbeiten« beschrieben. Der »Kampf um die Erinnerung« wird vor allem durch die freie Assoziation eingeleitet und durch Träume. – Wie es durch Sich-Erinnern möglich wird, Zugang zum Verstehen körperlicher Symptombildung zu finden, zeigt eine Erinnerung, die Ingmar Bergmann[55] erzählt:

Meine Schwester wird geboren, ich bin vier Jahre alt, und die Situation ändert sich radikal: eine fette, mißgestaltete Figur spielt plötzlich die Hauptrolle. Ich werde aus dem Bett meiner Mutter vertrieben, mein Vater strahlt, wenn er das brüllende Bündel ansieht. Der Dämon der Eifersucht hat mein Herz mit seinen Krallen gepackt, ich tobe, weine, scheiße auf den Fußboden und schmiere mich voll. Mein älterer Bruder und ich, normalerweise Todfeinde, schließen Frieden und brüten Methoden aus, das widerwärtige Wesen umzubringen. Aus irgendeinem Grund ist mein Bruder der Meinung, daß ich mich am besten für die unabwendbare Tat eigne. Ich fühle mich geschmeichelt, und wir warten auf eine passende Gelegenheit. Eines stillen, sonnigen Nachmittags glaube ich mich allein in der Wohnung und stehle mich ins Schlafzimmer der Eltern, in dem das Wesen in seinem rosafarbenen Korb schläft. Ich ziehe mir einen Stuhl heran und klettere hinauf, stehe da und betrachte das geschwollene Gesicht und den sabbernden Mund. Mein Bruder hatte mir klare Anweisungen gegeben, wie ich vorgehen sollte. Ich hatte seine Befehle aber mißverstanden. Statt meiner Schwester den Hals zuzudrücken, versuche ich ihren Brustkorb zusammenzupressen. Sie wacht sofort mit einem durchdringenden Schrei auf, ich verschließe ihr mit der Hand den Mund, die wäßrigen hellblauen Augen schielen und starren, ich mache einen Schritt nach vorn, um einen besseren Griff zu bekommen, verliere aber den Boden unter den Füßen und falle auf den Fußboden. Ich erinnere mich, daß die eigentliche Tat mit starkem Wohlbehagen verbunden ist, das schnell in Entsetzen übergeht.

Hier wird durch die Erinnerung deutlich, wie eine Lebenskatastrophe – durch die Geschwistergeburt elterliche Zuwendung zu verlieren – für den Vierjährigen in die psychosomatische Reaktion des »Scheißens« führte, unter der er auch später immer wieder litt. Daß Psychisches zu Körperlichem wird, hat sich auf der Grundlage frühkindlicher Leib-Seele-Einheit entwickelt. Mit der psychosomatischen Krankheit kehrt der Erwachsene in die Körpersprache des Kindes zurück. Er weicht auf diese früheste Ausdrucksform aus, weil er sprachlich nicht ausdrücken kann, was ihn »schmerzt«. Kränkungen sind für ihn un-sag-bar geworden. Je mehr er während der Psychotherapie die als verächtlich empfundenen Wünsche in Sprache umwandeln, sie einem anderen Menschen sagen kann, um so mehr wird die krankhaft gewordene Körpersprache von dieser »Mitteilungs«-Aufgabe entlastet.

Das *Wiederholen* zeigt sich in der Psychotherapie als Übertragung und im Wiederholungszwang: Erfahrungen, die passiv erlitten und nicht verarbeitet wurden, werden zwanghaft wiederholt. Eine Person führt zum Beispiel unbewußt immer wieder Situationen herbei, in denen sie sich überfordert fühlt und dann darüber verzweifelt in psychosomatische Herzbeschwerden verfällt. Sie merkt zwar, daß sie sich selbst in solche Situationen hineinlenkt. Aber sie kann nicht sehen, daß es sich um ein Lebens-Problem von Kindheit an handelt: nämlich, es allen recht machen zu wollen, um die Zuneigung der Eltern nicht zu verlieren. Sie glaubt, etwas in der Gegenwart Begründetes zu erleben, während sie tatsächlich ein Problem wiederholt, das sie in ihrer Lebensgeschichte nicht lösen konnte.

»Das eigentlich Revolutionäre an der Freudschen therapeutischen Methode ist das ›*Durcharbeiten*‹: Es besteht nämlich in einer gemeinsamen Entdeckungsarbeit von Therapeut und Patient, nicht in einer einseitigen ›Behandlung‹ der Neurose des Patienten durch den Therapeuten. Beide begeben sich gemeinsam auf die Suche nach dem ›wahren Selbst‹ des Patienten, nach seiner wahren Persönlichkeit. Dabei finden sie bisher verdeckte oder verdrängte Wünsche ebenso wieder wie die Ängste, die dazu führten, diese Wünsche nicht mehr direkt zum Ausdruck kommen zu lassen, sondern nur noch indirekt in Form von neurotischen, psychotischen oder psychosomatischen Symptomen« (Bauriedl[56]).

Das psychosomatische Symptom, das für eine psychische Krise steht – zum Beispiel fortwährendes Erbrechen –, wird in der psychotherapeutischen Arbeit ersetzt durch die Frage, was im Leben des Patienten »zum Kotzen« ist. Der Konflikt wird bewußt erfahren und ausgetragen. Zeichen chronischer Dauerbelastung durch Wünsche und Ängste, die nicht offen eingestanden werden dürfen – zum Beispiel Spannungskopfschmerz, chronisch erhöhter Blutdruck – fallen weg, wenn es dem Patienten gelingt, seine Neigungen und Befürchtungen einzugestehen; dadurch werden im Symptom blockierte Kräfte frei. Diese ermöglichen ein an den erwachten Lebenswünschen orientiertes neues Handeln.

Menschen leben in Gruppen, deshalb ist es naheliegend, Psychotherapie auch in Gruppen durchzuführen. Auf einige Therapieverfahren wurde bereits hingewiesen: die Gestalttherapie nach Perls zum Beispiel; bei ihr steht das Erfahren eigener Gefühle und deren gestalthafter Ausdruck im Mittelpunkt. Oder das Psychodrama, bei dem die Teilnehmer wechselseitig Rollen übernehmen und bestimmte Konflikte darstellen und bearbeiten. Daneben gibt es andere Gruppenpsychotherapien, von denen ich hier die psychoanalytisch orientierte herausgreife.

In der Gruppe von etwa acht Teilnehmern konzentriert der Therapeut seine Aufmerksamkeit auf den Einzelnen in der Gruppe, wie auf die Gruppe als ganzes. Elemente der Arbeit sind die unbewußten Gruppenphantasien, Übertragungsvorgänge innerhalb der Gruppe und gegenüber dem Gruppenleiter, aktuelle Einzelprobleme der Teilnehmer, Widerstände, freie Einfälle der Mitglieder, die Deutung unbewußter Prozesse.

Daß Gruppentherapie bei psychosomatischen Erkrankungen hilfreich sein kann, zeigt ein »integriertes psychosomatisches Konzept« der psychosomatischen Abteilung an der Psychiatrischen Universitätsklinik in Wien. Hier wurde Kranken, die an hohem Blutdruck litten, neben der medikamentösen Behandlung auch eine Gruppentherapie angeboten:

»Kurz nach Beendigung der sechsmonatigen Gruppenarbeit waren die erhöhten Blutdruckwerte von durchschnittlich 179 zu 108,5 Millimeter Quecksilber (mmHg) auf Normalwerte gesunken (im Durchschnitt 147,3 / 88,7 mmHg). An diesen Ergebnissen änderte sich auch im Kontrollzeitraum von zwei Jahren nichts. Die Werte blieben stabil. Dabei war bei keinem der Patienten eine Erhöhung der Medikamentendosis erforderlich. Während oder kurz nach der Gruppentherapie wurden dagegen bei rund der Hälfte der Patienten die Dosen verringert oder die medikamentöse Therapie ganz abgesetzt. Dies konnte dann auch die folgenden zwei Jahre beibehalten werden.«[57]

Um zu überlegen, was vermutlich das Heilende an der Gruppentherapie war, erinnere ich daran, welche psychischen Hintergründe chronischer Bluthochdruck ohne erkennbare körperliche Ursachen (Essentielle Hypertonie) haben kann. Oft handelt es sich darum, daß die an Bluthochdruck Erkrankten ihre aggressiven Gefühle unterdrücken und nicht mehr wahrnehmen. Sie haben es schwer, sich in der Familie oder am Arbeitsplatz andern gegenüber mit ihrem Zorn oder Ärger begreiflich zu machen. Das verursacht Spannungen, durch die der Blutdruck ansteigt: so, als müßte der Körper Energien für einen Notfall bereitstellen. Angst und Wut steigern den Blutdruck, damit der Körper in der Lage ist, zu kämpfen oder zu fliehen. Da der aggressiv gehemmte Bluthochdruckkranke seine Gefühle nicht abreagieren kann, bleibt er dauernd gespannt und der erhöhte Blutdruck geht nicht zurück.

Mit Hilfe der Gruppe wird dem einzelnen deutlich, wie aktuelle Lebenssituationen mit erhöhtem Blutdruck zusammenhängen. Er erlebt in der aktuellen Gruppensituation, wie schwierig es für ihn ist, aggressiv zu sein. Weil er glaubt, sich nicht wehren zu können, wird er von feindseligen Gefühlen innerlich überflutet. Voller Protest unterwirft er sich und unterdrückt seine Aggression. In der Gruppe erfährt er allmählich, wie er sich mit Worten wehren und für das eintreten kann, woran ihm liegt. Er lernt, in Konfliktsituationen zu handeln, ohne in der Anspannung zu verharren, die den Blutdruck hochtreibt. Solche Erfahrungen in der Gruppe unterstützen die Teilnehmer darin, Konflikte am Arbeitsplatz anders als bisher auszutragen und zu versuchen, sich mit eigenen Vorstellungen durchzusetzen. Sie nehmen besser wahr, wie sie sich – was bei Bluthochdruckkranken häufig ist – anderen als »Lastesel« anbieten, der sich alles aufbürden läßt.

Die Patienten erfahren in der Gruppe, daß auf vorsichtig gewagte Aggressionen keine vernichtenden Gegenaggressionen folgen – wie es manche aus der Kindheit gewöhnt sind. Sie merken, wie Aggressivsein die Beziehung unmittelbarer machen kann: im Sinne des An-greifens und Be-greifens in der Doppelbedeutung der Worte. Sie lernen, ihre Wünsche zu zeigen, für ihre Anliegen einzutreten, sich gegen Übergriffe zu wehren, nicht nur passiv zu reagieren, sondern aktiv zu gestalten. Sie machen die neue Erfahrung, Aggressionen nicht zu unterdrücken, sondern konstruktiv in der Beziehung auszutragen. So werden durch die Arbeit in der Gruppe Anspannungen verringert, Aggressionen gelebt und aggressiver Druck abgebaut. Die sicherheitsgebende Gruppe unterstützt diese korrigierenden Erfahrungen.

Manche Menschen bedürfen keiner Psychotherapie, aber leiden doch unter wiederkehrenden Konflikten, die sie gern bearbeiten würden. Für sie kann eine *Selbsterfahrungsgruppe* hilfreich sein. Dies gilt besonders dann, wenn sie beruflich unmittelbar Kontakt mit anderen Menschen haben. Die Teilnehmer lassen sich über einen längeren Zeitraum bei wöchentlichen Sitzungen auf einen Prozeß ein, in dem die Gruppenbeziehung vorrangig ist: das wechselseitige Erleben im Kontakt mit den anderen und das Verhalten zueinander. Sie unterstützen sich darin,

- so offen wie möglich jene Probleme auszusprechen, unter denen sie leiden,
- sich begreifen zu lassen und andere zu begreifen,
- mit Mitmenschen Kontakt aufzunehmen und die Beziehung zu gestalten,
- Eigenständigkeit zu entwickeln und Echtheit zu wagen.

Das Arbeiten in der Gruppe stärkt das Selbst des einzelnen und macht fähiger zu gemeinschaftlichem Handeln. Die Selbsterfahrungsgruppe löst Beziehungs- und Gefühlserlebnisse im Kontakt mit einer Gruppe anderer Menschen aus. Die Teilnehmer versuchen, sich selbst besser zu verstehen, indem sie offen über sich und ihre Konflikte sprechen – aber auch, indem sie ähnliche Probleme bei anderen wahrnehmen.

Nachdenken über sich selbst

- Zu vermuten, eine Krankheit sei »psychisch«, soll keine abschließende Beurteilung sein, sondern der Beginn dafür, persönliche Einfälle kommen zu lassen oder Fragen zu stellen – zum Beispiel: Kann die Herzrhythmusstörung etwas mit meiner Pensionierung zu tun haben, die mich aus dem Rhythmus bringt? Hängen meine seit kurzem aufgetauchten, unerklärlichen Magenschmerzen mit dem neuen Vorgesetzten zusammen, mit dem ich nicht

zurechtkomme? Kann das etwas bedeuten, daß die Durchfälle, unter denen ich jetzt häufig leide, zum erstenmal auftraten, als ich von zu Hause auszog? Hat meine Mandelentzündung damit etwas zu tun, daß ich herb zurückgewiesen wurde – und das schwer schlucken kann?
Auch wenn ich keine eindeutigen Antworten finde, hilft das Fragen dabei, sich mit einem Problem, einer schwierigen Situation, mit Ängsten und Wünschen, mit persönlichen Plänen auseinanderzusetzen.

- Überlege ich in meinem Kranksein zu ausschließlich, wie ich meine Krankheit durch den Arzt behandeln lassen, durch Medikamente lindern, durch Anwendungen bekämpfen, durch Psychotherapie loswerden kann? Könnte ich solche Überlegungen durch andere ergänzen, die etwa so lauten: Muß ich denn immer etwas *tun* – oder kann ich nicht versuchen, mehr zu *lassen*? Zum Beispiel den Leistungsehrgeiz zu lassen, das übertriebene Vollkommenheitsstreben, den Anspruch, besser als andere sein zu müssen, den Willen, recht zu haben, die Vorstellung, Wünsche anderer immer befriedigen zu müssen?

Psychoanalytische Therapie als emanzipatorischer Prozeß

Ziel der psychosomatischen Therapie ist nicht nur, Symptome zu beseitigen, sondern die symptomerzeugende Persönlichkeitsstruktur zu bearbeiten. Mit Hilfe des Psychotherapeuten erkennt der Erkrankte, daß es fehlgeleitete Kräfte in ihm selbst sind, die seiner Gesundheit schaden. Diese kann man nicht einfach von außen »wegmachen«; er muß sie selbst in gesündere Bahnen lenken. Die therapeutische Hilfe ist nur Hilfe zur Selbsthilfe und fordert vom Kranken ein hohes Maß an Selbstverantwortlichkeit. Er soll lernen, sich davon zu lösen, abhängig zu sein.

Deshalb besteht der therapeutische Weg nicht darin, Patienten zu beeinflussen, zum Beispiel indem man ihnen ein bestimmtes Verhalten vorschreibt oder sie auf weltanschauliche Positionen ausrichtet oder ihnen konkrete Ratschläge gibt. Es wird ihnen nicht abgenommen, sich selbst zu entscheiden. Psychoanalyse »ist weder eine Anpassungs- noch eine Aufhetzungstherapie an oder gegen die

Eltern und die herrschenden gesellschaftlichen Strukturen. Sie soll den Patienten befähigen, die Ziele und Freiheiten wirksam zu gestalten, die ihm nach gewonnener größerer Klarheit über sich selbst und seine Motive persönlich gültig erscheinen« (Elhardt[58]).

Gelegentlich wird der Psychoanalyse vorgeworfen, sie führe alles auf psychische Konflikte zurück. Soziale und gesellschaftliche Verhältnisse berücksichtige sie zuwenig. Letztlich würde die Person an die bestehenden Verhältnisse angepaßt. Diese Kritik trifft dann nicht zu, wenn Psychoanalyse in ihrem ursprünglichen emanzipatorischen Anspruch aufgefaßt wird. Die Psychoanalyse bezieht zwar das Leiden auf den seelischen Konflikt. Sie tut das aber, *damit die Person aus ihrer ich-einschränkenden Resignation herausfinden kann.* Der einzelne soll nicht lernen, sich besser anzupassen – womöglich an krankhafte gesellschaftliche Bedingungen –, sondern äußere Umstände so zu verändern, daß sie seinen Bedürfnissen entsprechen. Wenn verdrängte Lebenswünsche der Person erlebbar werden, kann diese konstruktiver als bisher handeln.

Bei der neurotischen Konfliktlösung wird oft die »Schuld« auf die Umwelt geschoben: die andern sind so schlecht, die Verhältnisse so schlimm. Diese Resignation verhindert es, die Verhältnisse im Sinne eigener Lebenswünsche zu verändern. – Wird der Konflikt psychosomatisch ausgetragen, sieht es wiederum so aus, als läge alles an der Krankheit, während die Welt in Ordnung zu sein scheint.

Sowohl die Anpassung an die gegebenen Verhältnisse, wie auch die Resignation in psychischer und psychosomatischer Krankheit, will die Psychoanalyse aufheben. Dazu muß sie gesellschaftliche Widersprüche ebenso aufdecken wie psychische Widersprüche in der Person. Dann lernt der einzelne, seine Konflikte zu lösen und gleichzeitig die Beziehungen und die Lebensumstände überall dort zu verändern, wo ihm das möglich ist.

Die gemeinsame analytische Besinnung kann nicht haltmachen vor politischen Realitäten. »Was immer an Wünschen, Hoffnungen und Impulsen in der Innenwelt auflebt, es will sich konkret erfüllen in der Entwicklung von Beziehungen, in der Arbeit, in der Gestaltung der Umwelt. Mir ist es wichtig, daß meine Patienten nie aus dem Blick verlieren, in welchem Maße ihre innere Geschichte und ihre innere Aktualität durchgängig verwoben sind mit gesellschaftlichen Vorgängen. Was sie draußen ärgert, ängstigt, anzieht, sind nie ausschließlich Projektionen kindlicher Erfahrungen oder subjektiver Prozesse. Eine geträumte oder phantasierte Atombombe ist immer auch als solche gemeint und nie lediglich Symbol für explosive Aggressivität. Das bedeutet noch lange nicht, psychoanalytische Therapie mit politischen Informationsgesprächen oder gar Ratschlägen zu vermischen« (Richter[59]).

In einem emanzipatorischen psychoanalytischen Prozeß ziehen sich Analytiker und Analysand nicht in ihre Innerlichkeit zurück. Vielmehr werden sie verantwortlich für ihr Handeln, für die Beziehung zu den Mitmenschen und dafür, die Umwelt mitzugestalten. Sie versuchen, mehr Menschlichkeit zu entwickeln. Das führt folgerichtig auch zu Impulsen, unmenschliche Politik in eine menschliche zu verwandeln.

Politik kann nur menschlicher werden, wenn Bürger und Politiker mit dem Blick auf Menschen handeln. Dann wäre sie nicht mehr überwiegend Machtdenken, finanzielles Geschäft und bürokratisches Verwalten. Emanzipatorische Prozesse psychoanalytischen Denkens und Arbeitens tragen dazu bei, daß sich Menschen nicht mehr als Marionetten einer am Machtprinzip orientierten Zerstörungsmaschinerie mißbrauchen lassen. Sie wecken eine Bewußtheit für Mitverantwortung und machen Mut, diese Mitverantwortung für mehr Menschlichkeit wahrzunehmen.

Ein Lehrer »heilt« ein bettnässendes Kind – Die helfende Beziehung

Ich beende die therapeutischen Überlegungen mit einem nicht-therapeutischen Beispiel. Es soll zeigen, daß es nicht immer psychologische und medizinische Fachleute sein müssen, die einem Menschen mit psychosomatischen Störungen helfen können. Wenn Psychosomatik nach Viktor von Weizsäcker vor allem der *Umgang des Menschen mit dem Menschen* ist, kann sich jeder ermutigt fühlen, dem anderen beizustehen, mit dem Leben besser fertig zu werden.

Der Lehrer, von dem die Rede ist, wollte nichts anderes, als zwei Kindern helfen, denen es schlecht ging. Er hatte keine Therapie im Sinn; davon verstand er nichts – und doch wirkte seine Hilfe therapeutisch.

Der Lehrer von damals war ich selbst. Ich hatte vor, mit meiner 6. Hauptschulklasse für zwei Wochen in ein Schullandheim zu fahren. Hierzu mußten die Eltern für Schulbehörde und Heimleitung eine Erklärung unterschreiben, daß ihr Kind keine ansteckende Krankheit habe, keine Läuse und dergleichen mehr. Es wurde betont, daß einnässende Kinder vom Heimaufenthalt ausgeschlossen sind. Dieses Formular brachte die Mütter zweier Jungen in meine Elternsprechstunde. Sie sagten mir, ihre Kinder könnten nicht mit ins Schullandheim fahren. Bei dem einen Jungen wurde als Grund angegeben, die Eltern hätten das Geld für den Aufenthalt nicht. Beim andern gaben die Eltern vor, das Kind sei so kränklich. – Als ich mir vorstellte, Heiner würde nicht mitfahren, geriet ich einen Augenblick mit mir selbst in Konflikt: Hätte ich es nicht leichter, wenn dieser aggressive Junge zu Hause bliebe und so die Klasse und mich nicht stören könnte? Gleichzeitig merkte ich in dem Gespräch mit der Mutter, wie wichtig es für den Jungen wie für uns andere war, daß gerade er mitfuhr.

Ich besprach mit den Eltern – in getrennten Gesprächen – daß ich die Kinder mitnehmen wollte: Ich würde mir gerade für die Klassengemeinschaft viel von einem gemeinsamen Aufenthalt versprechen. Den einen Eltern bot ich an, sie bräuchten nichts zu bezahlen. Den andern versprach ich, besonders fürsorglich zu sein, damit dem kränklichen Jungen nichts passierte. Als die Mütter merkten, wie ich an ihnen Anteil nahm und als sie spürten, wie interessiert ich gerade an ihrem Kind war, rückten sie beschämt den wahren Grund dafür heraus, weshalb die Jungen nicht ins Schullandheim mitfahren sollten: beide waren Bettnässer.

Ich wußte nicht, wie ich es machen würde, aber soviel pädagogisch-psychologisches Verständnis besaß ich damals schon, um entschlossen zu sein, diese Kinder nun auf jeden Fall mitzunehmen; denn sie brauchten es besonders, in der Gruppe aufgenommen zu werden. Gleichzeitig kam ich mir hilflos vor, als ich mir vorstellte, daß Heiner regelmäßig seit vielen Jahren mindestens einmal in der Nacht einnäßte und der andere Junge alle paar Tage. Trotzdem sagte ich den verwunderten Müttern, daß ich es mir überlegen würde, wie es zu machen wäre, die Kinder gegen das Verbot der Schulbehörde »erst recht« mitzunehmen. Es waren noch mehrere Monate Zeit, in denen ich mich mit der Klasse ohnehin eingehend auf den Schullandheimbesuch vorbereitete.

Zu dieser Vorbereitung gehörte nun, das Problem mit den bettnässenden Jungen zu lösen. Ich sprach zunächst mit jedem allein über meinen Wunsch, sie dabeizuhaben. Dann redete ich mit beiden zusammen; sie waren verwundert darüber, daß es »noch so einen« gab. Bei geächteten Symptomen haben Kinder leicht das Gefühl, nur sie seien so, sie wären die einzigen, denen das passierte. Erfahren sie dann Gegenteiliges, erleichtert sie das. Beide Jungen konnten erzählen, wie es sie peinigte, daß es immer wieder geschah, obwohl sie sich so fest vornahmen, nicht mehr ins Bett zu pieseln.

Nun schmiedete ich mit Eltern und Schülern ein »Komplott«, um das Verbot der Heimleitung und der Pflegepersonen im Schullandheim zu umgehen. Ich besprach mit ihnen, daß es nicht darum ging, von den Kindern zu fordern, sie sollten im Heim »nur ja aufpassen«. Vielmehr würden wir einen Plan machen, wie wir mit dem Einnässen fertig würden. Das Problem wurde auch mit der Klasse besprochen; diese konnte erfahren, wie man anderen, die es schwerer haben, hilft. Zudem erzählten einige Schüler freimütig, daß sie früher auch schon eingenäßt hatten. Mit den Freunden der beiden vereinbarte ich, daß sie Heiner und Alfons im Schlafsaal jeweils in die Mitte nahmen; außerdem bekamen die beiden einen guten »Randplatz«. – Nun galt es zu überlegen, wie die Gummiunterlagen ins Bett geschmuggelt werden konnten, ohne daß dies von den dort tätigen Erzieherinnen bemerkt würde. Und schließlich wurde der Krisenfall selbst geübt: Heiner lag in der Frühe naß im Bett. Er steckte mit Hilfe seiner Freunde – einer mußte Wache stehen – das nasse Bettuch in einen vorbereiteten Sack und holte aus dem Versteck ein neues hervor. Den Sack mit dem vollgepieselten Laken brachten sie mir aufs Zimmer, weil es im großen Waschraum nicht möglich war, heimlich zu waschen.

Der Schullandheimaufenthalt begann, und die Vorbereitung mit den einnässenden Jungen war ein Randproblem von dem vielen, was die Kinder jetzt bewegte. Manche trennten sich zum ersten Mal von den Eltern und für alle war es die erste Klassenfahrt. Der Ernstfall konnte eintreten. Ich saß abends noch im Schlafsaal und las vor, setzte mich zu den Kindern ans Bett und redete mit ihnen. Mit einem besonderen »Augenzwinkern« – alles war vorbereitet – verabschiedete ich mich von Heiner und Alfons.

Aber – der Ernstfall trat nicht ein. Heiner machte in den vierzehn Tagen nicht ein einziges Mal ins Bett. Und bei Alfons passierte es nur an den letzten beiden Tagen. Da wurde dann die Krisensituation in der abgesprochenen Weise bewältigt. – Heiners Mutter war nach unserer Wiederkehr besonders darüber erstaunt, daß ihr Junge auch in den nachfolgenden Monaten kaum einnäßte und in der Folgezeit weniger als in den Jahren zuvor.

Was war passiert? – Ist es vielleicht psycho-logisch, daß Heiner, der nach eigenen Angaben und denen der Mutter täglich einnäßte, nun auf einmal trocken war – und daß dies über den Schullandheimaufenthalt hinaus anhielt? Was kann so entspannend im Erleben des Jungen gewirkt haben, daß er nicht mehr einnäßte?

- Vermutlich hing es mit der entspannten Situation zusammen, daß Heiner von einem Tag zum andern trocken wurde. Niemand erwartete von ihm, daß er sich beherrschte. Im Gegenteil: Wir nahmen ihn mit seinem Einnässen an und wollten ihn im Schullandheim dabeihaben. Bettnässende Kinder leben in innerer Spannung, die sich körperlich in zu hoher Blasenspannung ausdrückt, weshalb bei ihnen die Blase »überläuft«. Der verkrampfte Vorsatz: »Ich darf auf keinen Fall ins Bett machen«, war weg. Das hatte möglicherweise auch die Blase schlaffer gemacht.
- In der Barackensiedlung wurde Heiner wegen seines Leidens verachtet. Nun erfuhr er, daß wir ihn akzeptierten. Das beschränkte sich nicht nur darauf, sein Symptom anzunehmen. Heiner war ein »schwacher Schüler«. Aber er wurde gerade mit seinen starken Seiten – er war ein guter Sportler und konnte spannend Geschichten erzählen – von mir und der Klasse anerkannt.
- Als wir den Landheimaufenthalt vorbereiteten und ihn dann ge-

meinsam erlebten, konnte dieses verunsicherte Kind eine sichere Beziehung zu Lehrer und Mitschülern erfahren. Die haltgebenden Kontakte machten ihn selbstbewußter. Lehrer und Schüler hatten sich in einer Art »Kumpanei« gegen die Behörde zusammengetan. Das verstärkte das Gefühl, zusammenzugehören.

– Durch die Fürsorge, die Heiner von mir und den Mitschülern zuteil wurde, erlebte er sich geborgen, was jedes bettnässende Kind dringend braucht. Aber er lernte auch Selbständig-Sein: ein Problem mit eigenen Kräften und zusammen mit anderen anzugehen, sich offen damit auseinanderzusetzen. – Schließlich machte er die ich-stärkende Erfahrung, nicht einzunässen, es wurde unterbrochen, was ihn sonst täglich peinigte.
– Vermutlich spielte auch der Milieuwechsel eine Rolle: einmal in veränderter Situation zu leben, mit anderen Menschen, ohne täglich vorbelastet zu sein. Ein Kind kann unter Umständen in einer bergenden neuen Umgebung ein chronisches Bettnässen aufgeben. Dadurch, daß es aus der Familie herausgenommen wird, fallen störende Bedingungen weg, die sonst dazu beitragen, daß das Kind einnässen muß. Zum Beispiel kann es sich von den Geschwistern trennen, denen gegenüber es sich von der Mutter benachteiligt fühlt. So kann in der neuen Umgebung ein ›Heilerfolg‹ eintreten, besonders wenn sich die neuen Bezugspersonen dem Kind aufmerksam zuwenden.
– Durch die Gespräche mit der Mutter und mit dem »schwierigen« Jungen, lernte ich Heiner anders wahrzunehmen. Ich erfuhr mehr über ihn, über sein trauriges Lebensschicksal, die Armut in der Wohnbaracke, seinen Geschwisterkonflikt mit dem nachfolgenden Bruder, die Angst vor dem prügelnden Alkoholiker-Vater und vieles mehr. Durch die andere Wahrnehmung war er für mich nicht mehr der »böse«, aggressive Störenfried, sondern ein hilfebedürftiges Kind, zu dessen Notsignalen Aggressivität und Einnässen gehörten.

Verständnisvoll auf den »schwierigen« Jungen einzugehen, mag zunächst nur symptom-orientiert erscheinen. Aber die Art, sich um ihn zu kümmern, stillte existentielle Grundbedürfnisse des Kindes und erwies sich letztlich doch als ursachen-orientierte

»Therapie«. Ich habe damals – ohne mir dessen bewußt gewesen zu sein – therapeutisch gehandelt, indem ich eine helfende Beziehung mit dem Kind einging. – Es war meine erste »Heilung«; ich setze die Anführungszeichen, weil man einwenden kann, sie sei nicht dauerhaft und vollständig gewesen; es habe sich vermutlich »nur« um eine Übertragungsheilung durch die gute Beziehung gehandelt. Das mag sein; aber fest steht auch: Schulen und andere öffentliche Einrichtungen könnten eine Stätte sein, an der es nicht die Ausnahme ist, daß jungen Menschen auch dann geholfen wird, wenn sie neurotische oder psychosomatische Symptome haben. Aber dazu müßten mehr Bürger für mehr Menschlichkeit in der Gesellschaft eintreten.

Lebenswelt und Kranksein

12. Die Gesellschaft greift die Gesundheit an

Erlebnisvorgänge sind untrennbar und unmittelbar mit Veränderungen der Körperleistung verknüpft. Die von der Gesellschaft geschaffenen Lebensbedingungen haben aber einen breiten Anteil an der Gestaltung des Erlebens.

Alexander Mitscherlich

Es gibt viele Arten zu töten. Man kann einem ein Messer in den Bauch stechen, einem das Brot entziehen, einen von einer Krankheit nicht heilen, einen in eine schlechte Wohnung stecken, einen durch Arbeit zu Tode schinden, einen zum Selbstmord treiben, einen in den Krieg führen, und so weiter. Nur weniges davon ist in unserem Staat verboten.

Bert Brecht

Lebensstörendes in der Gesellschaft – Psychosoziales Denken

In vielen der bisher berichteten Lebensschicksale war von der eigenen Welt der Erkrankten die Rede, so wie sie diese aufgrund ihres bewußten und unbewußten Erlebens erfahren. Darüber hinaus hängt jede persönliche Entwicklung mit der Gesamtsituation der Gesellschaft zusammen: mit ihrer Kultur, ihrer Sprache, den politischen und sozialen Verhältnissen, ihren Moralbegriffen und Wertvorstellungen, den psychosozialen Bedingungen. All das ist bedeutsam dafür, wie häufig Menschen krank werden, wie Krankheiten entstehen und verlaufen.

Für diese Betrachtungsweise wird der Begriff »psychosozial« verwendet. Er drückt aus, daß *psychische Vorgänge durch soziale Bedingungen mitbestimmt werden.* Mit »psychosozial« ist zugleich kritisch ausgedrückt, daß psychische Bedürfnisse und soziale Lebensbedingungen in unserer Gesellschaft zu weit auseinanderklaffen. Damit wird programmatisch gefordert, daß soziale Verhältnisse an psychische Bedürfnisse anzupassen sind.

Wie sich ein Mensch fühlt, ist eng verflochten mit seiner sozialen

Umwelt. Folgende Gegebenheiten wirken sich zum Beispiel lebenseinschränkend aus:

- Menschen werden zu sehr sozial reglementiert und eingeengt. Sie haben wenig Chancen, eigenständig zu handeln.
- In einer zunehmend bürokratisierten Lern- und Arbeitswelt werden sie zur verwalteten Nummer und können sich nicht als Individuum entfalten.
- Viele müssen sich einer entfremdeten, sinn-entleerten Arbeit unterwerfen und haben es damit auch außerhalb der Arbeit schwer, dem Leben einen Sinn zu geben.
- Bei solchen, die in engen Wohnungen unwirtlicher Großstädte leben müssen, entsteht ein beengtes Lebensgefühl. Ihnen fehlt Bewegungsraum, Licht und umgebende Natur.
- Viele Kinder finden verstümmelte Lebensbedingungen in Schulen und anderen Lebensräumen vor. Deshalb können sie sich psychisch und körperlich nicht gesund entwickeln.
- Das Gesundheitssystem ist stark von Apparatemedizin und Chemotherapie bestimmt. Es kümmert sich nicht um den ganzen Menschen.
- In der durch die Industrie gefährdeten Natur lebt der Mensch immer unsicherer. Die Ehrfurcht vor der Natur ist einer zerstörerischen Schonungslosigkeit gewichen.
- Durch den für große Teile der Bevölkerung dumm und passiv machenden Einfluß des Fernsehens gehen Lebensenergien verloren, die sonst für ein aktives Leben vorhanden wären.
- Millionen Menschen sind arbeitslos oder haben Angst, es zu werden; das löst bedrückende Lebensgefühle aus.
- Durch eine ungeheuerliche Anzahl chemischer und atomarer Vernichtungswaffen ist die Menschheit ständig bedroht; desgleichen von der das menschliche Leben gefährdenden Kernenergie und dem auf Jahrtausende hinaus tödlichen Atommüll, von dem niemand weiß, wie er gefahrlos gelagert werden soll.
- Auf die Regierenden ist kein Verlaß, wie die Bürger immer deutlicher wahrnehmen können. Zu viele von ihnen sorgen sich nicht wirklich um die Menschen, sondern sind vor allem daran interessiert, ihre Macht zu erhalten. Dieses Ziel im Auge – schrecken

manche vor keinem Mittel zurück. Skandale, Bestechungsaffären, Lügen, Profitsucht, Diffamierungskampagnen, die Unfähigkeit, zu lernen sind erschreckend.

Bei den Realitäten, die hinter solchen Aspekten stecken, muß einem eigentlich angst werden. Zumindest kann diese Wirklichkeit als angstvoll Geträumtes wiederkehren; Christa Wolf[60] schreibt davon:

»Was mir Frauen für Träume erzählen! Eine junge Frau, die ihr zweites Kind erwartete, träumte, sie habe dieses Kind schon zur Welt gebracht; der Atomkrieg habe begonnen; alle Menschen, auch ihre Kinder, haben Verbrennungen, Strahlenschäden, sind todgeweiht. Da sie kein anderes Mittel hat, ihre Kinder von ihrer Qual zu erlösen, erschlägt sie sie mit einem Hammer. Dann sucht sie mit ihrem Mann ein Instrument, auch sich zu töten. Aber es steht nicht einmal mehr ein Hochhaus, von dem sie sich hinunterstürzen könnten. Ich weiß nicht«, sagt Christa Wolf zu diesem Traum, »ob es sinnvoll wäre darüber zu streiten, wie ›wirklich‹ Träume sind; daß sie die realen Ängste eines Menschen spiegeln können, scheint unbestreitbar; auch die realen Hoffnungen.«

Es hieße, die junge Mutter mit ihrem Atomkriegs-Angsttraum allein lassen, sähe man darin nur subjektive Prozesse, die mit Lebensgeschichte und individueller Lebenssituation zu tun haben. Deutete man etwa die geträumte Kindestötung nur als verdrängte Aggression gegenüber den Kindern; oder sähe man in den geträumten grauenvollen Schäden durch den Atomkrieg lediglich, daß die Träumerin ihre eigene Destruktivität in dic atomarc Vcrnichtung hineinprojiziert. Oder verstünde man ihre Angst vor Strahlenschäden ausschließlich als symbolischen Ausdruck für innerseelische Ängste vor Verletzungen.

Bliebe man ausschließlich in dieser individualistischen Denkweise, würde man sich selbst einer gefährlichen Verdrängung unterwerfen. Denn der Atomkrieg im Traum ist auch als solcher gemeint; und die geträumten Strahlenschäden bedrohen uns real. Die Qualen der Kinder im Traum meinen tatsächlich, daß wir uns vor Atombomben und Atomreaktoren fürchten müssen. – Der Angsttraum entspringt nicht nur einer »Innenangst«, sondern ist eine natürliche Reaktion auf Lebensumstände. Angesichts heutiger psychosozialer Lebensumstände sind Alpträume angebracht. Menschen können sich durch solche Angstträume bewußt werden, wie bedroht sie sind. Sie können dann aus der Angst die Kraft schöpfen, sich an der lebensrettenden Aufgabe zu beteiligen, gesellschaftliche Verhältnisse zu verändern.

Viele Krankheiten haben keine nachweisbaren körperlichen Ursachen. Man geht davon aus, daß etwa 30–50 % der Kranken wegen »funktioneller Leiden« zum Arzt kommen. Ihr Kranksein ist nicht auf »materielle Ursachen« zurückzuführen, sondern auf ein gestörtes Leben oder gar auf Lebenskatastrophen. Dazu kann es kommen, wenn Eigenwünsche der Person mit Verboten der Gesellschaft zusammenstoßen, denen die seelische Widerstandskraft des Individuums nicht mehr gewachsen ist, zum Beispiel das »Verbot« zu arbeiten. – So zeigte sich in einer Untersuchung zu den psychischen Folgen von Arbeitslosigkeit bei Lehrerinnen und Lehrern[61], daß diese deutlich stärker psychisch belastet waren als solche, die nicht gehindert wurden zu arbeiten. Wenn Lehrer länger und wiederholt arbeitslos waren, kam es häufig zu psychischen Krisen. Das Handeln wurde durch sinkendes Selbstvertrauen, Unsicherheit, Grübeln und Selbstzweifel beeinträchtigt. Zu den Krisensymptomen der Arbeitslosen zählten mehr psychosomatische Beschwerden. Da Arbeitslosigkeit nur in seltenen Fällen Ausdruck psychischer Problemlagen bei einzelnen ist, handelt es sich hier um gesellschaftlich verursachte Erkrankungen.

Gesellschaftlichen Druck und die damit verbundenen Erlebniskatastrophen bekommen besonders Ausländer zu spüren. Ihre gesundheitlichen Probleme haben in erster Linie soziale Ursachen. – »Die erste Generation der Ausländer fiel vor allem durch seelische Symptome auf. Typisch waren sogenannte Entwurzelungsdepressionen, die als verstärkte Heimweh-Reaktionen gedeutet wurden. Je länger die Menschen aus fremden Ländern und Kulturen hier arbeiteten und lebten, desto mehr wurde ihr Körper ebenfalls in Mitleidenschaft gezogen. Dabei überwogen zunächst noch psychisch bedingte somatische Beschwerden, zum Beispiel Entzündungen und Geschwüre im Magen-Darm-Trakt oder Schmerzzustände unterschiedlicher Lokalisation. Sie sind ein Versuch, die aus der veränderten Lebenssituation resultierenden Konflikte gleichsam zu entschärfen durch den Nachweis von Krankheitserscheinungen, die medizinische Hilfe und damit wenigstens vorübergehend Schonung rechtfertigen.«[62]

Ausländer sind in ihrer körperlichen Gesundheit besonders gefährdet. Sie müssen schwere und schmutzige Arbeiten verrichten, was oft zu unkorrigierbaren Organschäden führt. Nach den Beobachtungen von Heribert Kentenich von der Universitätsfrauenklinik Berlin-Charlottenburg kommt dazu psychischer Druck, zum Beispiel durch drohende Arbeitslosigkeit. »Dieser psychische Druck strapaziert zusätzlich die Gesundheit, wie überhaupt die zahlreichen Bekundungen der Ausländerfeindlichkeit nicht nur eine tiefe Kränkung bedeuten, sondern zusammen mit dem ständig härter werdenden politischen Vorgehen als wesentliche krankmachende Faktoren angesehen werden müßten. In Berlin seien wiederholt sogar schwangere Ausländerinnen mit Abschiebung bedroht worden, was zu heftigen psychosomatischen Reaktionen wie Erbrechen, erheblichem Gewichtsverlust mit der Gefahr von Mangelernährung des Kindes im Mutterleib geführt habe.«[62]

Männlichkeits-Ideal und Herzinfarkt – Leistungsgesellschaftliche Erziehungsideale schaden der Gesundheit

Bei »Zivilisationskrankheiten« ist offensichtlich, wie sie mit sozialen Bedingungen der Industriegesellschaft zusammenhängen. Zu ihnen gehören zum Beispiel Erkrankungen der Herzkranzgefäße. Psychosomatische Untersuchungen machen deutlich, welche seelischen Merkmale zu den Risikofaktoren gehören. Jedoch ist auch hier zu bedenken, daß es nicht *die* »Herzinfarkt-Persönlichkeit« gibt, sondern daß bestimmte körperliche Anlagen, lebensgeschichtliche Erfahrungen und individuelle Lebenssituationen zusammenspielen.

Unter den Menschen, die zum Herzinfarkt neigen, sind solche, die besonders *intensiv und andauernd nach Erfolg streben.* Sie verfolgen unabweichlich ihre Ziele, sind ehrgeizig, hungern nach Bestätigung. Sie setzen sich unablässig unter den Druck, aktiv sein zu müssen, neigen zu Ungeduld und möchten möglichst rasch ein großes Arbeitspensum schaffen.

Das Merkmalsbild von Personen mit Herzinfarkt stimmt in vielem mit dem Idealbild des »kraftvollen und dynamischen« Mannes der Leistungsgesellschaft überein. »Es ist nahezu identisch mit dem Inbegriff derjenigen Eigenschaften, die Aufstieg und maximales Prestige verheißen und fortwährend in der Erziehung des Jungen verherrlicht werden. So sieht der energiegeladene, ehrgeizbesessene Tatmensch aus, der sich durchsetzt und sich nirgends kleinkriegen läßt. Es ist der männliche Held, der keine Halbheiten liebt, der superaktiv und expansiv in einem Schwunge nach vorn stürmt und dabei dennoch die abgesteckten Bahnen einhält, die ihm eine positive soziale Resonanz sichern« (Richter[63]).

Supermännlich, muß er dauernd Angstfreiheit und Stärke demonstrieren. Das trägt dazu bei, daß die männlichen Herzkranzgefäße durchschnittlich zehn Jahre früher geschädigt werden als die von Frauen. Zwar spricht man oft von »Managerkrankheit«; der Herzinfarkt ist jedoch auf alle Schichten der Bevölkerung verteilt – allerdings überwiegend der männlichen. Viele Menschen, die unter dieser Krankheit leiden, verhalten sich Werten entsprechend, die einseitig auf Leistung, Konkurrenz und Wettbewerb ausgerichtet sind. Die Gesellschaft wiederum wird davon geprägt, daß ihre Leitfiguren vom supermännlichen Leistungsideal gekennzeichnet und gezeichnet sind, von technokratischem Sachzwangdenken und von Gefühlsabgespaltenheit.

In der Leistungsgesellschaft sind »weibliche« Gefühle verpönt, werden möglichst verdrängt: das Einfühlende, auf Sympathie ausgerichtete Sich-Einlassen mit anderen Menschen, das Empfängliche und Bewahrende, das nach Ganzheit Strebende, das Intuitive. Gefragt ist die »männliche« Einstellung: fordernd über die Welt zu verfügen, nur gelten zu lassen, was verstandesmäßig erfaßbar ist und wettbewerbsorientiert zu handeln, alles machen, was zu machen ist. Das überwiegend am Machtprinzip – und nicht am Sympathieprinzip – orientierte Handeln schädigt den Menschen offensichtlich.

Den Leitsätzen der Leistungsgesellschaft entsprechend, halten denn auch viele Eltern vor allem Stärke und Rivalität bereits in der Erziehung für wünschenswert. Bei Persönlichkeiten mit Herzinfarkt handelt es sich häufig um Menschen, die in ihrer Kindheit streng *im Sinne des Leistungsprinzips erzogen* worden sind. Sie mußten ihre Wünsche, sich passiv hinzugeben, sich fallen zu lassen, geborgen zu sein, vor sich selbst und anderen verbergen. Ihrer weichen Gefühle schämten sie sich und versuchten, »mehr Mann« zu sein.

Wir brauchen nicht nach Japan zu gehen, um die psychosomatischen Folgen des Leistungsprinzips in Erziehung und Unterricht zu studieren. Aber der von dort stammende Bericht aus einem SPIEGEL-Report[64] über Schulerziehung und Bildung in Japan verdeutlicht die psychosomatischen Risiken besonders: Dein Mitschüler ist dein natürlicher Feind.

»Schon seit über drei Wochen lag der zwölfjährige Masato Ito aus Tokio im Krankenhaus. Fast jeden Tag aber, das freute ihn sehr, besuchte ihn seine Mutter und brachte ihm, damit er die Hospitalzeit sinnvoll nutzte, stets neue Lektüre mit: ausschließlich Lehrbücher, ›sonst verpasse ich den Anschluß in der Schule‹, erklärte das Kind stolz seinen Arbeitseifer im Krankenbett. Denn: ›Meine Mutter hat mir gesagt, ich muß ein harter Bursche werden und mich trotz Schmerzen zum Lernen zwingen.‹ Kein Arzt schritt gegen diesen unsinnigen Lernwahn ein, obgleich der Junge stationär wegen eines Magengeschwürs behandelt wurde – verursacht durch Schulstreß, durch ein unerträgliches Lernpensum.

Masato ist kein Einzelfall: Allein in der japanischen Hauptstadt Tokio haben etwa ein Dutzend Kliniken Sonderstationen für Kinder mit – fast ausschließlich schulisch bedingten – Magenleiden eingerichtet. Der Mediziner Masayoshi Namiki hat in Reihenuntersuchungen festgestellt, daß heute mehr als siebenmal so viele japanische Kinder unter 14 Jahren an Magengeschwüren leiden wie noch vor fünf Jahren. Sein jüngster Ulcus-Patient war ein Dreijähriger, der schon vor dem Kindergarten die komplizierte japanische Schrift eingebleut bekam.«

Auch bei uns häufen sich bei den Beratungsstellen jene Fälle, wo

Leistungsdruck Kinder und Jugendliche in psychosomatische Störungen drängt. So ein Sechzehnjähriger, der wegen Herzschmerzen und eines »Drucks in der Herzgegend« immer wieder ärztlich untersucht wurde, ohne daß sich ein krankhafter Befund ausmachen ließ. Dieser »schlechte« Schüler war erfüllt von dem Gedanken, er müsse bessere Leistungen haben, um sich selbst zu bestätigen und Eltern wie Lehrer zufriedenzustellen, was aber doch nie gelang. Er gönnte sich keine Freizeit, mußte – wie er sagte – »hart gegen sich selbst« sein, damit er es immer gerade noch schaffte. Die täglichen Demütigungen des »schwachen Schülers« mußte er »wegstecken« (so seine Ausdrucksweise). Für seine Not durch die fortwährende Leistungsüberforderung konnte er weder in der Schule, noch zu Hause Verständnis erwarten. Schließlich wollte er nicht mehr darüber sprechen.

Bei psychologischen Gesprächen mit ihm zeigte sich, was »auf seinem Herzen lastete«: Er fühlte sich unablässig durch die Leistungsansprüche überfordert. Damit verbunden hatte er dauernd Angst, aufgrund seines Versagens von allen abgelehnt und verlassen zu werden. In seinen Herzbeschwerden drückten sich seine seelischen Beschwerden aus, über die er nicht mehr reden konnte. Mit seinem »Druck in der Herzgegend« wurde er noch eher verständnisvoll angenommen als mit seiner psychischen Last.

An diesem Beispiel zeigt sich wieder der Urzusammenhang zwischen psychischer Ursache und körperlicher Symptomatik. Der durch Leistungsschule und einseitiges Leistungsdenken der Eltern *gestörte Seelen-Frieden dieses Jugendlichen bewirkte unmittelbar die Unordnung in seinem Körper.* Die psychosozialen Umstände des Unterrichts gefährdeten seine Person. Weil er angesichts der Gefahr nicht flüchten oder sich wehren konnte, wurde er psychosomatisch krank.

Angst und Mißbehagen von Kindern und Jugendlichen in der Schule gelten als soziale Selbstverständlichkeit. Die Erwachsenen identifizieren sich mit den inhumanen Forderungen einer auf Macht und Haben ausgerichteten Gesellschaft. Diese Identifikation macht es ihnen unmöglich, sich in die Not von Kindern einzufühlen. Sie sind gleichgültig gegenüber jenen, die durch das einseitige

Leistungs- und Rivalitätsdenken in der Schule nicht gedeihlich leben können.

Ein Forschungsbericht der Universität Bielefeld[65] ergab, daß die Schule das belastendste Problem der Jugendlichen ist. Für viele handelt es sich um eine schmerz-volle Bildungslaufbahn, die sich auch in gesundheitlichen Beschwerden äußert. Viele der Dreizehn- bis Sechzehnjährigen leiden unter psychosomatischen Krankheitssymptomen wie Kopfschmerzen, Verdauungsbeschwerden, Allergien, Rückenschmerzen, Schwindelgefühl, Nervosität und Unruhe. 20 % der befragten 1700 Jugendlichen sind an Kopfschmerzen »gewöhnt« und weitere 28 % leiden »manchmal« darunter. 45 % der Jugendlichen gaben an, daß sie täglich, regelmäßig oder gelegentlich Kopfschmerzmittel einnehmen, 23 % Mittel gegen Allergien und 10 % Herz- und Kreislaufmittel.

Der Druck, der vielen Jugendlichen im Nacken sitzt, wird durch jene Eltern verstärkt, die es »nur gut» mit ihren Kindern meinen oder gar ihre eigene Schädigung mit dem schlimmen Satz weitergeben: »Uns hat es auch nicht geschadet.« – Dabei wäre es einfach, eine Schule zu schaffen, in der Kinder nicht krank werden – und dabei mehr lernten als heute, wo viele durch Schulangst dumm gemacht werden (Singer[66]). In einer solchen Schule erleben die Jugendlichen, miteinander zu lernen, statt gegeneinander. Sie können ihre individuelle Leistungsfähigkeit entwickeln und werden nicht ständig an den anderen gemessen. Eine solche Schule läßt den einzelnen verantwortlich und eigenständig sein, anstatt ihn fremdzubestimmen. Sie regt Jugendliche zum Leben an durch lebensnahe Inhalte und Lernen durch Tun – auch das Lernen »mit der Hand«, nicht nur »mit dem Kopf«. Wenn Jugendliche an Projekten lernen, was *heute* für sie einen Sinn hat, wird auch die Schule sinn-voll für sie – und nicht lebensstörend.

Überlegungen

- Welche psychosozialen Bedingungen spielen in meinem Leben eine Rolle? Welche nehme ich bewußt wahr und welche beeinflussen mich womöglich, ohne daß ich es merke?

- Viele Menschen überdenken heute kritisch das Verhältnis zur natürlichen Umwelt. Beobachte ich die Zusammenhänge zwischen intakter Umwelt und gesunder Innenwelt – oder zwischen gesellschaftlicher Bedrohung und psychischen Störungen? Betrachte ich auch meinen Körper als ein Stück »Natur«, das ich ausbeuten oder schonen kann, das zerbrechlich ist und des pfleglichen Umgangs bedarf?
- Wie stärke ich in mir und anderen diejenigen psychischen Kräfte, die die schädlichen wirtschaftlichen, technologischen und militärpolitischen Vorgehensweisen überwinden können?
- Welche gesellschaftlichen und politischen Verhältnisse können sich auf mich krankmachend auswirken? Wehre ich mich hinreichend dagegen und wie könnte ich meine persönliche Einmischung verstärken?
- Wird für mich oder meine Familie oder meine Kinder Schule ebenfalls zum gesellschaftlichen Risikofaktor? Darf ich womöglich unter dem Vorwand »mir hat es auch nicht geschadet« nicht wahrnehmen, wie Kinder und Jugendliche darunter leiden können? Muß ich dadurch vielleicht verhindern, daß mein eigenes Schul-Leid in mir hochkommt? Gibt es andere gesellschaftliche Einrichtungen, die den Menschen schaden, und die wir als selbstverständlich hinnehmen?

Psychosomatische »Spätfolgen des Zweiten Weltkriegs«

Psychosomatisch denken heißt: Erkrankungen bis an die Wurzeln des Menschseins zurückverfolgen – bis zum Innersten der Person und ihrer Sinngebung. Damit beginnt das Heil-werden, auch in der Gesellschaft. Dann wird es vielleicht einmal keine Kriegsopfer und psychosomatischen Spätfolgen mehr geben, wie sie Erich Fried[67] in einem Gedicht beschrieben hat.

Kriegsopfer

Zu den Spätfolgen des Zweiten Weltkrieges gehört dieser Fall:

Ein Maurer, fünfundzwanzig Jahre nach dem Krieg,
beantragte eine Rente als Kriegsbeschädigter.
Seine Tochter habe vor kurzem ein Kind bekommen
und er leide seither
an einem Magengeschwür

Auf die Frage
wieso das als Kriegsbeschädigung gelten solle
erklärte der alternde Mann unumwunden
in Polen habe er dauernd kleine Kinder erschießen müssen
das sei Befehl gewesen
und habe ihm weiter nichts ausgemacht

Auch in den Jahren später
sei er gut drüber weggekommen
keine Alpträume oder dergleichen
aber jetzt sei das anders

Jedes Mal
wenn er sein Enkelkind sehe
obwohl er es liebe
bekomme er heftige Magenkrämpfe
und müsse dann immerfort an damals denken
Es sei also klar
daß er ein Kriegsopfer sei

Dem Antrag des Mannes auf Rente
wurde nicht stattgegeben
und der Arzt der ihn untersuchte
gab ihm den Rat
er solle doch einfach
sein Enkelkind nicht mehr sehen

Er solle nicht mehr sehen, riet der Arzt. Zu psychosomatischem Denken gehört jedoch vor allem: Hinsehen. Psychosomatische Zeichen helfen uns dabei, etwas zu erkennen, das für unser Leben bedeutsam ist. In der heutigen Gesellschaft hingegen soll der einzelne fortwährend überaktiv sein. Hinzuschauen und zu betrachten wird oft übersprungen, weil immer sofort etwas »gemacht« werden muß. Menschliche Selbstveränderung beginnt nicht damit, tätig zu sein, sondern wahrzunehmen: den Mitmenschen sehen, sich selbst entdecken, die Natur gewahrwerden, die Gesellschaft erkennen. Psychosomatisches Denken lenkt den Blick auf den Menschen und regt zu solchem Wahrnehmen an. Aus dieser Wahrnehmung heraus wird es möglich, an uns und mit anderen etwas zu verändern, damit Menschen besser leben können.

Anmerkungen

1 Richter 1976, S. 47
2 Mitscherlich 1967, S. 13
3 Uexküll 1963, S. 15
4 Illich 1975, S. 58
5 psychologie heute 1985/9 S. 13
6 Spitz 1967, S. 223, 224
7 Spitz 1957, S. 93
8 Mitscherlich 1966, S. 34
9 Böll 1983, S. 14 und 54
10 Freud, S., GW I, S. 196–251
11 Bräutigam 1986, S. 25
12 Adler 1986, S. 482 und 486
13 Richter 1986, S. 56
14 Uexküll 1963, S. 61
15 Overbeck 1984, S. 50
16 Mitscherlich 1967, S. 31
17 Mitscherlich 1967, S. 33–35
18 Overbeck 1984, S. 145 und 148
19 Spitz 1957, S. 81
20 Elhardt 1967, S. 90
21 Mitscherlich 1967, S. 48
22 Bräutigam und Christian 1986, S. 297
23 Cremerius 1978, S. 237, 238, 229, 242, 232, 246
24 DER SPIEGEL 1987/32
25 Overbeck 1984, S. 52
26 Bertolt Brecht, Gesammelte Werke Bd. 9, S. 738
27 Elhardt 1982, S. 33
28 Mertens 1981, S. 126
29 Overbeck 1984, S. 48, 53
30 Mitscherlich 1966, S. 13
31 In: Zimprich 1984, S. V
32 Jacobs und Strittmatter 1979
33 Wagner-Oswald 1983

34 Uexküll 1986, S. 747
35 Richter 1981, S. 50, 51
36 Mitscherlich 1967, S. 130
37 Beck 1985, S. 17
38 Dethlefsen 1983, S. 115
39 Overbeck 1984, S. 153
40 Groddeck 1987, S. 135
41 In: Cermak 1983, ebenso die weiteren Textstellen
42 Beck 1985, S. 12
43 Bräutigam 1986, S. 327
44 Bischoff 1986, S. 572
45 Bräutigam 1986, S. 8
46 Frank 1986, S. 54
47 Christa Wolf 1987, S. 730
48 Kaiser 1975, S. 694
49 Franke 1983, S. 12
50 Mitscherlich 1966, S. 113, 114, 115
51 Illich 1975, S. 26
52 Richter 1986, S. 45–47, 50
53 Riemann 1952, S. 336
54 Görres 1962, S. 183
55 Ingmar Bergman 1987, S. 8
56 Bauriedl 1985, S. 2
57 Reiter-Theil 1986
58 Elhardt 1982, S. 158
59 Richter 1986, S. 206
60 Christa Wolf 1987, S. 746
61 Ulich u. a. 1985
62 Stößel 1986
63 Richter 1974, S. 40
64 DER SPIEGEL 1983/9
65 Es handelt sich um eine laufende Untersuchung von Klaus Hurrelmann (1987), aus der diese Ergebnisse vorweg veröffentlicht wurden.
66 Singer 1981
67 Erich Fried 1986, S. 37
68 Zander 1978, S. 56

Literatur

Adler, R., *Konversion*. In: Th. v. Uexbüll (Hg.), *Psychosomatische Medizin*. München 1986 (Urban & Schwarzenberg)

Alexander, F., *Psychosomatische Medizin*. Berlin 1971 (de Gruyter)

Anders, G., *Die letzte Warnung*. In: Psychologie heute 1986/8

Asanger, R./G. Wenninger (Hg.), *Handwörterbuch der Psychologie*. Weinheim 1983 (Beltz)

Bauriedl, Th., *Psychoanalyse ohne Couch*. Zur Theorie und Praxis der Angewandten Psychoanalyse, München 1985 (Urban & Schwarzenberg)

Beck, D., *Krankheit als Selbstheilung*. Frankfurt a. Main 1985 (suhrkamp taschenbuch)

Bergman, Ingmar, *Mein Leben*. Hamburg 1987 (Hoffmann und Campe)

Bischoff, C., H. Zenz, H. Traue, *Primärer Kopfschmerz*. In: Th. v. Uexküll (Hg.), *Psychosomatische Medizin*. München 1986 (Urban & Schwarzenberg)

Böll, Heinrich, *Was soll aus dem Jungen bloß werden? Oder: Irgend etwas mit Büchern*. München 1983 (dtv)

Bräutigam, W. u. P. Christian, *Psychosomatische Medizin*. Stuttgart 1986 (Thieme)

Brecht, Bertolt, *Gedichte*. Gesammelte Werke Band 9, Frankfurt a. Main. 1967

Brecht, Bertolt, *Geschichten vom Herrn Keuner*. In: Gesammelte Werke Band 12, Frankfurt a. Main 1967 (Suhrkamp)

Brecht, Bertolt, *Svendborger Gedichte*. Gesammelte Werke Band 9, Frankfurt a. Main 1967 (Suhrkamp)

Brecht, Bertolt, *Über den Unmenschen*. In: Flüchtlingsgespräche. Gesammelte Werke Band 14, Frankfurt a. Main 1967 (Suhrkamp)

Brenner, Ch., *Elemente des seelischen Konflikts*. Theorie und Praxis der modernen Psychoanalyse. Frankfurt a. Main 1986 (S. Fischer)

Butollo, W., *Die Angst ist eine Kraft*. München 1984 (Piper)

Canetti, Elias, *Die gerettete Zunge*. Geschichte einer Kindheit. München 1984 (Hanser)

Capra, F., *Wendezeit*. Bausteine für ein neues Weltbild. München 1983 (Scherz)

Cermak, I., *Ich klage nicht*. Begegnungen mit der Krankheit in Selbstzeugnissen schöpferischer Menschen. 1983 (Diogenes)

Cremerius, J., *Zur Theorie und Praxis der Psychosomatischen Medizin*. Frankfurt a. Main 1978 (suhrkamp taschenbuch)
Degen, R., *Die Gefühle hinterm Berg*. In: psychologie heute 1982/9
DER SPIEGEL 1983/9, *Dein Mitschüler ist dein natürlicher Feind*. SPIEGEL-Report über Schulerziehung und Bildung in Japan.
Dethlefsen, Th. und R. Dahlke, *Krankheit als Weg*. Deutung und Bedeutung der Krankheitsbilder. München 1983 (Bertelsmann)
Dührssen, A., *Psychogene Erkrankungen bei Kindern und Jugendlichen*. Göttingen 1978[2] (Verlag für Medizinische Psychologie)
Elhardt, S., *Psychosomatisches Denken in der modernen Medizin*. In: S. Schelkopf (Hg.), *Möglichkeiten moderner Psychotherapie*. Göttingen 1967 (Vandenhoeck und Ruprecht)
Elhardt, S., *Tiefenpsychologie*. Eine Einführung. Stuttgart 1982 (Urban-Taschenbuch)
Ferguson, M., *Die sanfte Verschwörung*. Basel 1982 (Sphinx)
Frank, Ch., *Migräne*. Mythen über eine Krankheit. In: psychologie heute 1986/1
Franke, A., *Psychosomatische Störungen – Theorien und Versorgung*. Stuttgart 1981 (Kohlhammer)
Franke, A., *Zur Verhaltenstherapie psychosomatischer Störungen*. In: Unterricht Biologie, Sept. 1983
Franke, A., *Gruppentraining gegen psychosomatische Störungen*. 1984
Freud, S., Gesammelte Werke, Band I: *Studien über Hysterie*. Frankfurt a. Main 1969 (S. Fischer)
Freud, S., *Vorlesungen zur Einführung in die Psychoanalyse*. Gesammelte Werke, Band XI, Frankfurt a. Main 1941 (S. Fischer)
Fried, Erich, A. Hrdlicka, E. Ringel, *Die da reden gegen Vernichtung*. Wien 1986 (Europaverlag)
Fromm, E., *Der moderne Mensch und seine Zukunft*. Eine sozialpsychologische Untersuchung. Frankfurt a. Main 1969 (Europäische Verlagsanstalt)
Görres, A., *Methode und Erfahrungen der Psychoanalyse*. München 1961
Greuel, H., *»Viel um die Ohren«*. Psychosomatik des Hörsturzes und artverwandter Erkrankungen. Heiden 1986 (R. Weber)
Groddeck, G., *Krankheit als Symbol*. Schriften zur Psychosomatik. Frankfurt a. Main 1987 (Fischer Taschenbuch)
Groddeck Almanach. Frankfurt a. Main 1986 (Stroemfeld/Roter Stern)
Grossbart, T. A., *Die Haut. Spiegel der Seele!* In: psychologie heute 1982/10
Hau, Th. (Hg.), *Psychosomatische Medizin*. München 1986 (Oldenbourg)
Hochapfel, G., *Psychosomatik*. In: Asanger/Wenninger (Hrsg.), Handwörterbuch der Psychologie. Weinheim 1983 (Beltz)
Hoffmann, S. O., G. Hochapfel, *Einführung in die Neurosenlehre und Psychosomatische Medizin*. Stuttgart 1979 (UTB)
Horney, K., *Selbstanalyse*. München 1974 (Kindler)
Illich, I., *Die Enteignung der Gesundheit*. Reinbek 1975 (Rowohlt)
Jacobs, B., P. Strittmatter, *Der schulängstliche Schüler*. Eine empirische Untersuchung über mögliche Ursachen und Konsequenzen der Schulangst. München 1979 (Urban & Schwarzenberg)
Kaiser, H. (Hg.), *Das große Kneipp-Hausbuch*. München 1975 (Knaur)

Kapfhammer, H.-P., *Psychoanalytische Psychosomatik.* Berlin 1985 (Springer)
Kemper, W., *Bettnässer-Leiden.* München 1978 (Reinhardt)
Klußmann, R., *Psychosomatische Medizin.* Eine Übersicht. Berlin 1986 (Springer)
Langbein, L., E. Trappl, *Kopfweh.* Was tun bei Kopfschmerz und Migräne ? Köln 1986
Laplanche, H., J. B. Pontalis, *Das Vokabular der Psychoanalyse.* Frankfurt a. Main 1972 (Suhrkamp)
Lattmann, Dieter, *Die Brüder.* Roman, Frankfurt a. Main 1988 (Fischer-Taschenbuch)
Lowen, A., *Bio-Energetik.* rororo Sachbuch. Reinbek 1980 (Rowohlt)
Mertens, W., *Psychoanalyse.* Stuttgart 1981 (Urban-Taschenbuch)
Mitscherlich, A., *Krankheit als Konflikt.* Studien zur psychosomatischen Medizin I. Frankfurt a. Main 1966 (edition suhrkamp)
Mitscherlich, A., *Krankheit als Konflikt II.* Frankfurt a. Main 1967 (edition suhrkamp)
Mitscherlich, A., *Der Kampf um die Erinnerung.* Psychoanalyse für fortgeschrittene Anfänger. München 1975 (Piper)
Moeller, M. L., *Selbsthilfegruppen.* Hamburg 1978 (Rowohlt)
Moeller, M. L., *Anders helfen.* Selbsthilfegruppen und Fachleute arbeiten zusammen. Stuttgart 1981 (Klett-Cotta)
Overbeck, G., *Krankheit als Anpassung.* Der sozio-psychosomatische Zirkel. Frankfurt a. Main 1984 (suhrkamp taschenbuch)
Parkes, C. M., *Vereinsamung. Die Lebenskrise bei Partnerverlust.* Psychologisch-soziologische Untersuchungen des Trauerverhaltens. Reinbek 1974 (Rowohlt)
Preuß, H.-G., *Illusion und Wirklichkeit. Psychotherapie und Psychoanalyse an den Grenzen zur Religion.* Frankfurt a. Main 1986 (Fischer-Taschenbuch)
psychologie heute 1985/9, Kurzbericht über einen Artikel im International Journal of Psychiatry in Medicine, Bd. 15, Nr. 1, 1985: *Lachen stärkt Immunabwehr.*
Rangell, L., *Die Konversion.* In: G. u. A. Overbeck (Hg.), *Seelischer Konflikt – körperliches Leiden.* Frankfurt a. Main 1986 (Fachbuchhandlung für Psychologie)
Rattner, J., *Psychosomatische Medizin heute.* Seelische Ursachen körperlicher Erkrankungen. Frankfurt a. Main 1981 (Fischer)
Reik, Th., *Hören mit dem dritten Ohr.* Die innere Erfahrung eines Psychoanalytikers. Frankfurt a. Main 1983 (Fischer Taschenbuch)
Reiter-Theil, S., *Gruppentherapie gegen Bluthochdruck.* Übungen im Umgang mit der eigenen Aggressivität. In: Süddeutsche Zeitung, 23. 5. 1986
Richter, H.-E., *Lernziel Solidarität.* Reinbek 1974 (rororo)
Richter, H.-E., *Flüchten oder Standhalten.* Reinbek 1976 (Rowohlt)
Richter, H.-E., *Ist psychosomatische Medizin überhaupt zu verwirklichen?* In: psychosozial 1978/2 (rororo)
Richter, H.-E., *Zur Psychologie des Friedens.* Reinbek 1982 (rororo)
Richter, H.-E., *Die Chance des Gewissens.* Erinnerungen und Assoziationen. Hamburg 1986 (Hoffmann und Campe)
Richter, H.-E., *Leben statt Machen.* Einwände gegen das Verzagen. Hamburg 1987 (Hoffmann und Campe)
Riemann, F., *Über neurosen-spezifische Anwendung der psychoanalytischen Technik.* In: Psyche VI. 1952/53

Riemann, F., *Grundformen der Angst*. Eine tiefenpsychologische Studie. München 1975 (Reinhardt)
Schepank, H., *Psychogene Erkrankungen der Stadtbevölkerung*. Berlin 1987 (Springer)
Schmidbauer, W., *Die subjektive Krankheit*. Kritik der Psychosomatik. Reinbek 1986 (Rowohlt)
Schüffel, W. u. a., *Asthma bronchiale*. In: Th. v. Uexküll (Hg.), Psychosomatische Medizin. 1986
Simonton, O. C., Matthews-Simonton, *Wieder gesund werden*. 1978
Singer, K., *Maßstäbe für eine Humane Schule*. Mitmenschliche Beziehung und angstfreies Lernen durch partnerschaftlichen Unterricht. Frankfurt a. Main 1981 (Fischer-Taschenbuch)
Singer, K., *Verhindert die Schule das Lernen?* Psychoanalytische Erkenntnisse als Hilfe für Erziehung und Unterricht. München 1983 (Ehrenwirth)
Singer, K., *Lehrer-Schüler-Konflikte gewaltfrei regeln*. Weinheim 1988 (Beltz)
Spitz, R. A., *Die Entstehung der ersten Objektbeziehungen*. Direkte Beobachtungen an Säuglingen während des ersten Lebensjahres. Stuttgart 1957 (Klett)
Spitz, R. A., *Vom Säugling zum Kleinkind*. Naturgeschichte der Mutter-Kind-Beziehung im ersten Lebensjahr. Stuttgart 1967 (Klett)
Steinhausen, H.-Ch. (Hg.), *Psychosomatische Störungen und Krankheiten bei Kindern und Jugendlichen*. Stuttgart 1981 (Kohlhammer)
Stößel, J.-P., *Was Ausländer krank macht*. Psychosomatische Reaktion auf gesellschaftlichen Druck. Süddeutsche Zeitung 1986/51
Thomä, H., H. Kächele, *Lehrbuch der psychoanalytischen Therapie*. Berlin 1986 (Springer)
Totman, R., *Was uns krank macht*. Die sozialen Ursachen der Krankheit. München 1982 (Beck)
v. Uexküll, Th., *Grundfragen der psychosomatischen Medizin*. Reinbek 1963 (rororo)
v. Uexküll, Th. (Hg.), *Psychosomatische Medizin*. München 1986 (Urban & Schwarzenberg)
Ulich, D. u. a., *Psychologie der Krisenbewältigung*. Eine Längsschnittuntersuchung mit arbeitslosen Lehrern. Weinheim 1985 (Beltz)
Unterricht Biologie: *Psychosomatische Krankheiten*. Heft 85, Sept. 1983 (Friedrich)
Wagner-Oswald, U., *Schüler im Akkord*. Dokumentarsendung des Zweiten Deutschen Fernsehens. Mainz 1983
Weizsäcker, V. v., *Klinische Vorstellungen*. Stuttgart 1947 (Hippokrates)
Will, H., *Georg Groddeck. Die Geburt der Psychosomatik*. München 1987 (dtv)
Wolf, Christa, *Kindheitsmuster*. Roman. Darmstadt 1979 (Luchterhand)
Wolf, Christa, *Die Dimension des Autors*. Essays und Aufsätze, Reden und Gespräche 1959–1985. Darmstadt 1987 (Luchterhand)
Zander, W., *Zur spezifischen Konfliktantwort bei Patienten mit Ulcus duodendi*. In: Zeitschrift für Psychotherapie und medizinische Psychologie. 28. Jg. 1978/2

Register

Abwehrkörper 23
Abwehrkräfte, körpereigene 148
Abwehrmechanismen, Abwehrvorgang, psychischer 42
Abwehr, zweiphasige 86
Adler, Rolf 49
Ärger 18, 53, 95
Aggression 44, 92, 95, 116, 198, 210
Aggression, gehemmte 79, 115, 147, 164, 166, 210
Akne 58
Alexander, Franz 51
Amenorrhö, s. Regelblutung, gestörte
Angst 41, 65, 106, 110, 122, 124, 127–141, 205, 231
Angstneurose 138
Arbeit als Ersatz für Liebe 58
Arbeitsbedingungen, krankmachende 65
Arbeitslosigkeit 125, 226
Arzt-Patient-Beziehung 150, 176 ff., 195 ff.
Asthma bronchiale 136–138
Atemstörung 203
atomare Bedrohung 30, 68
Atomkriegs-Angst 225
Aufmerksamkeit, gleichschwebende 197
Augenerkrankung 43 f.
Ausdruckscharakter von Symptomen 47
Ausländer 226
Autogenes Training 180

Bauchangst 131
Bauchschmerzen 130 ff.
Bauriedl, Thea 208
Beck, Dieter 145, 149
Bequemlichkeitshaltung 114
Bergman, Ingmar 206
Bettnässen 129, 215 ff.
Bewegungsimpulse 92
Beziehung, heilende Kraft der 24 ff.
Bioenergetik 181
Blamageangst 35
Bluthochdruck 77 ff., 209 f.
Böll, Heinrich 29
Bräutigam, Walter 41
Brecht, Bertolt 102, 107, 190, 223

Canetti, Elias 24
Charakterneurose 81
Couch 196
Cremerius, Johannes 90, 91, 92, 93

Dauerkonflikt 54
Dauerspannung 129
Deutung 202 ff.
Long, Don M. 94
Druck, psychischer, wird zu Schmerz 163 f., 204
Dürrenmatt, Friedrich 67
Durcharbeiten 208

Edvardson, Cordelia 128
Ehrgeiz 53, 56
Eigen-Bewegung 92, 95, 115
Einnässen, s. auch Bettnässen 128
Ekzem 68 ff.
Elhardt, Siegfried 51, 78, 110, 213
»Elisabeth von R.« 37 f.
Entscheidungsaufschub 148
Erbrechen 130, 203
Erfolgsstreben 227
Erinnern 196, 206 ff.
Erleben und Körperreaktion 116, 118
Erröten 33 ff.
Erwartungen, elterliche 130, 134, 164
Es 81, 109 f.
Eßsucht 203

Fieber 145 ff., 193 ff.
Flucht in die Krankheit 168, 187
Franke, Alexa 184
freie Assoziation 38, 196 ff.
Freud, Sigmund 36, 37, 38, 109, 193
Fried, Erich 232
Funktionsstörungen 77–96

Geben und Nehmen 57
Geborgenheit, Verlangen nach 56
Gefäßverengung 165
Gefühle, Ablehnung der 93, 133
Gefühle und Körpergeschehen 19, 60, 78, 89, 101, 122, 186
Gefühle, Unfähigkeit, sie auszudrücken 40 f., 55
Gefüttertwerden, Wünsche nach 59 ff.
Gegenübertragung 200
Gehstörung 36 ff.
Gelbsucht 101 ff.
Genick, steifes 145
Gesellschaft und Psychosomatik 29 f., 37, 63, 64, 66 f., 100, 124, 132, 223–234
Gesprächstherapie 181
Gestalttherapie 181
Gesundheitsbegriff, ganzheitlicher 190 f.
Gewissen 112
Görres, Albert 199
Groddeck, Georg 152
Gruppenpsychotherapie 41, 209 ff.

Haltungs-Dressur 92
Hautallergie 71 ff.
Hautkontakt 68 ff., 74 f.
Hautkrankheit 58, 68–75
Herzbeschwerden 105 f., 230
Herzerkrankungen 19
Herzinfarkt 227 ff.
Herzphobie, Herzneurose 138–141
Herzrhythmusstörung 151
Hexenschuß 18, 89
Hier-und-Jetzt 181 ff.
Hypertonie, Essentielle, s. Bluthochdruck
Hysterie 36 f.

Ich 81, 110 f.
Ich-Ideal 111
Ich-Stärkung 218
Identifikation 163
Immunglobuline 23
Infektion, fieberhafte 145
Ischias 89

Kafka, Franz 152
Kinderneurosen 82
Körperhaltung 89
Kognitionstraining 185
Konfliktspannung 148
Kontaktproblem wird zum Hautproblem 73
Konversion 33–49, 77
Konversionsbegriff 37
Konversionssymptome 40, 46
Kopfschmerzen 159–171, 184 ff.
Kränkung 101 ff., 193
Krankheitsanfälligkeit 21
Krankheitsgewinn 22, 40, 119 ff., 168
Krieg 68, 232

Lebenswünsche 213
Leber 101 ff.
Lehrer 101 f., 105 f., 122 f., 214 ff.
leib-seelische Gleichzeitigkeit 20, 35, 122, 127, 137
Leistung als Mittel, Liebe zu bekommen 58

Leistungsdruck 134, 230
Leistungsgesellschaft 64, 228
Leistungskonflikt 167
Leistungsprinzip 107, 229
Leistungsschule 66
Leistungsstreben, krankmachendes 57f.
Leistungsüberforderung 230
Lernstörung 113 ff.
Liebesentzug 26

Männlichkeits-Ideal 227 ff.
Magengeschwür 18, 51 ff., 229
»Magen-Neurose« 52
Magensaftabsonderung 59, 61
Magenschleimhautentzündung 66f., 121 ff., 132
Magersucht 204
Mahnung, Erkrankung als 152
Mandelentzündung 21 f.
Medikamentenverschreibung 177
Medizin-Konsument 151, 278
Menstruationsstörung 87f.
Mertens, Wolfgang 111
Migräne 119 ff., 159 ff., 187 ff.
Milieuwechsel 218
Mirskv, I. Arthur 62
Mitscherlich, Alexander 29, 33, 38, 60, 61, 86, 87, 99, 100, 121, 148, 149, 188, 223
motorisch-aggressive Phase 114
Muskelschmerz 93
Muskelspannungs-Kopfschmerz 160 ff.
Muskelspannung und psychische Anspannung 89 ff., 90 f.
Mutter-Kind-Beziehung 28, 59, 63, 69 f., 72 f., 137, 139
Mutter-Sohn-Beziehung 146 ff.

Nachverdrängung 86 f.
Naturheilkunde 179
Neid 53
Neurodermitis 68 f.
Neurose 80 ff.
Neutralität des Psychoanalytikers 200
Notstandsamenorrhö 88

ödipale Phase 36
Onanie 118
orale Phase 114
Organ-Neurosen 48, 51–75, 77
Organsprache 74
Organwahl 78
Overbeck, Gerd 58, 64, 104, 121, 152

Partnerverlust 19
Passivsein, Wünsche nach 57, 120
Platon 159, 175
politische Einmischung 191
politische Verhältnisse 125, 213
Proust, Marcel 137
Psychoanalyse, siehe auch Psychotherapie 186 ff., 193–219
Psychoanalytiker 201
Psychodrama 182
Psychosomatik 99 ff.
psychosomatische Revolte 193 ff.
psychosoziales Denken 223 ff.
Psychotherapie, siehe auch Psychoanalyse 37 ff., 42, 44, 49, 71, 72 ff., 83, 93 f., 101, 130, 184 ff.
psychotoxische Erkrankung 26

Realitätsprinzip 110
Redewendungen, psychosomatische 13, 17, 18, 53, 54, 55, 68, 89, 102, 103, 127, 136, 162, 166, 170, 171
Regelblutung, gestörte 83–88
Regression 149
Reich, Wilhelm 166
Resomatisierung 149
Restrisiko 67, 191
Rheumatische Erkrankungen 89–95, 193 ff.
Richter, Horst-Eberhard 48, 99, 140, 193, 195, 214, 228
Riemann, Fritz 127
Rückenoperation 94
Rückenschmerzen 89–95

Säuglingserbrechen 26
Scham 35
Schmerzmittel 176
Schreibkrampf, Schreibstörung 113 ff.
Schuld 70 f.

Schule 23, 30, 64ff., 101f., 105f., 121ff., 130ff., 214ff., 229ff.
Selbstbeobachtung 177
Selbstbestrafung 38, 39, 47, 167
Selbsterfahrungsgruppe 221
Selbstheilungskräfte 149, 155, 178
Selbstheilungsversuch, Krankheit als 152
Selbstsicherheit, gestörte 138
Selbstwahrnehmung 24, 45, 54, 63, 75, 95, 104, 112, 126, 135, 156, 170, 177 178, 201, 211
Sexualität 36, 83f., 117, 166
Sich-gehen-Lassen 91
Sinn des Krankseins 45, 145–157, 169
Sinngebung 154
Sinnzusammenhang zwischen Symptom und Erleben 34, 53
Spieltherapie 73f.
Spitz, René 26, 28, 68
Sprache und Psychosomatik 18
Sterblichkeit von Säuglingen 28
Stimmung und Krankheit 20ff.
Strafbedürfnis, unbewußtes 117ff.
symbolischer Ausdruck 39, 47
Symptom als Kompromiß 47
Symptombedeutung 43f.
Symptomneurose 81
Symptom und Wunscherfüllung 39
Synthese 202

Therapie, medizinische 175
Traum 40, 197, 201, 225
Trennungskonflikt 138f.
Turrini, Peter 123

Überforderung 167
Über-Ich 81, 84, 91, 110f., 111, 112
Überlastung, chronische 64
Übertragung 198ff.
Uexküll, Thure von 21, 56, 109
Umweltbelastungen 64
unbewußte Konflikte 36
Unbewußtes 41

Verdrängung 41ff., 79, 81, 86
Vererbung 61
Verhaltensanalyse 183, 184
Verhaltenstherapie 183 – 186
Verstopfung 203
Verwöhnung 114

Weizsäcker, Viktor von 77, 101, 214
Widerstand 205ff.
Widerstandskraft gegen Krankheit 20f.
Wiederholen 207
Wiederholungszwang 199, 208
Wißbegierde, behinderte 117
Wolf, Christa 17, 177, 225
Wut 78f., 95, 166, 195

Zander, Wolfgang 53, 54

Irenäus Eibl-Eibesfeldt

Die Biologie des menschlichen Verhaltens
Grundriß der Humanethologie
998 Seiten mit rund 1000 Abbildungen
Leinen in Schuber

Grundriß der vergleichenden Verhaltensforschung – Ethologie
929 Seiten, 443 Abbildungen, Bildfolgen und Grafiken und 12 farbige Tafeln. Leinen in Schuber

Krieg und Frieden aus der Sicht der Verhaltensforschung
329 Seiten mit Abbildungen. Serie Piper 329

Liebe und Haß
Zur Naturgeschichte elementarer Verhaltensweisen
293 Seiten. Serie Piper 113

Der Mensch – das riskierte Wesen
Zur Naturgeschichte menschlicher Unvernunft
272 Seiten mit 29 Abbildungen. Leinen
(Auch in der Serie Piper 585 lieferbar)

Irenäus Eibl-Eibesfeldt / Christa Sütterlin
Im Banne der Angst
Zur Natur- und Kunstgeschichte menschlicher Abwehrsymbolik
495 Seiten mit 335 Abbildungen. Geb.

Galápagos
Die Arche Noah im Pazifik
Überarbeitete und erweiterte Neuausgabe. 507 Seiten mit 43 farbigen und 229 schwarzweißen Abbildungen sowie 52 Karten im Inselführer. Serie Piper 1232

Die Malediven
Paradies im Indischen Ozean
324 Seiten mit 190 meist farbigen Abbildungen. Geb.